Der Anspruch auf angemessene Verfahrensdauer im Verfassungsbeschwerdeverfahren vor dem Bundesverfassungsgericht

Europäische Hochschulschriften
Publications Universitaires Européennes
European University Studies

Reihe II
Rechtswissenschaft

Série II Series II
Droit
Law

Bd./Vol. 4223

PETER LANG
Frankfurt am Main · Berlin · Bern · Bruxelles · New York · Oxford · Wien

Thomas Borm

Der Anspruch auf angemessene Verfahrensdauer im Verfassungsbeschwerdeverfahren vor dem Bundesverfassungsgericht

PETER LANG
Europäischer Verlag der Wissenschaften

Bibliografische Information Der Deutschen Bibliothek
Die Deutsche Bibliothek verzeichnet diese Publikation in der Deutschen Nationalbibliografie; detaillierte bibliografische Daten sind im Internet über <http://dnb.ddb.de> abrufbar.

Zugl.: München, Univ., Diss., 2005

D 19
ISSN 0531-7312
ISBN 3-631-54216-X

www.peterlang.de

VORWORT

Diese Arbeit wurde im Wintersemester 2004/ 2005 von der Juristischen Fakultät der Ludwig-Maximilians-Universität in München als Dissertation angenommen.

Das Manuskript wurde im Juli 2004 fertiggestellt und gibt den Stand in Literatur und Rechtsprechung zu diesem Zeitpunkt wieder. Die bis März 2005 veröffentlichte Rechtsprechung wurde ergänzt.

Herr Professor Dr. Stefan Korioth, München, hat die Arbeit betreut. Bei ihm bedanke ich mich herzlich für seine inhaltlichen Anmerkungen und die zügige Erstellung des Erstgutachtens.
Herrn Privatdozenten Dr. Arnd Uhle danke ich für die Zweitkorrektur der Arbeit.

Gedankt sei auch dem Cusanuswerk, das die Promotion durch ein Stipendium gefördert hat.

Schließlich habe ich meinem Kollegen Herrn Florian Erdle für die kritische Durchsicht der Arbeit und die zahlreichen wertvollen Anregungen herzlich zu danken. Frau Marion Schlegel hat sich um die orthographische Korrektur des Manuskripts verdient gemacht.

München, im April 2005 — Thomas Borm

INHALTSVERZEICHNIS

1. KAPITEL: EINLEITUNG UND AUFGABENSTELLUNG

A. DIE PROBLEMATIK DER LANGEN VERFAHRENSDAUER

Eine Gefahr für die Gerechtigkeit sah bereits Charles de Montesquieu (1689-1755) nicht nur in einer ungenügenden Ausgestaltung der Prozessrechte, sondern in der Verzögerung des Rechtsschutzes: „L'injustice n'est pas dans les formes mais dans les delais."[1] Auch die Redewendungen „Justice delayed, justice denied" oder „Spätes Recht ist schlechtes Recht"[2] bringen die Problematik des zeitlichen Aspekts des (gerichtlichen) Verfahrens prägnant zur Sprache. Die Frage nach einem „Anspruch auf angemessene Verfahrensdauer im Verfassungsbeschwerdeverfahren vor dem Bundesverfassungsgericht" greift diesen verfahrensrechtlichen Gesichtspunkt auf und setzt sich mit den verfassungsrechtlichen Grundlagen und Vorgaben für die Dauer von Verfassungsbeschwerdeverfahren vor dem Bundesverfassungsgericht (BVerfG) auseinander. Die Bedeutung dieser Thematik zeigt die umfangreiche Rechtsprechung des Europäischen Gerichtshofs für Menschenrechte (EGMR) zur „angemessenen Verfahrensdauer", insbesondere auch im Verfassungsbeschwerdeverfahren vor dem BVerfG.[3]

I. Kritik an der langen Verfahrensdauer vor dem BVerfG

Seit Jahren wird in der Literatur die teils erhebliche Dauer von Verfahren vor dem BVerfG kritisiert.[4] So merkt *Ossenbühl* 1998 zu den damals 12 Jahre anhängigen Verfassungsbeschwerden gegen das Hinterbliebenenrenten- und Erziehungszeitengesetz (HEZG) an, sie hätten den Wechsel von drei Richtergenerationen überlebt. Schon dieser Umstand zwinge unabhängig vom Entscheidungsergebnis zum Nachdenken und es werde dringend Zeit, das finstere Kapitel der Bearbeitungsfolge und Terminierung von Streitsachen, welches bislang als gut gehütetes Tabu behandelt worden sei, als Rechtsproblem offen anzusprechen. Die Gerechtigkeit von Entscheidungen bestimme sich auch danach, ob sie „zeitgerecht" getroffen würden. Bei knapper Zeit dürfe die Reihenfolge

---

[1] Bei *Otto*, S. 38, Fn. 18.

[2] *Lüke*, S. 350; vgl. auch *Neumann*, in: ZRP 1986, 286; *Schwab/ Gottwald*, Verfassung und Zivilprozeß, S. 63. Vgl. auch die Redewendungen „Justice rétive, justice fautive" und „justitiae dilatio est quaedam negatio" bei *Schlette*, S. 24, Fn. 30.

[3] Auf diese Rechtsprechung des EGMR wird im 9. Kapitel eingegangen werden.

[4] Vgl. *v. Campenhausen*, in: EssGespr 34 (2001), S. 105, 119 ff.; *Rozek*, in: DVBl. 1997, 517; *Böckenförde*, in: ZRP 1996, 281; BMJ, Bericht der Kommission, S. 31.

der Entscheidungen nicht dem Belieben der Berichterstatter überlassen bleiben, denn mit der Terminierung könne auch wirksam „Politik betrieben werden“ und durch langes Liegenlassen „verwese“ der Rechtsstreit. Durch bewusste Orientierung an Daten des politischen Lebens sei es möglich, einer Sache besondere Bedeutung zu verleihen. Das BVerfG selbst müsse an einer „zeitgerechten“ Entscheidung interessiert sein, denn seine Judikatur gerate ins Zwielicht, wenn sich unter den Petenten der weit verbreitete Eindruck verstärke, dass es schon aus Zeitgründen sinnlos sei, in Karlsruhe sein Recht zu suchen.[5] Auch *Leisner*[6] befürchtet, „dass Karlsruher Reflexionszeiten schneller anwachsen als die Lebenserwartungen betagter Beschwerdeführer“. Die „Zeit zum Nachdenken“, das klassische tempus reflexionis, stehe dem BVerfG scheinbar in Fülle zur Verfügung, denn die Entscheidungen ergingen „irgendwann“. Die Konsequenz seien „Verfassungsbeschwerden als Nachlassprobleme“. Vor allem dort, wo das BVerfG nicht ohne wirkliche Grundsatzentscheidungen „(her)auskomme“, sei eine erhebliche Verfahrensdauer zu beklagen.

Damit sind wichtige Punkte angesprochen, jedoch wird nur ein Ausschnitt der gesamten Problematik skizziert. So ist weiterhin zu fragen, ob und wo ein Anspruch auf angemessene Verfahrensdauer in der Rechtsordnung, insbesondere in der Verfassung, dogmatisch anzusiedeln ist. Neben dem Prozessrecht kommen hierfür die Verfahrensgrundrechte und die materiellen Grundrechte des Grundgesetzes in Betracht. Obwohl das Problem für die Zivil-, Straf- und Verwaltungsgerichtsbarkeit umfangreich behandelt wird, fehlt diese Diskussion für den Bereich der Verfassungsgerichtsbarkeit bisher fast vollständig.[7] Gleichzeitig sind die Grenzen eines solchen Anspruchs, wie die Arbeitskapazität der Gerichte und der „Vorbehalt des Möglichen“, zu berücksichtigen.

II. Bericht der Kommission zur Entlastung des BVerfG

Die Bedeutung einer funktionsfähigen Verfassungsgerichtsbarkeit als Kernelement unseres Rechtsstaates hatte im Sommer 1996 auch der damalige Bundesminister der Justiz, *Schmidt-Jortzig*, vor Augen, als er eine Kommission zur Entlastung des Bundesverfassungsgerichts einsetzte. In den Jahren zwischen 1990 und 1995 waren die Verfahrenseingänge beim BVerfG und dadurch bedingt die Zahl der Rückstände als auch die Länge der Anhängigkeit von Verfahren

---

[5] *Ossenbühl*, in: JZ 1998, 679.

[6] *Leisner*, in: NJW 2003, 1641 f.

[7] Der Bericht der Kommission zur Entlastung des Bundesverfassungsgerichts diskutiert nicht die dogmatischen Grundlagen, stellt aber die Verfahrenssituation und die Dauer der Gerichtsverfahren sowie mögliche Auswege dar.

sprunghaft angestiegen.[8] Die Kommission wurde daher beauftragt, „alle denkbaren Maßnahmen für eine Entlastung des Bundesverfassungsgerichts zu prüfen und effiziente Lösungsvorschläge zu erarbeiten“[9]. In ihrem Abschlussbericht legte sie dar, dass das BVerfG „in jeder Weise überlastet und seine Funktionsfähigkeit gefährdet ist“[10]. Außerdem untersuchte sie wirksame und dauerhafte Entlastungsmaßnahmen vor allem im Bereich der Verfassungsbeschwerde. Ihre Empfehlung ging dahin, die Annahme von Verfassungsbeschwerden in das pflichtgemäße Ermessen des Gerichts zu stellen.[11] An die Veröffentlichung des Berichts schloss sich eine Diskussion über die Praktikabilität der Vorschläge und ihr Für und Wider an,[12] ohne dass dies konkrete Folgen gehabt hätte.

III. Exemplarische Verfahren vor dem BVerfG

Der enormen Arbeitsbelastung der Richter des BVerfG und der teils langen Verfahrensdauer stehen mitunter erhebliche langfristige Auswirkungen nicht nur für den einzelnen Antragsteller oder Beschwerdeführer, sondern auch für die Allgemeinheit gegenüber. Dies soll anhand dreier Verfahren verdeutlicht werden.

1. „LER-Verfahren“

In den Verfahren um den Religionsunterricht und die Einführung des Schulfachs Lebensgestaltung-Ethik-Religion (LER) in Brandenburg waren einzelne Bestimmungen des Schulgesetzes vom 12.4.1996 des Bundeslandes Brandenburg Gegenstand einer Normenkontrolle und von Verfassungsbeschwerden. Das Un-

---

[8] BMJ, Bericht der Kommission, S. 13 f., 15.

[9] BMJ, Bericht der Kommission, S. 14.

[10] BMJ, Bericht der Kommission, S. 3.

[11] Vgl. BMJ, Bericht der Kommission, S. 15. Die weiteren erörterten Entlastungsmaßnahmen betrafen die verfassungsrechtlich verbürgten Verfahrensrechte. So wurde die Einführung einer modifizierten Anhörungsrüge oder einer Verfahrensgrundrechtsbeschwerde diskutiert, vgl. BMJ, Bericht der Kommission, S. 17, und § 321a ZPO. Die Ablehnung der erstgenannten Maßnahme mit dem Argument, dass damit eine erhebliche Belastung der Fachgerichte einhergehen würde, ist aus heutiger Sicht umso interessanter, als nach der Plenarentscheidung des BVerfG vom 30.4.2003 der Gesetzgeber zur gesetzlichen Einrichtung eines Verfahrens zur zumindest einmaligen Überprüfung von behaupteten Verletzungen des rechtlichen Gehörs verpflichtet wurde (vgl. BVerfGE 107, 395). Zu den erörterten Möglichkeiten der Einführung einer Selbstkorrekturmöglichkeit, der Einbeziehung der Landesverfassungsgerichte, der anwaltlichen Vertretung, einer neuer Gebührenregelung u. a. vgl. BMJ, Bericht der Kommission, S. 17 ff.

[12] Vgl. *Wieland*, in: KritV 1998, 171; *Kirchberg*, in: KritV 1998, 228; *Krämer*, in: KritV 1998, 215; *Albers*, in: KritV 1998, 193.

terrichtsfach „LER“ war durch das Gesetz eingeführt und dem Religionsunterricht die Anerkennung als ordentliches Lehrfach in den öffentlichen Schulen versagt worden. Bundestagsabgeordnete, Eltern und Vertreter beider Kirchen hatten gegen dieses Gesetz Mitte 1996 einen Normenkontrollantrag eingereicht und Verfassungsbeschwerden eingelegt,[13] da die Kirchen die Einrichtungsgarantie und die Eltern das Grundrecht auf Einrichtung von Religionsunterricht als ordentliches Lehrfach verletzt sahen. Nach der mündlichen Verhandlung am 26.6.2001 schlug der zuständige erste Senat am 11.12.2001 eine einvernehmliche Verständigung zwischen den Antragstellern, den Beschwerdeführern und dem Bundesland vor.[14] Ein Teil der Betroffenen schloss eine entsprechende Vereinbarung, deren Grundlage das am 1.8.2002 in Kraft getretene Gesetz zur Änderung des Brandenburgischen Schulgesetzes war; dieses hatte die Regelungen über den Religionsunterricht grundlegend geändert und eine Befreiung von der Teilnahme am Fach LER erleichtert. Ein Teil der Beschwerdeführer verfolgte jedoch ihr Begehren weiter, so dass diese Verfassungsbeschwerden mit Beschluss vom 31.10.2002 verworfen wurden. Durch die Änderung des Schulgesetzes war zwischenzeitlich der ursprüngliche Angriffsgegenstand weggefallen, die Beschwerdeführer waren somit durch ihn nicht mehr beschwert und die Beschwerden dadurch unzulässig geworden.[15]

Zum Zeitpunkt des Vergleichsvorschlags waren die Verfassungsbeschwerden bereits über fünf Jahre beim BVerfG anhängig. Diesen Zeitraum hatte das Bundesland Brandenburg nicht untätig verstreichen lassen: Neben der zwischenzeitlichen Ausbildung der Lehrer im Fach LER war dieses auch in zahlreichen Schulen eingeführt worden. Damit waren Fakten geschaffen, die, unabhängig vom konkreten Ausgang des Verfahrens, Bestand hatten.[16] Eine ganze Schülergeneration hatte bereits den Unterricht im Fach LER begonnen und einige Lehrerjahrgänge waren darin ausgebildet worden.

Dies zeigt exemplarisch, wie spätes gerichtliches Handeln durch das Schaffen von Fakten „überholt“ sein kann. Wäre eine ergebnisoffene Einflussnahme in unmittelbarem Zusammenhang mit der Einlegung der Verfassungsbeschwerden noch denkbar gewesen, so war sie dies fünf Jahre später nicht mehr, zumindest in einer die Einführung des Religionsunterrichts als ordentliches Lehrfach befürwortenden Form für die in dieser Zeit ausgebildeten Schüler. Diese Situation wirft die Frage auf, ob eine Verletzung der „angemessenen Verfahrensdauer“

---

[13] Zur inhaltlichen Problematik siehe *v. Campenhausen*, in: EssGespr 34 (2001), S. 105, 113 m. w. N.

[14] BVerfGE 104, 305 (Schlichtungsvorschlag). Vgl. hierzu *Wolff*, in: EuGRZ 2003, 463.

[15] BVerfGE 106, 210.

[16] *v. Campenhausen*, in: EssGespr 34 (2001), S. 105, 120.

vorliegt und ob darin sowie in der damit verbundenen Schaffung irreversibler Fakten eine eigene, zweite Verletzung des mit der Verfassungsbeschwerde als verletzt gerügten Grundrechts liegen kann. Das BVerfG stellt in einer anderen Entscheidung selbst fest, dass es Streitigkeiten gebe, in denen der Rechtsschutz wegen des angegriffenen Lebenssachverhalts besonders eilbedürftig sei. So seien zum Beispiel Schüler auf eine schnelle Entscheidung angewiesen, da sie zeitlich auf einen Schulabschluss zugingen. Solche Streitigkeiten könnten oft nur im Rahmen des vorläufigen Rechtsschutzes ausgetragen werden, weil der Streitgegenstand im Hauptsacheverfahren wegen Zeitablaufs häufig nicht mehr durchsetzbar sei.[17] Dies verdeutlicht die Bedeutung eines zeitgerechten Rechtsschutzes. Gleichzeitig stellt sich die Frage nach dem Verhältnis zwischen der einstweiligen Anordnung und dem Hauptsacherechtsbehelf.

2. Wasserwerfer-Entscheidung

Ein anderes Beispiel ist die Kammerentscheidung des BVerfG vom 7.12.1998[18]. Die Beschwerdeführer waren Teilnehmer einer Großdemonstration, die am 4. September 1982 auf dem Baugelände des atomaren Zwischenlagers Gorleben stattfand. Nachdem die Kundgebung von der Versammlungsleiterin für geschlossen erklärt worden war, verblieben die Beschwerdeführer am Versammlungsplatz und wurden durch mehrfache Lautsprecherdurchsagen der Polizei zum Verlassen des Platzes aufgefordert. Ein Teil der Demonstranten entfernte sich freiwillig, während die übrigen Personen von der Polizei mit Hilfe von Wasserwerfern schließlich hinter eine Straßensperre getrieben wurden. Dabei wurde der Druck der Wasserstöße, welche die Beschwerdeführer trafen und bei diesen nicht unerhebliche Verletzungen hervorriefen, allmählich bis auf etwa 13 bar erhöht. Dem Verfassungsbeschwerdeverfahren war der Beschluss des Bundesverwaltungsgerichts vom 9. Mai 1989, das Urteil des Oberverwaltungsgerichts für die Länder Niedersachsen und Schleswig-Holstein vom 1. September 1988 sowie zivilgerichtliche Verfahren vorausgegangen.

Betrachtet man den Zeitraum zwischen der behaupteten Rechtsverletzung im Jahre 1982 und der Entscheidung des BVerfG im Jahre 1998, mithin 16 Jahre, so fragt man sich, ob eine derart lange Verfahrensdauer angemessen sein kann, zumal die Kammerentscheidung die Annahme der Verfassungsbeschwerden ablehnt. Selbst wenn man ausschließlich die Verfahrensdauer vor dem BVerfG betrachtet, scheint das Verfahren, das seit 1989 – also neun Jahre – anhängig war, „unangemessen" lang gedauert zu haben. Trotz der Erledigung der der Verfassungsbeschwerde zugrunde liegenden Rechtsverletzung mit Abschluss der

[17] BVerfGE 93, 1, 15.

[18] BVerfG-K, in: NJW 1999, 1325.

Polizeimaßnahme ist die Feststellung ihrer Rechtswidrigkeit für die Beschwerdeführer von Interesse, denn die Qualität der Rechtsverletzung und die mögliche Betroffenheit des Beschwerdeführers in seinen Grundrechten bleibt dadurch unverändert. Es geht für ihn darum, Klarheit und Sicherheit darüber zu erlangen, ob die angegriffene Maßnahme rechtswidrig war. Insofern ist auch die zeitnahe Ablehnung der Annahme einer Verfassungsbeschwerde für den Beschwerdeführer wesentlich, weil auch dies Ausdruck von Rechtssicherheit ist.

3. Ökosteuergesetz-Verfahren

Die Verfassungsbeschwerden im Fall des sog. „Ökosteuergesetzes" zeigen ebenfalls das Spannungsverhältnis zwischen der Verfahrensdauer und der faktischen Veränderung des zugrunde liegenden Sachverhalts. Mit dem Gesetz zum Einstieg in die ökologische Steuerreform vom 24.3.1999[19] hat der Gesetzgeber eine Stromsteuer eingeführt, die bestehende Mineralölsteuer auf Kraftstoffe, Heizöl, Flüssiggas und Erdgas aufgestockt und durch das zum 1.1.2000 in Kraft getretene Gesetz zur Fortführung der ökologischen Steuerreform vom 16.12.1999 den Strom- und Mineralölsteuertarif jeweils zum 1. Januar 2000, 2001, 2002 und 2003 stufenweise erhöht. Durch die Verteuerung der Energie versucht der Gesetzgeber umwelt- und arbeitsmarktpolitische Ziele zu erreichen. Zwei Kühlhausbetreiber griffen die steuerliche Verschiedenbehandlung von gewerblichen und betrieblichen Kühlhäusern des produzierenden Gewerbes an und behaupteten eine Verletzung der Art. 3 I, 12 I und 14 I GG.[20] Die Verfassungsbeschwerde der Spediteure wandte sich gegen die Erhöhung der Mineralölsteuer auf Kraftstoffe und gegen die Steuervergünstigungen, die bestimmten Verkehrsträgern bei der Verwendung von Mineralöl als Treibstoff und den Unternehmen des produzierenden Gewerbes bei der Verwendung von Mineralöl als Heizöl, nicht aber Dienstleistungsunternehmen gewährt werden; dies verstoße gegen Art. 3 I, 12 I und 14 I GG.[21]

Die Verfassungsbeschwerden wurden 1999 bzw. 2000 beim BVerfG anhängig gemacht und nach der mündlichen Verhandlung am 2.12.2003 mit Urteil vom 20.4.2004[22] zurückgewiesen. Zwischenzeitlich wurden die einzelnen Stufen der Steuererhöhung umgesetzt, so dass die finanzielle Belastung der Beschwerdeführer vor einer Entscheidung in der Sache schrittweise angewachsen war. Mag in diesem Fall der Umfang der Sache, der sich darin widerspiegelt, dass das Gericht fast 40 Verbänden und Instituten Gelegenheit zur Äußerung gegeben hat,

---

[19] BGBl. I 1999, S. 377.

[20] Es handelt sich um das Verfahren 1 BvR 1748/99.

[21] Es handelt sich um das Verfahren 1 BvR 905/00.

[22] BVerfG, in: DVBl. 2004, 705.

auch groß sein, so zeigt es doch die Bedeutung, die eine längere Verfahrensdauer für die Betroffenen und auch die Allgemeinheit haben kann. Die Entscheidung des BVerfG hinkte mit zunehmendem Zeitablauf der Wirklichkeit hinterher, obwohl die Verfahrensdauer von vier bzw. fünf Jahren insgesamt noch nicht als offensichtlich unangemessen beurteilt werden kann.

B. Aufgabenstellung

Ausgehend von der eben aufgezeigten Problematik verfolgt die vorliegende Arbeit das Ziel, die Bedeutung des viel zitierten Gebots der Effektivität und der angemessenen Verfahrensdauer für das materielle Recht aufzuzeigen. Die Existenz eines (subjektiven) Anspruchs auf angemessene Verfahrensdauer soll nachgewiesen, dieser für das Verfassungsbeschwerdeverfahren im Grundgesetz verankert und hieraus rechtspolitische Konsequenzen gezogen werden. Die Ursachen für eine lange Verfahrensdauer sind vielfältig,[23] sollen aber nicht Gegenstand der vorliegenden Arbeit sein.

In einem ersten Schritt wird die Verfahrensdauer vor dem BVerfG statistisch und damit auf objektiver Grundlage dargestellt, um den zeitlichen Aspekt auch quantitativ beurteilen zu können (2. Kapitel). Nachfolgend wird die historische Entwicklung der heutigen Problematik überlanger Verfahrensdauer skizziert, die erst mit dem Auseinanderfallen von materieller Rechtsinhaberschaft und der entsprechenden Rechtsdurchsetzungsmacht aufkam und den Justizgewährungs- und Rechtsschutzanspruch hervorbrachte (3. Kapitel). In Rechtsprechung und Literatur ist in diesem Zusammenhang vielfach die Rede von der rechtsstaatlichen Gewährleistung eines wirksamen, umfassenden und raschen Rechtsschutzes (Effektivitätsgebot). Daher sollen die Zusammenhänge zwischen dem materiellen Recht, dem Rechtsschutz und insbesondere die Rolle einer angemessenen Verfahrensdauer für die Rechtsdurchsetzung aufgezeigt (4. Kapitel). Dabei ist dem Spannungsverhältnis zwischen verschiedenen Rechtsgrundsätzen, wie dem der materiellen Gerechtigkeit und dem des Vorbehalts des Möglichen, Rechnung zu tragen. Die Bedeutung der Zeit für das Recht und die Rechtsdurchsetzung sowie die Existenz eines Rechtsprinzips der Effektivität und der angemessenen

---

[23] Ein ausschlaggebender Grund ist die sehr hohe Verfahrenszahl. Dies ist auf den Bedeutungsanstieg des deutschen Verfassungsrechts aufgrund der Tätigkeit des BVerfG zurückzuführen und wirkt wechselseitig wieder auf das BVerfG zurück: „Der vom BVerfG geschaffene Bedeutungsanstieg der Verfassung ist die Erfolgsleiter, auf der das Gericht selbst nach oben gestiegen ist." Das Gericht genießt auch in der Bevölkerung hohes Ansehen, was *Kloepfer*, in: JZ 2003, 481, 482 (dort beide Zitate) auch auf die „deutsche Sehnsucht nach dem Unpolitischen in einem politischen System" zurückführt. Vgl. auch *Baumgärtel*, in: JZ 1971, 441.

Verfahrensdauer werden thematisiert. Ob tatsächlich ein (subjektiver) Anspruch des Einzelnen auf angemessene Verfahrensdauer besteht, oder ob es sich hierbei lediglich um ein objektives Prinzip handelt, sowie die Grenzen eines solchen Anspruchs werden daran anschließend diskutiert (5. Kapitel). Im Weiteren geht es um die richtige Anspruchsgrundlage für einen Anspruch auf angemessene Verfahrensdauer sowie die möglichen verfahrensspezifischen Einflüsse der Verfassungsbeschwerde auf die Beurteilung der Angemessenheit der Verfahrensdauer. Neben Art. 19 IV GG und dem Rechtsstaatsprinzip kommen hierfür die materiellen Grundrechte in Frage (6. Kapitel). Für die verfahrensrechtliche Komponente der materiellen Grundrechte ist ein grundrechtsdogmatisches Modell zu entwerfen, das geeignet ist, das Konkurrenzverhältnis zwischen den genannten grundgesetzlichen Ankerplätzen zu beschreiben und zu erklären (7. Kapitel). Dabei ist konkret auf die besonderen Anforderungen des Verfassungsbeschwerdeverfahrens einzugehen und das Modell hierauf abzustimmen (8. Kapitel). Bei der konkreten Bewertung, ob eine Verfahrensdauer angemessen ist, sind neben den (ergänzungsbedürftigen) Kriterien des Europäischen Gerichtshof für Menschenrechte (EGMR) einige spezifische Besonderheiten der Verfahrenssituation vor dem BVerfG zu beachten, die die Beurteilung der angemessenen Dauer modifizieren könnten. Hierzu zählen die Möglichkeit eines Antrags auf einstweiligen Rechtsschutz nach § 32 BVerfGG, die oftmals „politische Dimension" von Verfahren vor dem BVerfG, der Grundsatz der Unabhängigkeit der Richter, der so genannte Doppelstatus des BVerfG sowie der Charakter der Verfassungsbeschwerde als „außerordentlicher" Rechtsbehelf (9. Kapitel). Unter Berücksichtigung der gewonnenen Ergebnisse soll abschließend ein (rechtspolitischer) Ansatz vorgestellt werden, mit dem auf eine überlange Verfahrensdauer vor dem BVerfG reagiert werden kann (10. Kapitel).

2. KAPITEL: DIE VERFAHRENSSITUATION VOR DEM BVERFG: STATISTISCHE FAKTEN

Unabhängig von einzelnen Verfahren soll im Folgenden auf die Verfahrenssituation und -dauer vor dem BVerfG eingegangen werden.

I. DIE BEDEUTUNG DES VERFASSUNGSBESCHWERDEVERFAHRENS

Ein Blick auf die Statistik 2004 des BVerfG zeigt die Bedeutung von Verfassungsbeschwerden als Rechtsbehelf zur Überprüfung von Grundrechtsverletzungen im Rechtsleben der Bundesrepublik Deutschland.[24] Sie weist für den Zeitraum vom 07.09.1951 bis 31.12.2004 insgesamt 152.128 anhängige Verfahren aus, wovon 146.457 Verfassungsbeschwerden waren;[25] dies entspricht 96,27 %. Hinsichtlich der Arbeitsbelastung handelt es sich rein quantitativ betrachtet bei den Verfassungsbeschwerden also um die maßgebliche Verfahrensart.[26] Die Erfolgsquote der Verfassungsbeschwerden lag im gleichen Zeitraum bei 2,5 %,[27] so dass der hohe Zuspruch, den das Verfassungsbeschwerdeverfahren dennoch findet, überrascht. Bezöge man bei der Berechnung dieser Erfolgsquote auch die nur ins Allgemeine Register eingetragenen und daher nicht berücksichtigten Anträge mit ein, so wäre weniger als ein Prozent der Verfassungsbeschwerden erfolgreich:[28]

---

[24] Die Statistik des BVerfG für die Jahre 1999-2004 wird im Internet unter www.bundesverfassungsgericht.de veröffentlicht. Bis einschließlich 2002 wurde die Statistik auch in gedruckter Form veröffentlicht, auf die hier teilweise (unter Angabe der Seitenzahl) Bezug genommen wird.

[25] BVerfG, Jahresstatistik 2004. Vgl. auch *Dörr*, Die Verfassungsbeschwerde, Rn. 7 f. mit einem statistischen Überblick; *Kloepfer*, in: DVBl. 2004, 676, 679.

[26] BMJ, Bericht der Kommission, S. 15.

[27] BVerfG, Jahresstatistik 2004. Diese Zahl betrifft nur die Verfassungsbeschwerdeverfahren, in denen auf Antrag der Beschwerdeführer eine formelle Senats- (§ 95 BVerfGG) oder Kammerentscheidung (§ 93c BVerfGG) ergangen ist.

[28] *Benda/ Klein*, Verfassungsprozeßrecht, Rn. 423; BVerfG, Jahresstatistik 2004.

	1993	1994	1995	1996	1997	1998	1999	2000	2001	2002	2003	2004
Gesamteingänge	8.620	8.367	10.639	7.851	7.220	7.090	7.750	8.060	8.536	8.650	7.783	7.945
davon Eingaben u. Verfassungs-beschwerden (§ 60 IIa/b GOBVerfG)	5.899	6.228	6.738	5.940	5.116	5.192	5.586	3.972	3.945	3.883	4.298	4.711
von den Eingaben u. Verfassungs-beschwerden in das Verfahrensre-gister übertragen (§ 61 II GOBVerfG)	1.441	1.343	1.517	1.484	1.493	1.397	1.216	1.255	1.523	1.465	1.786	1.792
Prozentsatz	24 %	22 %	23 %	25 %	29 %	27 %	22 %	32 %	39 %	38 %	42 %	38 %
von den Eingaben u. Verfassungs-beschwerden nach Belehrung im All-gemeinen Register erledigt	4.458	4.885	5.221	4.456	3.623	3.795	4.370	2.717	3.798	3.648	2.630	2.888
Prozentsatz[29]	76 %	78 %	77 %	75 %	71 %	73 %	78 %	68 %				

Tabelle 1: Geschäftsanfall im Allgemeinen Register (AR) 1993-2004

Die jährlichen Verfahrenseingänge sind seit der Einrichtung des BVerfG stark angestiegen und lassen sich in vier Phasen einteilen:[30] Im Zeitraum der Jahre 1951 bis einschließlich 1975 hat die Zahl der Verfahrenseingänge steigende Tendenz und betrug zwischen 573 (1954) und 1.677 (1970);[31] dies ergibt einen Durchschnitt von 1.279 Verfahren pro Jahr.[32] In der zweiten Phase der Jahre 1976 bis 1990 liegt dieser bei 3.219. Die Zahl der anhängig gemachten Verfahren bewegte sich zwischen 2.087[33] (1976) und 3.946 (1983). Insgesamt stieg auch hier deren Summe, von einzelnen Ausreißern abgesehen, tendenziell an.[34] Die historische Zäsur der deutschen Wiedervereinigung führte in den Jahren 1991 bis 1997 zu einem sprunghaften Anstieg der Verfahrenszahlen auf zwischen 4.077 (1991) und 5.911 (1995); dies entspricht einem jährlichen Durch-

[29] Ab 2001 sind in den Zahlen auch Vorgänge aus den vorangegangenen Jahren enthalten, so dass sich die Angabe eines Prozentsatzes erübrigt.

[30] Vgl. Übersicht und Grafik in BVerfG, Jahresstatistik 2002, S. 4.

[31] BVerfG, Jahresstatistik 2002, S. 2. Für das Jahr 1973 sind die Verfahrenseingänge der Parallelverfahren wegen des Stabilitäts-Zuschlags abgezogen.

[32] Bei diesem Durchschnittswert sind wiederum die Parallelverfahren des Jahres 1973 wegen des Stabilitäts-Zuschlags nicht berücksichtigt.

[33] Die Zahl berücksichtigt nicht die Parallelverfahren des Jahres 1976 wegen § 218 StGB.

[34] BVerfG, Jahresstatistik 2002, S. 3 und Grafik auf S. 4.

schnitt von 5.072. Zwischen 1998 und 2002 sank dieser auf 4.762[35]. In den Jahren 2003 und 2004 ist wieder ein Anstieg auf 5.055 bzw. 5.434 Verfahren zu verzeichnen.[36] In den Jahren von 1998 bis 2002 wurden durchschnittlich 233 Verfahren mehr erledigt, als Verfahrenseingänge zu verzeichnen waren. An der Überlastungssituation des BVerfG hat dies nichts geändert, ebenso wenig wie die Einführung und mehrmalige Modifikation des Annahmeverfahrens der Verfassungsbeschwerde. Vor allem die grundlegende Änderung dieses Annahmeverfahrens im Jahre 1993 mit der Festlegung von Annahmegründen (§§ 93a bis 93d BVerfGG) hat, statistisch gesehen, keine Entlastung gebracht.[37] Im Jahr 2003 wurden weniger Verfahren erledigt (4.578) als Neueingänge (5.055) vorlagen, im Jahr 2004 entsprachen die Neueingänge (5.434) in etwa den Erledigungen (5.468).[38]

Im Zeitraum 2000 bis 2004 wurden in den Kammern 96 % aller erhobenen Verfassungsbeschwerden nicht zur Entscheidung angenommen.[39] Selbst bei Berücksichtigung des Umstands, dass die Prüfung im Annahmeverfahren auch Zeit benötigt, verwundert die doch teilweise erhebliche Verfahrensdauer einzelner Beschwerden umso mehr. Dabei fällt auf, dass eine fast konstante jährliche Zahl von Verfassungsbeschwerden in beiden Senaten beraten und entschieden wurde:

	1977[40]	**1978**	**1979**	**1980**	**1981**	**1982**	**1983**	**1984**	**1985**	**1986**
Erledigung durch Senate: Nichtannahme, Zurückweisung, Stattgabe	53	50	63	105	87	51	109	38	39	20

Tabelle 2: Erledigungen durch die Senate in den Jahren 1977 bis 1986

[35] Bei dieser Zahl handelt es sich um den Durchschnitt der Jahre 1998 bis 2002 mit absoluten Verfahrenszahlen zwischen 4.620 (2001) und 4.885 (1999); vgl. für die absoluten Zahlen BVerfG, Jahresstatistik 2002, S. 3 und die grafische Darstellung S. 4.

[36] BVerfG, Jahresstatistik 2003, 2004.

[37] *Schlaich/ Korioth*, Rn. 258 f., 275.

[38] BVerfG, Jahresstatistik 2003, 2004. Bei der Erledigungszahl sind die Erledigungen durch die Kammern und die Senate sowie durch Rücknahme und auf sonstige Weise berücksichtigt.

[39] BVerfG, Jahresstatistik 2004.

[40] Die Zahlen der Senatsentscheidungen der Jahre 1977 bis 1986, in: BMJ, Bericht der Kommission, S. 28 f. Die Zahlen der Senats- und Kammerentscheidungen der Jahre 1987 bis 1996, in: BMJ, Bericht der Kommission, S. 28 f. (hier nicht vollständig aufgeführt), weichen teilweise von den hier dargestellten ab.

	1993[41]	1994	1995	1996	1997	1998[42]	1999[43]	2000[44]	2001	2002[45]	2003	2004
Eingänge	5.246	5.194	5.766	5.117	4.962	4.676	4.729	4.705	4.483	4.523	5.055	5.434
Erledigung durch Kammer												
Nichtannahme	4.642	4.726	4.594	4.724	4.599	4.493	4.756	4.802	4.473	4.343	4.406	5.205
Stattgabe	259	145	116	100	31	68	82	65	85	81	65	97
Erledigung durch Senat												
Nichtannahme	0	2	0	2	3	3	0	1	0	1	1	4
Zurückweisung	15	12	10	18	16	20	13	5	13	8	11	17
Stattgabe	11	16	23	9	14	31	21	11	4	19	16	20
Erledigung durch Rücknahme	236	153	139	170	169	128	97	102	50	67	44	71
Erledigung auf sonstige Weise	48	53	54	74	50	127	67	86	40	30	35	54

Tabelle 3: Erledigungen durch die Senate in den Jahren 1993 bis 2004

In den Jahren zwischen 1993 und 2004 wurden jährlich durchschnittlich 31 Verfahren in den Senaten erledigt, wohingegen den Kammern im Durchschnitt 4.746 Verfahren, wovon im Mittel 100 Verfahren erfolgreich waren, zugewiesen wurden.[46] Die Konstanz der Erledigungszahlen lässt vermuten, dass das BVerfG Verfassungsbeschwerden offenbar an der eigenen Kapazität orientiert zur Entscheidung in den Senaten annimmt.[47] Durch die sehr hohe Zahl an Kammerentscheidungen besteht die Gefahr deren inhaltlicher Verselbstständigung, womit ein grundlegender Wandel der Verfassungsgerichtsbarkeit verbunden wäre.[48] Auffallend ist die Halbierung der Erledigungszahlen der Senate im Vergleich zu

---

[41] Die Zahlen für die Jahre 1993 bis 1997, in: BVerfG, Gesamtstatistik 1997, S. 11.

[42] BVerfG, Gesamtstatistik 1998, S. 10.

[43] BVerfG, Gesamtstatistik 1999, S. 12.

[44] Für die Jahre 2000 und 2001 siehe BVerfG, Jahresstatistik 2000, S. 13.

[45] BVerfG, Jahresstatistik 2002, S. 13.

[46] Es wurden die Erledigungen durch die Senate in Form der Nichtannahme, der Zurückweisung und der Stattgabe gezählt. Vgl. auch BMJ, Bericht der Kommission, S. 21. Nach *Kloepfer*, in: DVBl. 2004, 676, 680, gelangt nur jede 36. Verfassungsbeschwerde zur Entscheidung in einem Senat, dies sind weniger als 3 %.

[47] *Schlaich/ Korioth*, Rn. 275.

[48] Vgl. auch Anmerkung in: BMJ, Bericht der Kommission, S. 21 f.; *Hermes*, S. 725 ff.

früheren Jahren, denn zwischen 1977 und 1986 konnten die beiden Senate noch durchschnittlich 61,5 Verfahren bearbeiten.

Eine Differenzierung der eingelegten Verfassungsbeschwerden nach deren Streitgegenstand zeigt für die Jahre zwischen 1997 und 2004 Folgendes:

	1997[49]	**1998**	**1999**	**2000**	**2001**	**2002**	**2003**	**2004**
Gerichtsent-scheidungen	4.675 (96,1 %)	4.415 (96,3 %)	4.446 (95,8 %)	4.419 (95,9 %)	4.160 (95,2 %)	4.235 (96,0 %)	4.716 (96,1 %)	5.109 (96 %)
Gesetze/ Rechts-normen[50]	96 (2,0 %)	93 (2,0 %)	129 (2,8 %)	89 (1,9 %)	92 (2,1 %)	82 (1,9 %)	88 (1,8 %)	120 (2,2 %)
Hoheitsakte Länder/ Bund	93 (1,9%)	75 (1,6 %)	65 (1,4 %)	101 (2,2 %)	120 (2,7 %)	95 (2,1 %)	101 (2,1 %)	95 (1,8 %)
Summe	4.864	4.583	4.640	4.609	4.372	4.412	4.905	5.324

Tabelle 4: Verfassungsbeschwerden gegen Gerichtsentscheidungen, Gesetze (Rechtsnormen) und Hoheitsakte (Länder/Bund) (1997-2004)

95,9 % aller Verfahren betrafen Gerichtsentscheidungen, 2,1 % Gesetze und andere Rechtsnormen und 2,0 % Hoheitsakte der Länder und des Bundes. Die Verfassungsbeschwerden gegen Gerichtsentscheidungen betreffen etwa zur Hälfte die Rüge der Verletzung von Verfahrensgrundrechten, insbesondere von Art. 103 I GG – isoliert oder in Verbindung mit einem materiellen Grundrecht.[51] Nicht zuletzt vor diesem Hintergrund dürfte die Plenarentscheidung des BVerfG vom 30.4.2003[52] zu sehen sein, die den Gesetzgeber zur Einführung einer Rügemöglichkeit bei behaupteter Verletzung des rechtlichen Gehörs verpflichtet. Die Bearbeitung von Verfahrensrügen verursacht in der Regel einen besonders hohen Prüfungsaufwand, da häufig die Gerichtsakten der Ausgangsverfahren angefordert und durchgearbeitet werden müssen. Dies ist oftmals mit der Einarbeitung in sehr spezielle Fragen des einfachen Rechts und des fachgerichtlichen Verfahrens verbunden.[53]

---

[49] Die Zahlen sind der Statistik des BVerfG entnommen: für 1997 jeweils auf S. 8 der Geschäftsübersicht des Ersten und des Zweiten Senats; für 1998 jeweils auf S. 8 der Geschäftsübersicht des Ersten und des Zweiten Senats; für 1999 auf S. 17; für 2000 bis 2004 vgl. BVerfG, Jahresstatistik der jeweiligen Jahre.

[50] Rechtsnormen, die mittelbar Angriffsgegenstand waren, sind nicht enthalten.

[51] Der BMJ, Bericht der Kommission, S. 16, 22, schätzt die Zahl der Verfassungsbeschwerden, die allein oder in Verbindung mit materiellen Grundrechten die Verletzung von Verfahrensgrundrechten, insbesondere des rechtlichen Gehörs, rügen, auf zwischen 40 und 60 % aller Verfassungsbeschwerden.

[52] BVerfGE 107, 395. Vgl. auch § 321a ZPO und *Voßkuhle*, in: NJW 2003, 2193.

[53] BMJ, Bericht der Kommission, S. 23.

II. Die Verfahren der konkreten Normenkontrolle

Die Verfahrenseingänge der konkreten Normenkontrolle stellen sich für den Zeitraum zwischen 1984 und 2003 folgendermaßen dar:

1984	1985	1986	1987	1988	1989	1990	1991	1992	1993	1994
6	37	100	74	48	30	31	99	137	90	55

1995	1996	1997	1998	1999	2000	2001	2002	2003	2004
54	43	45	38	40	26	27	36	15	25

Tabelle 5: Verfahrenseingänge konkrete Normenkontrolle (1984-2004)

Diese Zahlen[54] lassen in den Jahren 1986/ 1987 und 1991 bis 1993 eine Mehrbelastung erkennen; Anfang der 1990er Jahre ist dies wohl auf Rechtsfragen im Zusammenhang mit der Wiedervereinigung zurückzuführen.[55] Obwohl die Anzahl der jährlich zu behandelnden konkreten Normenkontrollen im Verhältnis zu den Verfassungsbeschwerden nicht bedeutend ist, fallen sie aufgrund des im Einzelfalls teils erheblichen Arbeitsaufwands dennoch ins Gewicht, zumal die Entscheidungen allein durch die Senate ergehen.

III. Die Verfahrensdauer von Verfassungsbeschwerden

Nach der eigenen Statistik des BVerfG betrug die durchschnittliche Verfahrensdauer von Verfassungsbeschwerden der Eingangsjahre 1994 bis 2004 in 67,4 % der Fälle ein Jahr, in 20,2 % zwei Jahre, in 4,6 % drei Jahre und in 3,1 % mehr als vier Jahre.[56] Diese Verfahrensdauer erscheint auf den ersten Blick nicht problematisch. Bedenkt man jedoch, dass in diesen Zahlen auch die etwa 97 % der nicht angenommenen Verfassungsbeschwerden enthalten sind, so ergibt sich ein anderes Bild. Die Bedeutung der zeitlichen Dimension der Verfahren kommt deutlicher zum Ausdruck, wenn man bei der Darstellung der Dauer der Anhängigkeit einzelner Verfassungsbeschwerden zwischen den Geschäftsjahren differenziert:

[54] Die Zahlen stammen aus der Gesamtstatistik des BVerfG der Jahre 1997, S. 7 und 2002, S. 5 sowie aus der Jahresstatistik 2004.

[55] Vgl. Nachweis im BMJ, Bericht der Kommission, S. 169 bis 171.

[56] BVerfG, Jahresstatistik 2004.

im Jahr[57]... waren anhängig	mehr als 3 Jahre[58]	mehr als 5 Jahre	mehr als 7 Jahre	mehr als 9 Jahre
1990	272	40	4	0
1991	150	46	5	1
1992	165	45	4	1
1993	200	52	9	1
1994	256	74	26	1
1995	316	106	29	2
1996	345	142	42	16
1997	388	154	56	21
1998	459	159	71	21
1999	506	127	45	8
2000	459	133	25	7
2001	362	178	31	7
2002	230	113	30	4
2003	200	68	17	1
2004	219	62	23	4
2005	186	55	20	5

Tabelle 6: Verfassungsbeschwerden mit Anhängigkeit von mehr als 3, 5, 7 und 9 Jahren (1990-2005)

Das verfügbare Zahlenmaterial differenziert nicht zwischen der Verfahrensdauer von Senatssachen und Kammerentscheidungen. Nach dem Bericht der Kommission handelt es sich bei den Rückständen aber in der Regel um Senatssachen; die Verfahren der Kammern seien meist innerhalb von zwei Jahren abgeschlossen.[59] Der Rückstand an Verfassungsbeschwerden, die länger als drei Jahre anhängig sind, stieg zwischen 1991 (150) und 1999 (506) an und scheint sich nun bei 200 Verfahren im Jahr einzupendeln. Die Zahl der länger als 5 Jahre anhängigen Verfassungsbeschwerden sinkt seit 2001 (178) stetig. Betrachtet man die Zahlen der einzelnen Jahre in Bezug auf die Verfahrensdauer, so ergibt das langjährige Mittel im dritten Jahr 216, im vierten 118, im fünften 69, im siebten 22, im neunten sieben und im elften knapp zwei anhängigeVerfassungsbeschwerden:

[57] Für die Zählung maßgeblich ist jeweils der Beginn eines jeden Jahres. Grundlage der Darstellung sind die Jahresstatistiken des BVerfG.

[58] Bei den mehr als drei, fünf, usw. Jahren anhängigen Verfassungsbeschwerden werden die im dritten, fünften, usw. Jahr anhängigen Verfassungsbeschwerden nicht mitgezählt.

[59] BMJ, Bericht der Kommission, S. 25.

	Anhängig[60] waren an Verfassungsbeschwerden im[61]													
im Jahr	Neuzuteilungen	1. Jahr	2. Jahr	3. Jahr	4. Jahr	5. Jahr	6. Jahr	7. Jahr	8. Jahr	9. Jahr	10. Jahr	11. Jahr	12. Jahr	13. Jahr
1987	3.358	948	228	189	103	37	9	0	7	0	1			
1988	3.613	1.362	311	130	76	71	22	1	0	1	0	1		
1989	3.693	1.319	611	227	69	43	52	8	1					
1990	3.309	1.309	487	444	182	50	24	12	3	1				
1991	3.904	1.126	404	146	68	36	30	11	3	1	1			
1992	4.214	1.303	342	160	82	38	28	13	2	1	1			
1993	5.246	1.388	388	182	97	51	21	22	7	1	1			
1994	5.194	1.417	317	203	112	70	33	15	20	5	1			
1995	5.766	1.449	350	175	123	87	53	24	12	15	1	1		
1996	5.117	2.063	476	226	114	89	63	37	17	9	14	1	1	
1997	4.962	1.817	650	275	147	87	54	44	23	12	8	11	1	1
1998	4.676	1.710	697	344	202	98	50	38	32	18	7	6	7	1
1999	4.729	1.587	590	333	248	131	58	24	20	17	6	2		
2000	4.705	1.544	458	248	172	154	78	30	9	9	6	1		
2001	4.483	1.418	431	132	94	90	84	63	19	5	4	3		
2002	4.523	1.358	401	172	71	46	53	30	13	13	0	3	1	
2003	5.055	1.369	392	174	85	47	31	20	11	5	1			
2004	5.434	1.775	432	186	111	46	26	13	10	9	4			
2005		1.698	529	165	82	49	23	12	6	9	4	1		
Ø		1.472	447	216	118	69	42	22	11	7	3	1,6	0,5	0,1

Tabelle 7: Dauer der Anhängigkeit von Verfassungsbeschwerden nach Jahren (1987-2005)

[60] Für die Jahre 1987 bis 1996 ist Quelle der Zahlen: BMJ, Bericht der Kommission, S. 25, 162-167.

[61] Alle z. B. 1986 eingelegten Verfassungsbeschwerden werden im Jahr 1987 als im ersten Jahr anhängig gezählt. Das BMJ, Bericht der Kommission, S. 25 zählt zu den im Jahr 1987 mehr als ein Jahr anhängigen Verfassungsbeschwerden nur diejenigen mit, die 1985 oder früher anhängig wurden.

IV. Die Bewertung der Verfahrenssituation vor dem BVerfG

Die lange Dauer einzelner Verfahren erscheint angesichts der Gesamtzahl der jährlichen Verfahrenseingänge wenig brisant. Das Problem der Verfahrensdauer ist jedoch kein rein statistisches, denn in jedem Einzelfall geht es um die Durchsetzung der grundrechtlichen Gewährleistungen des einzelnen Bürgers. Diesem hilft ein statistischer Durchschnittswert nicht über die lange Verfahrensdauer im konkreten Fall hinweg, geht es für ihn doch um die „Einzelfallgerechtigkeit" (Individualrechtsschutz[62]) und um das ihm konkret zustehende materielle (Grund-)Recht. Eine statistische Darstellung der Verfahrensdauer von Verfassungsbeschwerden findet ihren Sinn in der Versachlichung der Diskussion und zeichnet ein Bild von der quantitativen Tragweite der Problematik. Sie ist aber nicht geeignet, einzelfallbezogen die (qualitativen) Konsequenzen einer überlangen Verfahrensdauer für den Grundrechtsschutz des Betroffenen abzubilden. Die Verfahrensdauer ist insgesamt für den Großteil der Verfahren angemessen kurz; für einen nicht ganz unerheblichen Teil der Beschwerdeführer ist sie dies aber nicht und kann nicht als nebensächliches Problem abgetan werden. Wann die Verfahrensdauer ein vertretbares Maß übersteigt, ist nicht ohne weiteres klar und mit absoluten zeitlichen Grenzen zu bestimmen, da dies von den konkreten Umständen des Falles abhängt. Dennoch ist die Frage zu stellen, ob die beschriebene Situation aus grundrechtlicher Sicht im Einzelfall vom Betroffenen hinzunehmen ist. Neben den Konsequenzen für die Rechte des Beschwerdeführers, gibt es erhebliche Auswirkungen auf das öffentliche Interesse zu beachten: Angesichts der oft politischen Dimension von Verfassungsbeschwerden besteht auch für die Allgemeinheit ein Zustand der Rechtsunsicherheit und es entsteht mit steigender Verfahrensdauer nicht selten der Eindruck der Rechtsverweigerung. Erinnert sei an so bedeutende und wegweisende Entscheidungen wie die „Kruzifix-Entscheidung", die „Rechtschreibungs-Entscheidung", die „Abtreibungs-/ Fristenlösungs-Entscheidungen", die Entscheidung zum Zuwanderungsgesetz, die Entscheidungen zur Video- und Telefonüberwachung oder den „Kopftuch Streit". All diesen Judikaten ist gemeinsam, dass sie neben dem einzelnen Beschwerdeführer auch die Gesellschaft betreffen, indem sie das Handeln des Einzelnen im Kontext des Gesellschaftsganzen stark prägen. Außerdem wird das verfassungsrechtliche Wertesystem durch die Entscheidungen des Gerichts der aktuellen gesellschaftlichen Situation angepasst, präzisiert oder

[62] Der Annahmekatalog der §§ 93a ff. BVerfGG schreibt die Annahme einer Verfassungsbeschwerde auch aus objektiv-rechtlichen Gründen vor. Das Verfassungsbeschwerdeverfahren dient dem individuellen Grundrechtsschutz und wahrt gleichzeitig das objektive Verfassungsrecht, vgl. *Schlaich/ Korioth*, Rn. 205. Die Zurückdrängung des individualrechtsschützenden Charakters der Verfassungsbeschwerde zugunsten einer objektiven Kontrollfunktion wird teilweise scharf kritisiert. Vgl. zum Beispiel *Rozek*, in: DVBl. 1997, 517.

neu bestimmt. Hierfür ist die Verfahrensdauer von erheblicher Bedeutung, denn die Bürger und „das politische System“ warten darauf zu erfahren, ob der ordentliche Religionsunterricht als Schulfach eingeführt werden muss, ob die muslimische Lehrerin im Unterricht ein Kopftuch tragen darf bzw. in den Schuldienst eingestellt werden muss und ob das Kruzifix an der Klassenzimmerwand hängen bleiben kann. Das Warten auf eine Entscheidung des BVerfG – wie auf die jedes anderen Gerichts – stellt sich als ein „Warten auf Gerechtigkeit“[63] und damit möglicherweise als die Etablierung des Unrechts dar, dessen spätere Kompensation aufgrund der besonderen Verfahrenssituation vor dem BVerfG kaum denkbar ist. Das einmal geschaffene „zeitliche Unrecht“ existiert unter Umständen als solches fort und fügt dem Bild des höchsten deutschen Gerichts eine unentfernbare Kerbe zu.

Die Überlastung des BVerfG hat eine widersinnige Konsequenz, wie dessen früherer Präsident *Zeidler* bei einer Anhörung vor dem Rechtsausschuss des Deutschen Bundestages ausgeführt hat:[64] Je unwichtiger und unsinniger eine Sache sei, desto schneller wird sie erledigt, während die schwierigeren und wichtigeren Entscheidungen umso länger dauern. Selbst unter der Prämisse, dass es sich bei der verfassungsgerichtlichen Rechtsprechung um eine außerordentliche und an anderen Maßstäben zu messende Gerichtsbarkeit handelt, bestehen Zweifel, ob das Gericht den Maßstab, den es bei den Fachgerichten anlegt, selbst ignorieren darf. Mag es sich letztlich nur um einige wenige und durch besondere Umstände bedingte Verfahren (über-)langer Dauer handeln, so ändert sich die Fragestellung für den betroffenen Einzelfall dennoch nicht. Sie wird auch durch den Umstand, dass die weit überwiegende Zahl der Verfahren binnen angemessener Frist erledigt wird, nicht relativiert.[65]

---

[63] *Wilfinger*, S. 2.

[64] Beratungen des Änderungsgesetzes zum BVerfGG 1985, Rechtsausschuss-Drs. 59/ 55.

[65] Vgl. allgemein zur „Kundenzufriedenheit“ bezüglich der Verfahrensdauer *Berlit*, S. 142.

3. Kapitel: Die geschichtliche Entwicklung, Funktion und Bedeutung der Justizgewährung

Ein Anspruch auf angemessene Verfahrensdauer setzt notwendig ein subjektives Recht auf ein Verfahren voraus, das in der Literatur als Justizgewähr(leistungs)anspruch oder Rechtsschutzanspruch bezeichnet wird. Nach der Rechtsprechung des BVerfG beinhaltet der Justizgewährleistungsanspruch „das Recht auf Zugang zu den Gerichten und eine grundsätzlich umfassende tatsächliche und rechtliche Prüfung des Streitgegenstandes sowie eine verbindliche Entscheidung durch den Richter"[66]. Die Garantie wirkungsvollen Rechtsschutzes ist demnach ein wesentlicher Bestandteil des Rechtsstaats. Als positive Konkretisierung eines solchen Anspruchs findet sich im Text des Grundgesetzes allein Art. 19 IV GG als eine Regelung, die nach ihrem Wortlaut nur den Rechtsweg bei behaupteten Verletzungen durch die öffentliche Gewalt eröffnet.[67] Zivil- und strafrechtliche Streitigkeiten sind von ihr nicht erfasst. Für sie verbürgt der allgemeine Justizgewährungsanspruch als Bestandteil des Rechtsstaatsprinzips in Verbindung mit den Grundrechten, insbesondere mit Art. 2 I GG, einen Rechtsschutzanspruch,[68] weil der einzelne Bürger durch jede unzumutbare, aus Sachgründen nicht mehr zu rechtfertigende Erschwerung des Rechtsschutzes zumindest in seinem Grundrecht aus Art. 2 I GG verletzt ist.[69] Im Einzelfall können sich aus der gesetzlichen Ausgestaltung des Art. 19 IV GG und des Justizgewährleistungsanspruchs Einschränkungen des Rechtsschutzes ergeben, die jedoch mit den Belangen der rechtsstaatlichen Verfahrensordnung vereinbar und verhältnismäßig sein müssen.[70]

Die Entscheidung des Verfassungsgebers für die Aufnahme eines Rechtsschutzanspruchs in Art. 19 IV GG bei behaupteten Verletzungen durch die öffentliche Gewalt stellt den Höhepunkt einer Entwicklung dar, die in ihren Wurzeln bis ins Heilige Römische Reich Deutscher Nation zurückreicht.[71] Voraussetzung hierfür war die Trennung von privatem und öffentlichem Recht und somit auch von ordentlicher Gerichtsbarkeit und Verwaltungsgerichtsbarkeit. Heute verdanken der Justizgewähranspruch und der Rechtsschutzanspruch des Art. 19 IV GG ihre Existenz dem Selbsthilfeverbot des Einzelnen, das im Rechtsstaat zugunsten des staatlichen Gewaltmonopols herrscht. Die geschichtliche Entwicklung des Jus-

---

[66] BVerfGE 85, 337, 345.

[67] *Jarass*, in: Jarass/ Pieroth, Art. 20, Rn. 64.

[68] BVerfGE 107, 395; vgl. auch BVerfGE 88, 118, 123; 93, 99, 107; 96, 27, 39.

[69] BVerfGE 69, 381, 385; 78, 123, 126.

[70] BVerfGE 85, 337, 345 f.; 88, 118, 123 f.; 93, 99, 107.

[71] *Huber*, in: v. Mangoldt/ Klein/ Starck, GG I, Art. 19, Rn. 350; *Schlaich/ Korioth*, Rn. 197.

tizgewähr- und Rechtsschutzanspruchs hing seit jeher maßgeblich mit der jeweiligen Form der gesellschaftlichen Herrschaftsordnung zusammen und soll im Folgenden knapp skizziert werden, da dies zu einem besseren Verständnis der heute vorgefundenen Rechtslage beiträgt.

I. Mittelalter (ca. 500–1500)

Die Zeit des Frühmittelalters vor Mitte des 11. Jahrhunderts war geprägt durch Grundherrschaft, Lehnswesen und königliche Kirchenherrschaft, die als Gesellschaftsordnung nicht einem „Staat“ im neuzeitlichen Sinne entsprachen. Einen Rechtsschutz des Bürgers gegen den Staat gab es noch nicht, ebenso wenig wie eine Unterscheidung zwischen Zivilrecht und öffentlichem Recht.[72] Wer sich zu dieser Zeit in seinen Rechten verletzt sah, übte Rache für das erlittene Unrecht und führte eine „Fehde“,[73] die allein Sache der streitenden Parteien war. Die Fehden richteten, gefördert durch das Berufsrittertum, ungeheuren Schaden an. In der „Gottesfriedensbewegung“, die zunächst in Frankreich auftrat, bemühten sich die Bischöfe seit Ende des 10. Jahrhunderts, das Fehdewesen einzudämmen. Dem schlossen sich seit dem späten 11. Jahrhundert die weltlichen Herrscher an, unter anderem Heinrich IV., der den allgemeinen „Landfrieden“ für das Deutsche Reich verhängte. Hinter dem „Landfrieden“ stand der germanische Gedanke des Friedensschutzes innerhalb einer Rechtsgemeinschaft, wonach bei Gewalttaten nicht nur der Geschädigte, sondern der Frieden aller verletzt und daher die Rechtsgemeinschaft vertreten durch ihre Repräsentanten für seine Aufrechterhaltung verantwortlich war. Aus der Landfriedensbewegung entwickelten sich die Anfänge des modernen Staates, welcher eigenmächtige Gewaltanwendung des Bürgers verbot und die Streitentscheidung staatlichen Gerichten zuwies (staatliches Monopol der legitimen Gewaltanwendung).[74]

---

[72] *Schenke*, in: Bonner Kommentar, Art. 19 Abs. 4, Rn. 1. Die landesherrliche Gewalt war bereits in der Zeit des Mittelalters maßgeblich gekennzeichnet durch die Ausübung der Jurisdiktion. Zu den wichtigsten Rechten der Herrscher gehörten die sog. Grafenrechte mit dem Recht zur Ausübung der Hochgerichtsbarkeit sowie polizeilicher und militärischer Befugnisse. Vgl. *Eisenhardt*, Rn. 3 f.; *Conrad* I, S. 193 f.; *Müller, H. M.*, S. 71; *Köbler*, S. 77 f., 82 ff.

[73] *Eisenhardt*, Rn. 94 f.; *Köbler*, S. 70 f., 74.

[74] *Eisenhardt*, Rn. 68 f.; *Conrad* I, S. 472 ff.; *Müller, H. M.*, S. 51 f.; *Otto*, S. 4; *Köbler*, S. 101 f., 118. Kennzeichen des mittelalterlichen Gerichtswesens war die so genannte Dingpflicht, wonach es den mündigen Männern nicht freigestellt war, an dem genossenschaftlich wie herrschaftlich geprägten Ding (Gericht) teilzunehmen. Durch die Einbindung aller wurde versucht, die friedliche Streitbewältigung zu erzwingen, sozial adäquates Verhalten zu sichern und zugleich in den einzelnen Siedlungszellen die besonderen Rechte, Gewohnheiten und Traditionen zu wahren. Vgl. hierzu *Willoweit*, S. 44; *Conrad* I, S. 191 ff. Exemplarisch zeigt der Mainzer Landfrieden von 1235 den Zusammenhang zwischen obrigkeitsrechtlicher Jus-

Seit dem 13. Jahrhundert kam eine Trennung zwischen bürgerlichen Sachen (causae civiles) und peinlichen Sachen (causae criminales) auf, die in unterschiedlichen Verfahren entschieden wurden.[75] Im entstehenden Territorialstaat des 16. Jahrhunderts zeigte sich die Rolle des Rechtsschutzes als wichtiges Instrument der Friedenssicherung, so dass die Möglichkeiten des Einzelnen, ein Gericht anzurufen, ausgebaut und gesichert wurden. Zunehmend war die Basis der „Staatsgewalt" die richterliche Gewalt des Herrschers, die er für sich selbst zu sichern versuchte.[76]

II. ABSOLUTISMUS (1648-1789)

Diese Entwicklung verstärkte sich in der Zeit des Absolutismus. Die Auflösung des alten ständischen Ordnungsgefüges im Zeitalter der Glaubenskriege förderte ein weit verbreitetes Verlangen nach Wiederherstellung der staatlichen Ordnungsfunktion, die in der Person des Monarchen am ehesten gewährleistet erschien. Dies führte zur absolutistischen Regierungsform, in der der Monarch alleiniger Inhaber der Herrschaftsgewalt und an die bestehenden Gesetze nicht gebunden war. Zur Verwaltung des Landes wurde eine allein vom Monarchen abhängige Beamtenschaft aufgebaut, was gleichzeitig die Abschaffung der ständischen Strukturen des Mittelalters bedeutete.[77] In dieser Zeit erfuhr der Staat im neuzeitlichen Sinne seine Prägung, mit der die Entwicklung des Rechtsschutzes des Untertans gegen den Staat einherging, wobei meist noch nicht zwischen privatem und öffentlichem Recht unterschieden wurde.[78] Die Ursprünge des heutigen Justizgewährungs- und Rechtsschutzanspruchs reichen in diese Zeit zurück.

III. KONSTITUTIONALISMUS (1789-1890)

Mit der Französischen Revolution kam die Idee des Nationalstaats auf, die die liberale Bewegung aufgriff und in einem deutschen Staat verwirklichen wollte, der in einer Verfassung die Grundrechte des Volkes verankern und gerichtlichen Rechtsschutz gegen rechtswidrige staatliche Akte gewähren sollte.[79] In der Fol-

---

tizgewährung und privater Selbsthilfe, wonach derjenige, der sein Recht vor der Gerichtsbarkeit nicht erhält, „Widersage" tun, das heißt sein Recht gegen den Gegner durch Selbsthilfe durchsetzen darf. Vgl. hierzu *Conrad* I, S. 474 f.

[75] *Köbler*, S. 115 ff.

[76] *Conrad* I, S. 475 f.; *Eisenhardt*, Rn. 162, 220; *Conrad* II, S. 231; *Otto*, S. 5.

[77] *Eisenhardt*, Rn. 213 ff., 220 ff.; *Conrad* II, S. 238 f., 283 ff.; *Müller, H. M.*, S. 109; *Köbler*, S. 150 ff.

[78] *Schenke*, in: Bonner Kommentar, Art. 19 Abs. 4, Rn. 3.; *Conrad* II, S. 286 ff.; *Köbler*, S. 151, 154.

[79] *Eisenhardt*, Rn. 273 ff., 415 f., 450 ff., 488, 491; *Müller, H. M.*, S. 153; *Maurer*, Recht-

gezeit wurde die Justizgerichtsbarkeit nach dem französischen Vorbild zugunsten einer Verwaltungsrechtspflege als Teil der Verwaltung (justizähnliche Selbstkontrolle) zurückgedrängt, in der meist Verwaltungsbeamte entschieden und die richterliche Unabhängigkeit nicht gewährleistet war.[80] Mit § 182 der Frankfurter Reichsverfassung (1849),[81] welche allerdings nie in Kraft trat, versuchte man das Manko der fehlenden gerichtlichen Kontrolle zu beseitigen. Auch der Staatsrechtslehrer *Rudolf von Gneist* sprach sich für die Gewährung von (Verwaltungs-)Rechtsschutz durch eigene Verwaltungsgerichte und nicht nur durch die ordentliche Gerichtsbarkeit aus. Seit Beginn des 19. Jahrhunderts wurde die grundsätzliche dogmatische Trennung zwischen öffentlichem und privatem Recht deutlich. Mit der Absonderung des öffentlichen Rechts sollte die Macht des souveränen Fürstenstaates gegen Adel und Bürgertum abgeschirmt und der bürgerlichen Gesellschaft mit dem autonomen Privatrecht im Sinne des Liberalismus ein staatsfreier Raum zur Verfügung gestellt werden.[82] In einzelnen deutschen Ländern wurde auch eine Verwaltungsgerichtsbarkeit eingeführt, die jedoch vielfach noch nicht den Schutz subjektiver Rechte, sondern die objektive Kontrolle der Rechtmäßigkeit des Verwaltungshandelns vorsah; die Kategorie subjektiver Rechte, als Voraussetzung individuellen Rechtsschutzes, war noch nicht etabliert. Auch die Kontrolle von Gesetzen, insoweit wurde nicht zwischen einfachen und Verfassungsgesetzen unterschieden, war nicht vorgesehen. Mit der Stärkung der richterlichen Unabhängigkeit und entsprechenden Gewährleistungen in den Verfassungen versuchte man im Laufe der Zeit die Gefahr, dass durch legislative Eingriffe in die Judikative die Rechte des Bürgers beschnitten werden, zu minimieren und die absolutistische Machtentfaltung zu begrenzen.[83]

Die Reichsverfassung von 1871 gewährte jedermann das Recht, bei Justizverweigerung den Bundesrat anzurufen. Neben einer formellen Verfahrensregelung enthielt die Bestimmung auch ein materiell-rechtliches Verbot der Justizverweigerung, womit dem Bürger ein verfassungsmäßig verbürgtes Individualrecht zur Abwehr eines rechtswidrigen Eingriffs in seine Rechte gewährt wurde. Die

---

staatliches Prozessrecht, S. 471 m. w. N.

[80] *Schulze-Fielitz*, in: Dreier, GG I, Art. 19 IV, Rn. 2; *Schenke*, in: Bonner Kommentar, Art. 19 Abs. 4, Rn. 7.

[81] § 182 der Paulskirchen-Verfassung lautete: „Die Verwaltungsrechtspflege hört auf; über alle Rechtsverletzungen entscheiden die Gerichte". Vgl. auch den kurzen geschichtlichen Abriss zu Art. 19 IV GG in der Entscheidung des BVerfGE 107, 395, 404 f.; *Eisenhardt*, Rn. 508.

[82] *Köbler*, S. 189.

[83] *Otto*, S. 10 f.; *Köbler*, S. 200 f.

praktische Bedeutung dieser Beschwerde war allerdings sehr gering, da der Bundesrat in seinen Mitteln zur Durchsetzung stark eingeschränkt war.[84]

Im 19. Jahrhundert war der Schutz der individuellen Rechte in den süddeutschen Ländern unter Einfluss von *Otto von Sarwey* zentraler Bezugspunkt des Rechtsschutzes, während vor allem in dem von *Rudolf von Gneist* geprägten Preußen die Verwaltungsgerichte als objektive Kontrollinstanz der Rechtmäßigkeit des Verwaltungshandelns angesehen wurden.[85] Die Verwaltung sollte durch eigene Gerichte überprüft werden, so dass sich besondere Verwaltungsgerichte neben der ordentlichen Gerichtsbarkeit durchsetzten.[86]

IV. Weimarer Reichsverfassung (1919-1932)

Das mit der Reichsverfassung von 1871 eingeräumte Recht, bei Justizverweigerung den Bundesrat anzurufen, fand keinen Eingang in die Weimarer Reichsverfassung, da man hierfür kein praktisches Bedürfnis sah.[87] Mit Art. 107 der Weimarer Reichsverfassung wurde aber die Bestimmung eingeführt, dass zum Schutz des Einzelnen gegen Anordnungen und Verfügungen der Verwaltungsbehörden nach Maßgabe der Gesetze Verwaltungsgerichte, neben der ordentlichen Gerichtsbarkeit, bestehen müssen. Dies bedeutete kein subjektives öffentliches Recht auf gerichtlichen Rechtsschutz und setzte sich mangels Einrichtung einer allgemeinen Reichsverwaltungsgerichtsbarkeit praktisch nicht durch.[88] Vor allem fehlte es an der persönlichen Unabhängigkeit der Richter. Die materiellen Grundrechte schützten nach allgemeiner, aber umstrittener Auffassung, nur vor der Verwaltung, nicht aber vor der Gesetzgebung.

V. NS-Zeit (1933-1945)

In der nachfolgenden Zeit des Nationalsozialismus bestand die Verwaltungsgerichtsbarkeit zwar formal fort, war jedoch tatsächlich stark eingeschränkt, da ihr so genannte politische Akte entzogen waren; zudem war die Entscheidung, ob solche im Einzelfall vorlagen, allein den politischen Organen vorbehalten. Die

---

[84] *Eisenhardt*, Rn. 572; Otto, S. 14 f.

[85] *Schulze-Fielitz*, in: Dreier, GG I, Art. 19, Rn. 3; *Schenke*, in: Bonner Kommentar, Art. 19 Abs. 4, Rn. 11.

[86] *Köbler*, S. 200 f.

[87] *Otto*, S. 14 ff.

[88] *Ramsauer*, in: AK-GG, Art. 19 Abs. 4, Rn. 6; *Schulze-Fielitz*, in: Dreier, GG I, Art. 19, Rn. 2; *Schenke*, in: Bonner Kommentar, Art. 19 Abs. 4, Rn. 17; *Eisenhardt*, Rn. 614. Anders verhielt es sich in den Ländern.

Zuständigkeit der Verwaltungsgerichte war zum einen durch Gesetz und zum anderen durch die gezielte Ausdehnung des Ermessensspielraums stark eingeschränkt worden. Die Rechtsprechung selbst sprach schließlich der Gestapo die Befugnis zu, der Gerichtsbarkeit jeden politischen Akt zu entziehen. 1939 wurde die Verwaltungsgerichtsbarkeit weitgehend beseitigt und durch eine Verwaltungsbeschwerde ersetzt, über deren Zulässigkeit die Behörde im Einzelfall entschied. Der verbliebene Handlungsbereich der Verwaltungsgerichtsbarkeit diente allein der objektiven Kontrolle und erstreckte sich nicht auf die Kontrolle von Gesetzen.[89]

VI. Bundesrepublik Deutschland (seit 1949)

Heute besteht ein staatliches Monopol der Rechtsgewährung und der Rechtsdurchsetzung. Abgesehen von den begrenzten Fällen der Notwehr/ -hilfe und des Notstandes ist es Aufgabe und Pflicht allein des Staates, Rechtsschutz zu gewähren (staatliches Gewaltmonopol, Selbsthilfeverbot und allgemeine Friedenspflicht des Bürgers).[90] Das Verbot der selbstständigen Durchsetzung der eigenen Rechte korrespondiert mit der staatlichen Verpflichtung, einen Rechtsverfolgungsanspruch zu gewährleisten, das heißt auf Antrag des Einzelnen umfassend tätig zu werden und alles zu tun, was zur sachgemäßen Erledigung der Rechtsstreitigkeiten notwendig ist.[91] Die Justizgewährpflicht des Staates, der Justizgewähranspruch des einzelnen Bürgers und der Rechtsschutzanspruch nach Art. 19 IV GG gehören zu den elementaren Gehalten des modernen Staates, denn die Gewährung von Rechtsschutz durch seine Gerichte ist nicht nur unverwechselbares Kennzeichen, sondern sogar seine notwendige Existenzbedingung. Der Bürger hat Rechte gegen andere und den Staat, darf sie aber im Konfliktfall nicht selbst zwangsweise durchsetzen, so dass der Staat als Ausgleich ein effektives Rechtsschutzsystem bereitstellen muss. Staatliches Gewaltmonopol, Selbsthilfeverbot und gerichtlicher Rechtsschutz stehen folglich in untrennbarem Zusammenhang.[92] Umso verwunderlicher ist es, dass die staatliche

---

[89] *Schenke*, in: Bonner Kommentar, Art. 19 Abs. 4, Rn. 22 f.; *Eisenhardt*, Rn. 635, 652 ff.

[90] *Huber*, in: v. Mangoldt/ Klein/ Starck, GG I, Art. 19, Rn. 363; *Schmidt-Aßmann*, in: Maunz/ Dürig, Art. 19 Abs. 4, Rn. 16; BVerfGE 54, 277, 292 f.; 81, 347, 356.

[91] *Papier*, in: Isensee/ Kirchhof, HStR VI, § 153, Rn. 1; *Badura*, Staatsrecht, H 23. Zugleich dient dies auch dem Interesse der Allgemeinheit am Erhalt der Rechtsordnung in Form der Bindung der staatlichen Gewalten an Verfassung und Gesetz und am Schutz der subjektiven Rechte des Einzelnen. Vgl. *Otto*, S. 19 f.; *Hesse*, Grundzüge, Rn. 202, 335; *Frohn*, S. 14.

[92] *Maurer*, Rechtsstaatliches Prozessrecht, S. 468; vgl. auch BVerfGE 54, 277, 292; 81, 347, 356; *Isensee*, in: Isensee/ Kirchhof, HStR V, § 115, Rn. 109 ff.; *Stern*, Staatsrecht III/2, § 81 IV 4, S. 537 ff.

Rechtsschutzpflicht – abgesehen von Art. 19 IV GG für den eingeschränkten Bereich der Rechtsverletzung durch die öffentliche Gewalt – nicht ausdrücklich im Grundgesetz normiert ist.

Dieser kurze geschichtliche Überblick zeigt den Weg vom umfassenden Selbsthilferecht des Einzelnen zum Selbsthilfeverbot. Dem steht das staatliche Gewaltmonopol gegenüber, das für die Existenz des modernen Staates elementar ist und ihn gleichzeitig gegenüber seinen Bürgern in die Verantwortung nimmt, das materielle Recht durch die Gewährung von Rechtsschutz und dessen (zwangsweise) Durchsetzung zu realisieren. Nur wenn ihm dies überzeugend gelingt und dadurch die das Zusammenleben störenden Konflikte innerhalb des staatlichen Gewaltmonopols gelöst werden, kann er der Selbsthilfe entgegenwirken.[93]

[93] Vgl. *Sobota*, S. 188.

4. Kapitel: Die Effektivität des Rechtsschutzes und die angemessene Verfahrensdauer

Ein Anspruch auf angemessene Verfahrensdauer oder ein Gebot der Verfahrensbeschleunigung ist im Grundgesetz und in den Prozessordnungen, abgesehen von § 9 Abs. 1 ArbGG[94], nicht ausdrücklich normiert. Dies legt jedoch nicht zwingend den Schluss auf das gänzliche Fehlen eines solchen Anspruchs oder Gebots in der Rechtsordnung nahe. Tatsächlich wird die zeitliche Dauer eines Verfahrens in der Literatur und der Rechtsprechung eher selten ausdrücklich thematisiert. Umso häufiger liest man das Schlagwort vom „effektiven Rechtsschutz" oder vom „Effektivitätsprinzip", die beide auf den ersten Blick im Zusammenhang mit dem Problem der Verfahrensdauer zu stehen scheinen. Wie dieser Zusammenhang aussieht, was „effektiver Rechtsschutz" bedeutet und welche normativen Grundlagen er hat, erschließt sich jedoch nicht auf intuitivem Weg. Angesichts der großen Verbreitung dieses „attraktiven Begriffspaars"[95] soll dessen Bedeutung nachgegangen und sein Bezug zum zeitlichen Aspekt des Verfahrens untersucht werden.

A. Die Verwendung der Begriffe der Effektivität und der angemessenen Verfahrensdauer in Rechtsprechung und Literatur

Der Inhalt und die Aussagekraft der Begriffe des „effektiven Rechtsschutzes" im Allgemeinen und der angemessenen (gerichtlichen) Verfahrensdauer im Besonderen sind in der Rechtsprechung bei näherer Betrachtung unklar. Daher ist zu untersuchen, welche Inhalte der „Effektivität" zugeordnet werden und ob bzw. welche Unterschiede zur Forderung nach einer zeitgerechten Verfahrensdauer bestehen. Im Mittelpunkt steht die Frage, ob die Effektivität subjektiver Rechte als juristischer Argumentationstopos einen Eigenwert hat und einen Beitrag zur Bestimmung der angemessenen Verfahrensdauer zu leisten vermag.

I. Der Begriff der Effektivität und der angemessenen Verfahrensdauer in der Rechtsprechung des BVerfG

Das BVerfG führt in seiner Rechtsprechung regelmäßig aus, dass das Rechtsstaatsprinzip und die Rechtsschutzgarantie in Art. 19 IV GG den effektiven Rechtsschutz verbürgen, der eine tatsächlich wirksame gerichtliche Kontrolle erfordere. Es fügt – weit seltener – an, dass wirksamer Rechtsschutz auch

---

[94] § 9 Abs. 1 ArbGG lautet: „Das Verfahren ist in allen Rechtszügen zu beschleunigen."

[95] *Haag*, S. 16.

Rechtsschutz innerhalb angemessener Zeit bedeute.[96] Ein solcher Zusammenhang von Effektivität und Verfahrensdauer erscheint einleuchtend, zumal die häufige Verwendung des Effektivitätsarguments in Literatur und Rechtsprechung die Vermutung nahe legt, dass die angemessene Verfahrensdauer, neben anderen Elementen, oft unter das genannte Stichwort subsumiert wird. Insgesamt ist die Rechtsprechung zum effektiven Rechtsschutz jedoch mittlerweile kaum noch zu überschauen; mit Hilfe einzelner Beispiele soll der Verwendung des Begriffs der Effektivität, vor allem auch im Zusammenhang mit der angemessenen Verfahrensdauer, nachgegangen werden.

1. Die angemessene Verfahrensdauer

Ein seltener Fall der Erwähnung der angemessenen Verfahrensdauer in der Rechtsprechung des BVerfG ist dessen Beschluss vom 20.4.1982, in dem es feststellt: „Sowohl die Grundsätze freiheitlich-rechtsstaatlicher Ordnung allgemein als auch der besondere Schutzzweck des Art. 19 Abs. 4 Satz 1 GG gebieten es, daß Rechtssicherheit auch dort, wo sie über gerichtliche Verfahren herbeigeführt werden soll, binnen angemessener Frist bewerkstelligt“ wird.[97] Dies erfordert aber nicht die Gewährleistung des denkbar effektivsten Rechtsschutzes, sondern Art. 19 IV GG garantiert nur eine Verfahrensdauer, die nach den Umständen des konkreten Einzelfalles zu bestimmen ist. Diese sah das BVerfG in der Hess-Entscheidung aber noch als angemessen kurz an.[98] Rudolf Hess hatte unter anderem die Feststellung begehrt, dass die Nichtanberaumung eines Termins zur mündlichen Verhandlung durch das BVerwG über die Revision gegen das Urteil des OVG gegen Art. 19 IV GG verstoße. Einer solchen Feststellung widersetzte sich das BVerfG und begründete dies mit der Formel vom effektiven Rechtsschutz als auch mit der Garantie des Rechtsschutzes innerhalb angemessener Zeit.

Die grundsätzliche Bedeutung der angemessenen Verfahrensdauer für einen effektiven Rechtsschutz und für ein verfassungskonformes Handeln der Gerichte kommt indirekt auch in der Entscheidung des BVerfG vom 30.5.1990 zum Ausdruck, in der es feststellt, dass der Gesetzgeber verpflichtet sei, eine verfassungswidrige Rechtslage unverzüglich mit dem Grundgesetz in Einklang zu bringen. Die Gerichte müssten anhängige Verfahren, bei denen die Entscheidung von einer verfassungswidrigen Norm abhänge, bis zum In-Kraft-Treten einer Neuregelung aussetzen. Ein solcher Schwebezustand könne jedoch seinerseits verfassungswidrig werden, wenn er zu lange andauere, denn wegen

96 Vgl. BVerfGE 93, 1, 13.

97 BVerfGE 60, 253, 269.

98 BVerfGE 55, 349, 369.

des im Grundgesetz gewährleisteten effektiven Rechtsschutzes könne die Aussetzung von Gerichtsverfahren aus dem genannten Grund nur für eine begrenzte Zeit hingenommen werden. Bereinige der Gesetzgeber den Verfassungsverstoß nicht in angemessener Frist, dann müssten die Gerichte, um nicht selbst verfassungswidrig zu handeln, die bei ihnen anhängigen Rechtstreitigkeiten fortführen und verfassungskonform entscheiden.[99]

In einer jüngeren Entscheidung[100] führt das BVerfG aus, dass das Rechtsstaatsprinzip für das gerichtliche Verfahren einen wirkungsvollen Rechtsschutz des einzelnen Rechtsuchenden, andererseits aber auch die Herstellung von Rechtssicherheit fordere. Diese setze voraus, dass strittige Rechtsverhältnisse in angemessener Zeit geklärt werden. Die Garantie des wirkungsvollen Rechtsschutzes sei ein wesentlicher Bestandteil des Rechtsstaates. Sowohl im öffentlichen Interesse als auch im Interesse der Rechtsuchenden selbst könne der Gesetzgeber daher durch verfahrensbeschleunigende Vorschriften, insbesondere durch Fristenregelungen und Präklusionsnormen, Vorkehrungen dagegen treffen, dass gerichtliche Verfahren unangemessen lange verzögert werden. Derartige Regelungen könnten im Übrigen auch gerechtfertigt sein, um einer Überlastung der Rechtspflege, die ihrerseits wieder den effektiven Rechtsschutz insgesamt beeinträchtigen würde, vorzubeugen. Das Rechtsstaatsprinzip gebe nicht im Einzelnen vor, wie der Widerstreit zwischen dem allgemeinen Interesse an der Rechtssicherheit und Verfahrensbeschleunigung einerseits und dem subjektiven Interesse des Rechtsuchenden an einem möglichst uneingeschränkten Rechtsschutz andererseits, zu lösen sei. Es sei Sache des Gesetzgebers, bei der Ausgestaltung des Verfahrens die widerstreitenden Gesichtspunkte gegeneinander abzuwägen, wobei die betroffenen Belange angemessen zu gewichten und in Bezug auf die Auswirkung der Regelung auf den einzelnen Rechtsuchenden der Grundsatz der Verhältnismäßigkeit zu berücksichtigen sei. Auch der Richter müsse die Tragweite des Grundrechts auf einen wirkungsvollen Rechtsschutz beachten, für den die Dauer des gerichtlichen Verfahrens von erheblicher Bedeutung sei. Auffallend an dieser Begründung ist, dass die entscheidenden Richter den uneingeschränkten wirkungsvollen Rechtsschutz des einzelnen Rechtsuchenden einerseits und die Rechtssicherheit sowie die angemessene Verfahrensdauer andererseits einander gegenüberstellen. Dies mag für den Fall, dass „jemandem ein kurzer Prozess gemacht" wird, in dieser Form stimmen; in den allermeisten Fällen ist die angemessene Verfahrensdauer heute aber gerade ein maßgebliches Kriterium (neben anderen) für den wirkungsvollen Rechtsschutz des Einzelnen. Wirksam ist dieser nur dann, wenn das Recht „die Zeit hat", tatsächlich zu wir-

[99] BVerfGE 82, 126, 155.

[100] BVerfGE 88, 118, 123 ff. Vgl. auch BVerfGE 60, 253, 269; 77, 275, 284; 93, 99, 107 f.; 96, 27, 39; 97, 298, 315 oder jüngst BVerfGE 107, 395.

ken. Es muss zu einem Zeitpunkt durchgesetzt werden, in dem dies für den Betroffenen angesichts sich verändernder tatsächlicher Umstände noch Sinn macht und der volle materielle Gehalt des Rechts wirksam wird.

Konkretere inhaltliche Ausführungen des BVerfG zur (angemessenen) gerichtlichen Verfahrensdauer gibt es, abgesehen von der bereits genannten Feststellung, wirksamer Rechtsschutz sei nur Rechtsschutz innerhalb angemessener Zeit,[101] nicht.

2. Der effektive Rechtsschutz

Weit häufiger ist in der Rechtsprechung des BVerfG die Rede von der Effektivität oder der Wirksamkeit des Rechtsschutzes. Liest man die einschlägigen Entscheidungen, so fällt die monotone, teils schon seit Jahrzehnten[102] feststehende Formulierung der Begründungen auf, die als gängige Argumentationshilfen dienen. Vor allem die Gewährleistung des Art. 19 IV GG beschreibt die höchstrichterliche Rechtsprechung meist mit den gleichen Worten: „Art. 19 Abs. 4 GG enthält ein Grundrecht auf effektiven und möglichst lückenlosen richterlichen Rechtsschutz gegen Akte der öffentlichen Gewalt."[103] Die Rechtsweggarantie des Art. 19 IV GG gewährleiste nicht nur (formal) die theoretische Möglichkeit, die Gerichte anzurufen, sondern gebiete auch die Effektivität des Rechtsschutzes. Der Bürger habe einen substantiellen Anspruch auf eine möglichst (tatsächlich) wirksame gerichtliche Kontrolle, und der Zugang zu den Gerichten dürfe nicht in unzumutbarer, aus Sachgründen nicht mehr zu rechtfertigender Weise erschwert werden.[104] In einzelnen Fällen spricht das BVerfG sogar von einem „Anspruch auf effektiven Rechtsschutz"[105]. Eine effektive gerichtliche Rechtsschutzgewährung erfordere eine Sicherung durch eine Verfahrensordnung, was auch zu Einschränkungen für den Rechtsuchenden führen könne. Die normative Ausgestaltung habe Vorkehrungen dafür zu treffen, dass der Einzelne seine Rechte tatsächlich wirksam durchsetzen könne und die Folgen staatlicher Eingriffe im Regelfall nicht ohne fachgerichtliche Prüfung zu tragen habe.[106] Die

[101] BVerfGE 54, 39, 41; 93, 1, 13. Zur Bedeutung der Verfahrensdauer vgl. BVerfGE 45, 422, 431 f.; *Wilfinger*, S. 12; *Haag*, S. 152 ff.

[102] Vgl. frühere Entscheidungen wie z. B. BVerfGE 35, 382, 401 f.; 54, 39, 40 f.; 55, 349, 369.

[103] BVerfGE 8, 274, 326; 67, 43, 58; 96, 27, 39; 101, 397, 407; 104, 220, 231.

[104] BVerfGE 10, 264, 268; 25, 352, 365; 35, 263, 274; 35, 382, 401 f.; 37, 150, 153; 40, 237, 256; 40, 272, 274 f.; 46, 166, 178; 53, 115, 127 f.; 54, 39, 40 f.; 54, 94, 97; 54, 277, 291; 77, 275, 284; 81, 123, 129; 88, 118, 123 f.; 93, 1, 13; 93, 99, 108; 101, 106, 122, 125; 101, 397, 408.

[105] BVerfGE 35, 348, 361; 37, 132, 148; 46, 325, 334; 49, 252, 257.

[106] BVerfGE 94, 166, 213; 96, 27, 39; 97, 298, 315; 104, 220, 231.

genannten Einschränkungen müssten mit den Belangen einer rechtsstaatlichen Verfahrensordnung vereinbar sein und dürften den einzelnen Rechtsuchenden nicht unverhältnismäßig belasten. Darin finde die Ausgestaltungsbefugnis des Gesetzgebers trotz eines weiten Gestaltungsspielraums ihre Grenze.

Für bürgerlich-rechtliche Streitigkeiten sieht das BVerfG den wirksamen Rechtsschutz durch das Rechtsstaatsprinzip verbürgt.[107] Dieser müsse die grundsätzlich umfassende tatsächliche und rechtliche Prüfung des Streitgegenstandes durch den Richter ermöglichen.[108] Art. 2 I GG verleihe dem Einzelnen in Verbindung mit dem Rechtsstaatsprinzip einen Anspruch auf eine tatsächliche wirksame gerichtliche Kontrolle, also die Gewähr dafür, dass nicht nur überhaupt ein Rechtsweg offen stehe, sondern auch für die Effektivität des Rechtsschutzes.[109]

Diese „Argumentationsformeln" werden mit unterschiedlichen Bezügen und in wechselndem Umfang in zahlreichen Entscheidungen zur Begründung eines Gebots des effektiven Rechtsschutzes herangezogen.[110] Der Versuch, hieraus einen eigenständigen, auf das einzelne Urteil bezogenen inhaltlichen Eigenwert zu ziehen, misslingt. Die Häufigkeit ihrer Verwendung steigt von Jahr zu Jahr, während der Gehalt des Effektivitäts- und Wirksamkeitsarguments weder im Abstrakten noch im Konkreten präzisiert wird.

II. Der Begriff der Effektivität und der angemessenen Verfahrensdauer in der Literatur

Der Begriff des „wirkungsvollen Rechtsschutzes" ist lediglich eine Umschreibung des Schlagworts vom „effektiven Rechtsschutz".[111] Beide werden in der Literatur teilweise durch den Terminus „Effizienz" ersetzt und oftmals undifferenziert verwendet.[112] Das BVerfG hat in seinen älteren Entscheidungen zunächst vom grundrechtlich gewährleisteten umfassenden Rechtsschutz gesprochen,[113] später jedoch auch auf die Formel vom effektiven Rechtsschutz zurück-

---

[107] BVerfGE 35, 383, 401; 54, 277, 291; 74, 228, 234; 80, 103, 107; 82, 126, 155; 85, 337, 345.

[108] BVerfGE 54, 277, 291; 84, 366, 369; 101, 275, 294 f.

[109] BVerfGE 85, 337, 345; 88, 118, LS, 123 f.; 93, 99, 107; 101, 106, 127; 101, 275, 295; 101, 397, 407.

[110] Vgl. *Schmidt-Aßmann*, in: Maunz/ Dürig, Art. 19 Abs. 4, Rn. 229 m. w. N.; *Arndt*, S. 1 m. w. N.

[111] Vgl. zu ähnlichen Schlagwörtern *Leisner*, Effizienz als Rechtsprinzip, S. 54.

[112] Für die Verwendung des Begriffs der Wirksamkeit *Schmidt-Aßmann*, in: Maunz/ Dürig, Art. 19 Abs. 4, Rn. 5. Ebenso *Schoch*, Vorläufiger Rechtsschutz, S. 153, Fn. 157.

[113] BVerfGE 21, 191.

gegriffen,[114] die das BVerwG schon Anfang der 1960er Jahre einführte.[115] Beide Gerichte beschränken sich meist darauf, den Begriff durch die Formel von der „tatsächlichen wirksamen gerichtlichen Kontrolle"[116] oder der „umfassenden und vollständigen Überprüfung in rechtlicher und tatsächlicher Hinsicht"[117] zu ersetzen. Dies lässt vermuten, dass die inhaltliche Präzisierung des Effektivitätsbegriffs von den Gerichten nicht für notwendig erachtet wird oder ihnen Probleme bereitet. Die Literatur übt vielfach Kritik hieran, denn die Umschreibung der Rechtsschutzeffektivität mit den genannten Formeln ruft beim Leser ein intuitives Vorverständnis ab, führt jedoch nicht zu einer präzisen inhaltlichen Argumentation, die einen Maßstab für die Beurteilung der tatsächlichen Wirksamkeit der gerichtlichen Kontrolle liefert.[118] Die fehlende Klarheit oder gar „Inhaltsleere" des Effektivitäts- oder Wirksamkeitsarguments findet in der Parallelität der Begründungen und in der Verwendung der „Effektivitätsformeln" ohne eigenen einzelfallbezogenen Argumentationswert Ausdruck.[119] Dies birgt für die genannten Begriffe die Gefahr, zum „konturlosen Modewort"[120] zu verkommen, mit dem gut Wunschziele beschrieben werden, aber keine schlüssige Begründung eines Ergebnisses erreicht wird. Es handelt sich bei der Wirksamkeit um einen allgemeinen und gleichzeitig nicht wertungsneutralen Relationsbegriff, dem ein dogmatisch fest verankerter Platz, die Nennung der in Beziehung gesetzten Größen und ein eindeutiger Maßstab fehlt. Auch die Vermutung, dass der Topos der Rechtsschutzeffektivität dazu dient, institutionelle Umdeutungen des Prozessrechts zu legitimieren und er insoweit für eigene Ziele des jeweiligen Verwenders dienstbar gemacht wird, ist nicht ohne weiteres von der Hand zu weisen.[121] Das Gebot hat aber trotz seiner Inhaltsleere eine weite Verbreitung in Rechtsprechung und Literatur gefunden, da es oftmals auf eine Maximalforderung hin ausgelegt wurde und eine Art trojanisches Pferd war, um beliebige rechtspolitische Forderungen in ihm zu verstecken.[122]

---

[114] BVerfGE 35, 263, 274.

[115] BVerwGE 16, 289, 293; 17, 83, 85.

[116] BVerfGE 22, 49, 81; 35, 382, 401; BVerwGE 16, 289, 292; 17, 83, 85; 59, 168, 169 f.

[117] BVerfGE 15, 275, 282; 31, 364, 367; 35, 263, 274; 37, 93, 96; 40, 272, 275; 41, 23, 26; 41, 323, 326; 42, 128, 130; 44, 302, 305; 49, 220, 241 f.; 49, 252, 256; 53, 115, 127 f.; 54, 39, 40 f.; BVerwGE 57, 272, 274.

[118] Vgl. zum Beispiel *Frohn*, S. 20 m. w. N.

[119] Vgl. *Arndt*, S. 107.

[120] *Leisner*, Effizienz als Rechtsprinzip, S. 53; vgl. auch *Pestalozza*, in: Der Staat 1963, S. 425 ff., 443 f.; *Haag*, S. 60, 62.

[121] *Frohn*, S. 9 f.; *Arndt*, S. 107 f. mit Bezug auf BVerfGE 41, 23, 26 und S. 108 f. mit Bezug auf BVerfGE 40, 237, 256.

[122] *Haag*, S. 63.

Arndt hat in seiner Untersuchung der BVerfG-Rechtsprechung seit 1983 herausgearbeitet, dass das Effektivitätsargument in drei Fallgruppen Verwendung findet.[123] So wird es bei der Auslegung der materiellen Grundrechte herangezogen (erste Fallgruppe). Dies bringt das BVerfG zum Ausdruck, wenn es feststellt, dass es „Aufgabe der Verfassungsrechtsprechung ist [...], die verschiedenen Funktionen einer Verfassungsnorm, insbesondere eines Grundrechts, zu erschließen. Dabei ist derjenigen Auslegung der Vorzug zu geben, ‚die die juristische Wirkungskraft der betreffenden Norm am stärksten entfaltet‘ (Thoma).“[124] Die Bezugnahme auf die größtmögliche Wirkkraft der Norm oder auf das „grundrechtliche Leerlaufverbot“[125] stellt aber nach der Ansicht *Arndts* nicht den Kern der Entscheidungsbegründungen dar. Vielmehr gehe stets eine historische und teleologische Argumentation sowie eine Interessenabwägung unter Bezugnahme auf den Verhältnismäßigkeitsgrundsatz voran, die für sich gesehen eine tragfähige und ausreichende Begründung darstellten. Der Rückgriff auf die genannten Postulate sei überflüssig und das Effektivitätsargument werde nur ergänzend herangezogen, ohne inhaltliche oder qualitative Konsequenzen zu haben.[126] Ebenso verhalte es sich in der quantitativ bedeutenderen zweiten Fallgruppe, in der das Effektivitätsargument zur Auslegung des Art. 19 IV GG herangezogen werde. Aufgrund der bereits aufgezeigten Parallelität der Begründungen und des Abspulens von Argumentationsformeln werde kein tieferer Gehalt erschlossen.[127] In der dritten Fallgruppe verbinde die Rechtsprechung über das Effektivitätsprinzip materielles und prozessuales Recht, indem es den „effektiven Rechtsschutz“ als immanenten Bestandteil der Grundrechtsgewährleistung selbst ansehe. Letztlich setzten sich aber alle Entscheidungen dieser Kategorie nur mit der Gewährleistung des Art. 19 IV GG auseinander, ohne die materiell-grundrechtlichen Bezüge näher zu erörtern. Dies zeige bereits die Entscheidung zum Hamburgischen Deichordnungsgesetz[128], welche den Beginn einer Reihe solcher Judikate darstelle und sich nicht mit Inhalt und Ausmaß der in das materielle Grundrecht hineingelegten Rechtsschutzgarantie auseinandersetze.[129] *Arndt* schließt daraus, dass das Prinzip der Rechtsschutzeffektivität für die Auslegung des Art. 19 IV GG und für den Auslegungsgrundsatz der maximalen Grundrechtseffektuierung eine „pseudonormative Leerformel“ darstelle,

---

[123] *Arndt*, S. 102 f.

[124] BVerfGE 6, 55, 72; 32, 54, 71; vgl. zur Grundrechtseffektuierung BVerfGE 51, 97, 110.

[125] BVerfGE 6, 32, 40; 7, 377, 403 f.

[126] *Arndt*, S. 104 f., 107 f. unter Heranziehung der BVerfGE 6, 32, 40; 6, 55, 72; 7, 377, 403; 32, 54, 71; 39, 1, 44, 47, 72. Zustimmend *Wilfinger*, S. 18; *Haag*, S. 11, 18, 36 f., 42, 165.

[127] *Arndt*, S. 1, 105 ff., 108 für BVerfGE 40, 272, 274 f.

[128] BVerfGE 24, 367.

[129] *Arndt*, S. 109.

die zur Grundrechtsinterpretation keinen inhaltlichen Beitrag leiste.[130] Der Begriff der Effektivität setze einen Normzweck voraus, der nicht in Art. 19 IV GG selbst enthalten sei. Art. 19 IV GG habe mehrere teloi, die von der Kurzformel der Effektivität des Rechtsschutzes oft verdeckt würden. Beispielhaft nennt *Arndt* den Problemkreis „Recht und Zeit“, bei dem das Argumentationsschema dahin gehe, dass es Sinn und Zweck des Art. 19 IV GG sei, dem Bürger effektiven Rechtsschutz zu gewähren. Also sei es erforderlich, Rechtsschutz vor allem rechtzeitig zu geben. Rechtsprechung und Literatur zögen über die Argumentationskette „telos des Art. 19 IV GG ist es, effektiven Rechtsschutz zu geben, also ...“ eine Reihe von materiell- und prozessrechtlichen Schlussfolgerungen, die aber inhaltsleer seien, da Gleiches schon auf die Effektivität als Auslegungsdirektive zutreffe; eine solche Argumentationskette sei im Rahmen einer teleologischen Argumentation unzulässig, da man damit die eigentlichen teloi der Norm verschleiere, zumal dieselben Ergebnisse auch auf dem Weg der normativen Auseinandersetzung zu begründen seien.[131]

In der Literatur herrscht weitgehend Einigkeit, dass der Begriff aus sich heraus nicht aussagekräftig ist und keine konkreten Anforderungen an Ausgestaltung und Auslegung des einfachen Prozessrechts formuliert. Effektivität könne nicht mit dem Verlangen nach maximaler Verwirklichung gleichgesetzt werden, sondern bedürfe als Relationsbegriff immer einer Bezugsgröße.[132] Vielfach sei der eingängige Begriff als „Zauberformel“[133] missdeutet worden, um prozessual Wünschenswertes zu Verfassungsgeboten zu erheben.

Unterschiedliche Auffassungen bestehen darüber, ob man im Gebot des „effektiven Rechtsschutzes“ die Zusammenfassung der verfassungsrechtlichen Verfahrensgewährleistungen sehen kann, die eine Verbindungslinie der einzelnen prozessualen Normen des Grundgesetzes sind, die aber keinen über den der einzelnen prozessualen Bestimmung hinausgehenden Inhalt haben.[134] Viele gehen davon aus, dass es sich bei der Effektivität und der Wirksamkeit zunächst um einen inhaltsleeren Relationsbegriff handele, der beim Leser ein intuitives, aber

---

[130] *Arndt*, S. 102 ff., 138 f., 143, 147, 149. So auch *Haag*, S. 16 ff., der sie als „überflüssige Neukonstruktion“ bezeichnet (S. 112); a. A. *Schenke*, in: Bonner Kommentar, Art. 19 Abs. 4, Rn. 383 ff., insb. Rn. 385.

[131] *Arndt*, S. 140, 142, zeigt dies beispielhaft an der Rechtsprechung des BayVerfGH.

[132] *Wilfinger*, S. 17 ff.; *Haag*, S. 157 ff., 161.

[133] *Schmidt-Aßmann*, in: Maunz/ Dürig, Art. 19 Abs. 4, Rn. 4.

[134] Diskutiert werden hierfür Art. 103 I GG, Art. 92 bis 101 GG, die verfahrensrechtliche Komponente der materiellen Grundrechte, Art. 3 GG (Rechtsanwendungsgleichheit), Art. 3 iVm. Art. 2 I GG (faires Verfahren und Waffengleichheit) und als beispielhafte Spezialgarantien die Art. 13 II GG und Art. 104 Satz 1 GG. Vgl. *Haag*, S. 157 ff., 160 f.; *Lerche*, in: ZZP 78 (1965), S. 1, 16 ff.

diffuses Verständnis des Wortsinns abrufe. Daher bestehe die Gefahr, durch die gedankenlose Verwendung der Schlagwörter eine Argumentation in der Sache zu ersetzen. Insoweit werde nur „terminologische Kosmetik“[135] betrieben. Das Schlagwort des effektiven Rechtsschutzes habe durchaus einen originären Inhalt und sei nicht nur eine leere Worthülse ohne interpretatorischen Eigenwert, denn es drücke aus, dass die konkurrierenden Interessen gegeneinander abzuwägen seien und ein verhältnismäßiger Ausgleich zu finden sei. Hierzu seien konkrete (Verfassungs-)Vorgaben (Rechtsschutzziele) notwendig, die in Beziehung zueinander gesetzt werden könnten und anhand derer man den Idealzustand mit der tatsächlich vorgefundenen Prozesssituation vergleichen könne. Das materielle Recht, um dessen Durchsetzung und Sicherung es gehe, präge als normativer Anknüpfungspunkt den Inhalt der Effektivität, denn effektiver Rechtsschutz bedeute immer Effektivität des materiellen Rechts durch Rechtsschutz.[136] Die unmittelbare Bezugnahme auf die Rechtsschutzeffektivität zur Begründung von Ergebnissen stelle daher eine unzulässige Verkürzung dar, die zu einer unvollständigen und nicht schlüssigen Argumentation mit einem „Allerwelts- und Höchstbegriff“[137] führe.[138] Im Einzelfall sei eine behutsame teleologische Argumentation anstelle der Aufstellung von reinen Postulaten notwendig, die auf eine Anbindung des Prozessrechts an die zu schützenden materiellen Rechte achte.[139]

III. Das Effektivitätspostulat im Verfassungsbeschwerdeverfahren

Huber sieht bei der Übertragung des Effektivitätspostulats ins Verfassungsbeschwerdeverfahren große Vorsicht geboten, da es sich hierbei um einen besonderen und außerordentlichen Rechtsbehelf zur prozessualen Durchsetzung der Grundrechte handele. Dieser sei Ausdruck der generellen Funktionenteilung zwischen der Fachgerichtsbarkeit und dem BVerfG. Daher könnten unter Umständen die Effektivitätsanforderungen aus Art. 19 IV GG nicht denen entsprechen, die an die Verfassungsbeschwerde zu stellen sind. Der Grundsatz der Effektivität gelte auch vor dem BVerfG und die Verfassungsbeschwerde sei gerade Ausdruck dieses Gebots. Er sei aber von der Norm des Art. 19 IV GG zu-

---

[135] *Huber, N.*, Die einstweilige Anordnung, S. 57.

[136] *Schenke*, in: Bonner Kommentar, Art. 19 Abs. 4, Rn. 385, 387; *Lorenz*, in: AöR 105 (1980), S. 635 f.

[137] *Häberle*, in: AöR 98 (1973), S. 629 f., 634.

[138] BVerfGE 88, 118, 124 f.; *Huber, N.*, Die einstweilige Anordnung, S. 57, Fn. 228, S. 59, 61; *Wilfinger*, S. 17 ff.; *Schmidt-Jortzig*, in: NJW 1994, 2569, 2573; *Brugger*, in: AöR 119 (1994), S. 1, 7; *Voßkuhle*, in: NJW 1995, 1377, 1382.

[139] *Schmidt-Aßmann*, in: Maunz/ Dürig, Art. 19 Abs. 4, Rn. 5; *Schoch*, Vorläufiger Rechtsschutz, S. 153, Fn. 157.

gunsten eines „ganzheitlichen“ Gebots, das für alle Verfahrensarten gelte, abzulösen.[140] Das BVerfG vertritt im Urteil vom 14.5.1996[141] die Auffassung, dass die Effektivitätsanforderungen, die sich aus Art. 19 IV GG für den vorläufigen Rechtsschutz ergeben, nicht in gleichem Maße für den verfassungsgerichtlichen Rechtsschutz nach § 32 BVerfGG gelten. Dabei sieht das Gericht inhaltliche Unterschiede und knüpft nicht nur dogmatisch an eine andere Norm an. Dies führt zu der Frage, ob für das Verfassungsbeschwerdeverfahren im Vergleich zu den nicht verfassungsgerichtlichen Verfahren tatsächlich ein anderer Maßstab zu gelten hat und wo ein solcher normativ in der Verfassung anzusiedeln ist. Hierauf wird noch einzugehen sein.

B. Die Definition des Begriffs der Effektivität und seine Konkretisierung

Die Stellungnahmen der Literatur zeigen, dass, entgegen einer ersten Intuition, ein Gehalt der Argumentation mit dem Schlagwort der Effektivität ernsthaft in Zweifel gezogen werden muss. Im Folgenden ist zu fragen, was „Effektivität“ in Bezug auf den Rechtsschutz bedeutet und welche über das intuitive Verständnis hinausgehende Aussagekraft dieser Begriff hat.

I. Die Begriffe der Effektivität und der Effizienz

Der Begriff der „Effektivität“ beschreibt die Relation zwischen einem vorgegebenen Ziel, wie zum Beispiel der Rechtssicherheit oder der materiellen Gerechtigkeit,[142] und der tatsächlichen Wirkung einer Maßnahme, also den Grad der Zielerreichung. Dabei wird der erforderliche Aufwand für die Zielerreichung nicht berücksichtigt und das Ziel wie auch der Wirksamkeitsgrad durch den Begriff selbst nicht vorgegeben.[143] Der Begriff der Rechtsschutzeffektivität bringt den Grad des Erreichens eines normativ vorgegebenen Ziels zum Ausdruck, bei dessen Bewertung, der optimale Ausgleich mehrerer, in einem (poten-

[140] *Huber, N.*, Die einstweilige Anordnung, S. 61 ff., meint alle Verfahren, nicht nur die vor dem BVerfG. Vgl. auch *Häberle*, in: Die Verwaltung 22 (1989), S. 409, 418; *Dörr*, Die Verfassungsbeschwerde, Rn. 3; *Stern*, in: Isensee/ Kirchhof, HStR V, § 109, Rn. 73; a. A. BVerfGE 94, 166, 216.

[141] BVerfGE 94, 166, 216 f.

[142] *Hoffmann-Riem*, Effizienz als Herausforderung, S. 19.

[143] *Gröpl*, in: VerwArch 93 (2002), S. 459, 463 m. w. N.; *Hoffmann-Riem*, in: DÖV 1997, 433, 437; *ders.*, Effizienz als Herausforderung, S. 11, 17; *Schmidt-Aßmann*, Effizienz als Herausforderung, S. 248; Gabler Wirtschaftslexikon. Zu den Begriffen der Effektivität und der Effizienz aus organisationswissenschaftlicher Perspektive *Nullmeier*, S. 357 ff.

ziellen) Spannungsverhältnis stehender normativer Ziele, zu berücksichtigen ist. Die „Effizienz" stellt auf das zu optimierende Verhältnis zwischen Mitteleinsatz (Input) und Leistung (Output) ab und misst den Bedarf an Ressourcen zur Zielverwirklichung (optimierte Mittel-Zweck-Relation).[144] Im Gegensatz zur Effektivität erfasst sie keine außerökonomischen Ziele, bezieht jedoch den Aufwand, wie ein normativ vorgegebenes Ziel zu erreichen ist, als Beurteilungskriterium mit ein.[145] Effizienz und Effektivität stehen oftmals aufgrund existierender Zielkonflikte in einem Spannungsverhältnis, grundsätzlich jedoch nicht in Widerspruch zueinander, denn die Effektivität ist „effizienzblind". Die für die Maßnahmen zur Verwirklichung der Effektivität erforderlichen Kosten (Effizienz) können unberücksichtigt bleiben.[146] Dies wird in der Literatur oft nicht beachtet, wenn die beiden Begriffe undifferenziert oder gar synonym verwendet werden.[147]

Bei der Argumentation mit der Effektivität muss ein (normatives) Ziel und ein Maßstab vorgegeben werden, ohne die eine Begründung zu unbestimmt und daher unbrauchbar ist.[148] Dies zeigt sich, wenn man im gleichen Rechtsschutzverfahren die Bezugsgröße der Effektivität ändert, beispielsweise das Kriterium der materiellen Gerechtigkeit durch das der Verfahrensdauer ersetzt, und zu völlig unterschiedlichen Ergebnissen kommt.[149] Die Vergleichbarkeit und exakte Bestimmung dessen, was im Einzelfall „effektiv" ist, wird dadurch erschwert, dass sich kein Quotient als Maß der Verwirklichung der Rechtsschutzeffektivität bilden lässt.[150] Dennoch ist die Effektivität erkenn- und beschreibbar und damit gleichzeitig zu beeinflussen und zu sichern,[151] jedoch nur konkret für den Einzelfall und nicht schlechthin. Umso wichtiger ist es für die Beurteilung der Ef-

---

[144] *Gröpl*, in: VerwArch 93 (2002), S. 459, 463; *Dörr, O.*, Rechtsschutzauftrag, S. 33; Duden, Fremdwörterbuch, 6. Auflage, 1997; *Hoffmann-Riem*, Effizienz als Herausforderung, S. 11, 17; Hohlstein/ Pflugman-Hohlstein/ Sperber/ Sprink, S. 130; *v. Mutius*, in: NJW 1982, 2150, 2151, der aber nicht exakt zwischen Effektivität und Effizienz differenziert.

[145] Gabler Wirtschaftslexikon; *Hoffmann-Riem*, Effizienz als Herausforderung, S. 25 ff. nennt als Beispiele die finanzielle, personelle, organisatorische, informationelle oder die Normierungseffizienz

[146] *Gröpl*, in: VerwArch 93 (2002), S. 459, 464; vgl. hierzu *Hoffmann-Riem*, Effizienz als Herausforderung, S. 11 ff., 17 f., 25, und *Schmidt-Aßmann*, Effizienz als Herausforderung, S. 248.

[147] So zum Beispiel *Arndt*, S. 102 ff.; *Huber, N.*, Die einstweilige Anordnung, S. 36 f., 38 f.

[148] *Haag*, S. 10 f., 42; *Derlien*, in: Die Verwaltung 1974, 1, 3; *Frohn*, S. 21 f. und S. 23 ff.

[149] Auch bei gleicher Bezugsgröße können verschiedene Beteiligte die Effektivität, je nach ihren persönlichen Zielen, unterschiedlich bewerten, vgl. *Haag*, S. 12 f.

[150] *Frohn*, S. 23.

[151] *Berlit*, S. 154.

fektivität, ihre normative Bezugsgröße festzulegen, denn wegen der Heterogenität und der großen Zahl der denkbaren Ziele eines umfassend verstandenen Effektivitätsbegriffs ist dieser zunächst zwangsläufig unscharf.[152] Der unbestimmte Inhalt der Effektivität wird durch die Rechtsprechung des BVerfG bestätigt, die über lange Zeit hinweg fundamentale Aussagen zum Umfang der Garantie des Art. 19 IV GG ohne Bezugnahme auf das Schlagwort getroffen hat und erst später die fortwährend wiederholte Formel vom effektiven Rechtsschutz einführte.[153]

II. Die Beurteilung der BVerfG-Rechtsprechung und der Literaturmeinungen zur Rechtsschutzeffektivität

Das BVerfG verkennt den unbestimmten Inhalt des Schlagworts von der Effektivität und seiner formelhaften Umschreibungen, wenn es diese stereotyp und als alleiniges Argument verwendet. Die intuitive Vorstellung beim Lesen der Begründungen von dem, was die Effektivität individueller anspruchsbegründender Normen meint, ist auf die Erfahrung zurückzuführen, dass die gerichtliche Verwirklichung und Durchsetzung subjektiver materieller Rechte mit personellem, zeitlichem, finanziellem und sonstigem Aufwand verbunden ist. Das auftretende Reibungsdefizit soll möglichst gering gehalten werden, um die verschiedenen normativen Ziele bestmöglich zu verwirklichen. Diese „intuitive Ahnung" gibt dem Schlagwort der Effektivität aber weder einen eigenen Gehalt, noch ersetzt dies die argumentative Begründung des normativen Ziels.[154] Grundsätzlich könnte sich die Bezugsgröße im konkreten Einzelfall aus dem Kontext der Urteilsbegründung ergeben, so dass sich diese, trotz fehlender konkreter Benennung des normativen Ziels, aus dem Zusammenhang ergibt („definite Auslassung"). Hiervon ist aber nur in den Fällen auszugehen, in denen die Formel: effektiver Rechtsschutz bedeute Rechtsschutz in angemessener Zeit, Verwendung findet. Im Übrigen handelt es sich aber um „indefinite Auslassungen", bei denen auch die Begründung nicht zur inhaltlichen Präzisierung des Effektivitätsbegriffs beiträgt.

Die von der gegenwärtigen Rechtsprechung praktizierte ausschließliche Argumentation mit dem Effektivitätspostulat als Platzhalter für eine suggerierte allseits bekannte Begründung des Ergebnisses kann eine substantiierte teleologische Begründung eines Ergebnisses nicht ersetzen. Beim Umgang mit dem Re-

---

[152] *Berlit*, S. 155.

[153] *Haag*, S. 25 ff., 28.

[154] Vgl. *Arndt*, S. 3 f., 6, 102. *Haag*, S. 5, bezeichnet den Begriff des „effektiven Rechtsschutzes" als „Modebegriff, bei dessen Erwähnung (...) jeder rechtskundige Zuhörer schon wissend nickt".

lationsbegriff der Effektivität ist aus den genannten Gründen Vorsicht geboten und die Kritik des Schrifttums berechtigt. Die vielfache Ablehnung des Effektivitätsarguments, es sei „inhaltsleer" und eine „pseudonormative Leerformel", erscheint dennoch vorschnell. Den Begriff gänzlich zu verwerfen, ist nicht gerechtfertigt, da seine Verwendung im Einzelfall zwar keine konkreten Ziele vorgibt, aber der Vorgang des Abwägens und Gewichtens angekündigt und damit als maßgebliches ergänzungsbedürftiges Element in die Argumentation eingeführt wird. Mit der Erwähnung des Schlagworts ist die Problemstellung der Optimierung eines normativ vorgegebenen Ziels auf Anhieb präsent. Zusammen mit einem in Rechtsprechung und Literatur konkretisierten (offenen) Katalog von Kriterien gibt es eine erste Orientierungshilfe und einen ersten Rahmen für die erforderliche Einzelargumentation. Auf welches normative Ziel sich das Effektivitätspostulat bezieht, muss zusätzlich festgelegt werden. Der Rechtsprechung ist demnach nicht die Einführung und Verwendung des Effektivitätsarguments vorzuwerfen, sondern die fehlende Konkretisierung des normativen Ziels bei seiner Verwendung sowie die damit einhergehende fehlende (teleologische) Begründung des Ergebnisses.

III. Die Konkretisierung des Effektivitätsgebots durch die Forderung nach angemessener Verfahrensdauer

Als ein solches normatives Ziel kommt der „zeitgerechte Rechtsschutz" in Betracht. Ausgangspunkt der Überlegung ist, dass ein Verfahren nur die Zeit dauern darf, die es unbedingt benötigt, um auch den übrigen Anforderungen gerecht zu werden. Ziel ist nicht das schnellstmögliche Verfahren um seiner selbst Willen unter Vernachlässigung anderer wesentlicher Verfahrensgrundsätze, sondern das schnellstmögliche Verfahren unter deren Beachtung. Die Vorgabe des normativen Ziels der angemessenen Verfahrensdauer und damit einer Bewertung des Elements der Zeit im Verfahren bedarf der näheren Begründung, so dass auf die Bedeutung der Verfahrensdauer und der Zeit in Verfassung, Recht und Rechtsprechung einzugehen ist.

1. Das grundsätzliche Spannungsverhältnis zwischen verschiedenen normativen Zielen

Das mögliche Spannungsverhältnis zwischen verschiedenen normativen Zielen, wie zum Beispiel der Beschleunigung des Verfahrens, der materiellen Gerechtigkeit, des Vertrauensschutzes, der Rechtssicherheit, der Finanzierbarkeit und der Funktionsfähigkeit der Gerichtsbarkeit, wurde bereits angesprochen. Auf einzelne Aspekte wie den „Vorbehalt des Möglichen" wird noch einzugehen sein. Hier sollen exemplarisch die beiden (relativen) Vorgaben der materiellen Gerechtigkeit und des zeitgerechten Rechtsschutzes herausgegriffen werden.

Auf abstrakter Ebene ist der Gesetzgeber berufen, durch eine entsprechende Ausgestaltung des Prozessrechts eine grundsätzliche Abwägung zwischen den beiden Zielen vorzunehmen; der Rechtsprechung verbleibt aber auf der Einzelfallebene ein nicht unerheblicher Entscheidungsspielraum bei der konkreten Gewichtung von Schnelligkeit und Gerechtigkeit. Das Optimum des „goldenen Schnitts" wird um so eher verwirklicht, je kürzer die Prozesse dauern und je mehr sich das Ergebnis der sachlichen Richtigkeit nähert.[155] Theoretisch sind Schnelligkeit und Qualität der Rechtsprechung kein Gegensatz, praktisch stellen sie aber regelmäßig einen Zielkonflikt dar. Aufgrund der Gesetzesgebundenheit muss die Rechtsprechung die richtige Entscheidung treffen und darf nicht, um Zeit zu sparen, falsche Ergebnisse akzeptieren.[156] Die einseitige Gewichtung allein zugunsten der Richtigkeit eines Urteils mit der Behauptung, die Justitia lasse „sich alle Zeit dieser Welt" und ihre verbundenen Augen könnten „laufende Uhrenzeiger nicht wahrnehmen",[157] verkennt die erhebliche Bedeutung des schonenden Ausgleichs der beiden normativen Ziele im Interesse ihres optimalen Wirkungsgrades.[158] Selbst wenn man diese These rein normativ versteht, ist sie falsch, denn jeder Norm sind die genannten Ziele mit unterschiedlicher Gewichtung immanent und sie müssen durch eine Abwägung zum Ausgleich gebracht werden. Es gibt weder eine grundsätzliche Zeitlosigkeit der Normgeltung noch eine zeitneutrale Wirksamkeit der Rechtsentscheidung;[159] die Zeit ist bereits in der Norm selbst angelegt und spielt nicht erst im Fall der notwendigen Rechtsentscheidung eine Rolle. Gerade in Bezug auf das Zeitelement und die materielle Gerechtigkeit scheidet ein absoluter und pauschaler Vorrang des zweiten Abwägungskriteriums aus, da – wie noch zu zeigen sein wird – das Zeitelement selbst wesentlicher Bestandteil der materiellen Gerechtigkeit,[160] und letztere keine „zeitblinde Kategorie"[161] ist, die die Zeit aufhebt.[162] Im Zweifel kann das Gebot materieller Gerechtigkeit nicht im Einzelfall verwirklicht werden, sondern es bezieht sich nach der Rechtsprechung des BVerfG auf den Wirkungszusammenhang der Rechtsordnung und ihres Vollzugs insgesamt; um der

---

[155] *Schlette*, S. 30; *Kirchhof*, FS Doehring, S. 439; *Kloepfer*, in: JZ 1979, 209, 210 f.; *Wilfinger*, S. 4; *Otto*, S. 37.

[156] *Kirchhof*, FS Doehring, S. 439; *Wilfinger*, S. 7.

[157] *Leisner*, Das letzte Wort, S. 225 f., 227.

[158] *Wilfinger*, S. 4, 13 f. Vgl. BVerfGE 88, 118, 124 mit Ausführungen zu den einzubeziehenden Elementen.

[159] *Leisner*, Das letzte Wort, S. 220 f., 223.

[160] BVerfGE 60, 263, 268 f.

[161] *Leisner*, Das letzte Wort, S. 243.

[162] *Ibler*, in: Friauf/ Höfling, GG I, Art. 19 IV, Rn. 215; *Leisner*, Das letzte Wort, S. 240 f., 242.

Rechtssicherheit willen darf die Rechtsordnung im Einzelfall eine unrichtige endgültige Gerichtsentscheidung in Kauf nehmen.[163]

2. Das Zeit-Element und die Verfassung

Die Frage nach der „angemessenen Verfahrensdauer" setzt einen Zusammenhang zwischen Zeit und prozessualem Verfahren wie auch zwischen Zeit und Recht voraus.[164] Einerseits erscheint diese Aussage trivial, da sie etwas Offensichtliches zum Ausdruck bringt. Ihre präzise Beschreibung fällt aber andererseits schwer, da eine zunächst nicht vermutete Komplexität dieser Beziehung zutage tritt. Daher soll das Verhältnis von Zeit und Verfassung, Recht und Rechtsprechung skizziert werden.

Leisner, der die Auffassung vertritt, die Rechtsprechung sei zeitblind, sieht den Grund hierfür in der fehlenden Beziehung von Recht und Verfassung zur geschichtlichen Entwicklung und zur aktuellen Wirklichkeit. Die Verfassung sei ihrem Wesen nach unveränderlich und biete versteinerte Politik.[165] Diese „Anti-Zeitlichkeit" und die Wirklichkeitsfremde der Verfassung provoziert die Frage nach deren Verhältnis zu Gesellschaft, Individuum und Politik. Noch grundsätzlicher ist damit nach der Aufgabe, der Funktion und der Bedeutung einer Verfassung für eine Gesellschaft gefragt.

a) Aufgabe und Funktion einer Verfassung

Hesse sieht die Aufgabe einer Verfassung in der Bildung der politischen Einheit des Staates. Dies bedeute die Verbindung der Realität individuellen menschlichen Lebens in seiner Vielzahl von Interessen und Verhaltensweisen zu einem einheitlichen Handeln und Wirken „des Staates" nach innen und außen. Dieser in der Zeit fortschreitende Prozess sei notwendig, damit der Staat immer wieder neu zur Realität werde. Die politische Einheit entstehe durch das bewusste, planmäßige und organisierte Zusammenwirken der Einzelnen, was nach einer (rechtlichen) Ordnung, nach Maß und Form und nach Verfahren verlange, deren Bereitstellung eine Aufgabe der Verfassung im Spannungsfeld zwischen Bestand und Entwicklung sei.[166] Demnach will eine Verfassung Leben organisieren und ordnen, das vielfältigen und ständigen Veränderungen unterliegt. Um adä-

---

[163] BVerfGE 60, 253, 268.

[164] Vgl. zur Frage, was Zeit ist und zu ihren Bezügen *v. Münch*, in: NJW 2000, 1.

[165] *Leisner*, Antigeschichtlichkeit, in: Der Staat 7 (1968), S. 137, 138, 140, 152. Vgl. zur a. A. *Böckenförde*, in: Der Staat 9 (1970), S. 533 ff.; *Hesse*, in: AöR 96 (1971), S. 137 ff.

[166] *Hesse*, Grundzüge, Rn. 5, 6, 10, 12, 193; vgl. auch *Hesse*, in: HbVerfR, § 1 Rn. 1 ff.; *Sobota*, S. 27; *Badura*, in: Isensee/ Kirchhof, HStR VII, § 159, Rn. 1; *Roellecke*, in: Isensee/ Kirchhof, HStR II, § 53, Rn. 22.

quat auf die Vielfalt der sich wandelnden Problemlagen reagieren zu können, muss sie notwendig „in die Zeit hinein offen“ sein und sich mit der Zeit ändern (können).[167] Andererseits erscheint die Verfassung aber auch als „zeitlos“ und legt unveränderliche Elemente, wie zum Beispiel die Rahmenordnung der Gemeinschaft oder Wertentscheidungen als Grundkonsens der Gesellschaft, dauerhaft fest, die über Generationen hinweg gelten und wirken sollen.[168] Diese Kontinuität, Verlässlichkeit und Sicherheit gibt der staatlichen Ordnung Legitimität und Stabilität und kommt verfassungsrechtlich im Kernbestand der unabänderlichen Inhalte des Art. 79 III GG zum Ausdruck.[169]

Der einzelne Mensch und sein Handeln in der gesellschaftlichen Verbundenheit steht im Mittelpunkt der Verfassung, so dass sie maßgeblich durch die jeweiligen sozialen, kulturellen, politischen und wirtschaftlichen Umstände zu einem bestimmten Zeitpunkt geprägt ist.[170] Eine Trennung von Verfassung und Wirklichkeit ist nicht möglich und die Zeit ist ein wesentliches Element der Idee der Verfassung selbst.[171] Die normative Kraft der Verfassung ist vom aktuellen Willen der am Verfassungsleben Beteiligten abhängig und gleichzeitig vom Willen des historischen Verfassungsgebers beeinflusst.[172] Sie gibt mögliche Verhaltensweisen abstrakt vor, die nur zeitlich konkret verwirklicht werden können[173] und ist insofern „zeitgebundene Lebensform“[174]. In ihrer Kontinuität ist sie das Ergebnis der geschichtlichen Erfahrungen und damit „ein Stück genommener Zeit“[175]. Sie gibt zeitadäquate Antworten auf die sich ihr aktuell stellenden Problemlagen.[176]

b) Einzelne Verfassungsbestimmungen und ihr zeitlicher Bezug

Die Zeitverbundenheit der Verfassung[177] zeigt sich durch ihre konkreten zeitlichen Bezüge. Schon in der Präambel des Grundgesetzes wird Bezug genommen

---

[167] *Kirchhof*, FS Doehring, S. 439, 441; *Hesse*, Grundzüge, Rn. 23.

[168] *Hesse*, Grundzüge, Rn. 25 f., *Ossenbühl*, Bundesverfassungsgericht und Gesetzgebung, S. 33; *Starck*, Bundesverfassungsgericht in der Verfassungsordnung, S. 24, 26.

[169] *Winkler*, S. 268; *Häberle*, Zeit und Verfassung, S. 62.

[170] *Hesse*, Grundzüge, Rn. 5; *Stern*, in: Isensee/ Kirchhof, HStR V, § 108, Rn. 31.

[171] *Hesse*, Grundzüge, Rn. 45; *Winkler*, S. 161 f.

[172] *Hesse*, Grundzüge, Rn. 41, 44.

[173] *Winkler*, S. 182 f., 271.

[174] *Winkler*, S. 168 f.

[175] *Häberle*, Zeit und Verfassung, S. 63. Vgl. die Stichworte zur Zeitproblematik bei *Dürig*, in: Maunz/ Dürig, Art. 3 Abs. 1, Rn. 194 ff.

[176] Vgl. auch *Kirchhof*, FS Doehring, S. 439, 441.

[177] Vgl. für die österreichische Bundesverfassung *Winkler*, S. 145 ff.

auf die zeitlich exakt zu bestimmende Deutsche Wiedervereinigung. Andere Normen mit zeitlichen Bezügen sind: Art. 12 III-VI („im Verteidigungsfalle"), Art. 13 II-V („bei Gefahr im Verzuge"), Art. 13 VI (jährliche Unterrichtung des Bundestages durch die Bundesregierung), Art. 17a (Einschränkung der Rechte während der Zeit des Wehr-/ Ersatzdienstes), Art. 23 II (Unterrichtung zum frühestmöglichen Zeitpunkt), Art. 23 III (Möglichkeit zur Stellungnahme vor Mitwirkung), Art. 29 IV, V (innerhalb von zwei Jahren), Art. 29 VI (innerhalb von fünf Jahren), Art. 38 II (Volljährigkeit), Art. 39 I (vierjährige Wahlperiode, Neuwahlen), Art. 39 II GG (Zusammentreten des neuen Bundestags), Art. 76 II, III (Stellungnahme des Bundesrates zu Gesetzesvorlagen der Bundesregierung innerhalb von sechs Wochen, Zuleitung der Gesetzesvorlagen des Bundesrates innerhalb von drei Monaten), Art. 110 II GG (Jährlichkeit des Haushalts).

In einer Vielzahl von Normen ist ein unmittelbarer Zeitbezug nicht zu ermitteln. Der den jeweiligen Normen dennoch immanente Zeitfaktor bestimmt sich auf abstrakter Ebene aus dem Sinn und Zweck der von der Vorschrift eingeräumten Kompetenzen. Diese sind wirklichkeitsgerichtet, fordern die zeitlich konkrete Umsetzung und verpflichten die Handelnden zur verantwortlichen Disposition über die Zeit. Auf konkreter Ebene wird der Zeitfaktor durch die Eigenart und die vielfältigen (zeitlich-aktuellen) kulturell-sozialen Bezüge der konkreten Sach- und Rechtslage bestimmbar. Daher kann es keine „zeitentbundenen Sinngehalte von Verfassungsvorschriften"[178] geben. Jeder generell-abstrakten Rechtsvorschrift ist ein entsprechender sachgebundener und verbindlicher (unbestimmter) Zeitfaktor notwendigerweise immanent, „da alles verfassungsrechtliche Organhandeln materiell und funktionell, intentional und final (teleologisch), abstrakt und konkret zeitbezogen vorgeschrieben ist"[179]. Folglich rechtfertigt das Fehlen ausdrücklicher Zeitbestimmungen nicht ein zeitloses und zeitlich ungebundenes staatliches Handeln.[180] Der enge Bezug einer Verfassung zur Zeit zeigt sich vor allem auch in der zeitlichen Begrenzung der (Regierungs)Macht und der Kompetenzen. Die Zeit ist damit ein Mittel der Machtkontrolle. Bezogen auf die einzelne Rechtsnorm kommt dies in dem Satz „lex posterior derogat legi priori" zum Ausdruck: Der „neue" Gesetzgeber hat Macht über den älteren.[181]

---

[178] *Winkler*, S. 161 f., 169, 171, 179 ff., 279.

[179] *Winkler*, S. 161.

[180] *Winkler*, S. 161.

[181] *Häberle*, Zeit und Verfassung, S. 65 ff., 69.

3. Die Zeit, die Grundrechte und das einfache Recht

Der zeitliche Bezug von Grundrechten ergibt sich aus deren primärer Funktion als Abwehrrechte gegen den Staat. Dies kommt zentral im Schutz der Würde des einzelnen Individuums (Art. 1 I GG) zum Ausdruck und zeigt den (lebens-) zeitlichen Bezug. Dieser Aspekt bezieht sich auch auf alle anderen Grundrechte, deren Schutzbereiche den Einzelnen im Blick haben. Der Bürger soll in bestimmten Bereichen vor Eingriffen des Staates geschützt werden, und zwar nicht irgendwann, sondern im konkreten Moment seiner individuellen Bedrohung. Dies bedeutet, dass der Schutz ständig latent präsent ist, jedoch mit der konkreten Gefährdung aktuell wird und den Staat zur Rechtfertigung seines Handelns zwingt. Nur mit Blick auf die konkrete Lebenssituation ist der staatliche Eingriff in die Freiheitssphäre des Bürgers zu beurteilen. Die Grundrechte sollen konkret-individuell und nicht abstrakt-generell schützen. Die zeitgebundene Verfassung ist gleichzeitig das Fundament des einfachen Rechts, womit für seine Geltung, Verbindlichkeit und Wirksamkeit die Zeit große Bedeutung hat, die sich vor allem im Zeitpunkt des Inkraft- und Außerkrafttretens eines Gesetzes zeigt.[182] Mehr als das Verfassungsrecht ist das einfache Recht ein Regulativ für sinn- und zweckhaftes menschliches Verhalten in der Wirklichkeit und steht dadurch in sehr enger Beziehung zur Zeit.[183]

4. Die Zeit, der Verfassungswandel und die Verfassungsinterpretation

Die Zeitabhängigkeit des Verfassungsrechts hat auch Konsequenzen für die Verfassungsinterpretation,[184] denn der abstrakte Normtext bleibt meist gleich und kann sich selbst nicht verändern. Im Vorgang der Verfassungsinterpretation wird die Verfassung angesichts der sich wandelnden kulturell-sozialen Bedingungen konkretisiert und damit aktualisiert; was als Inhalt der Verfassung noch nicht eindeutig ist, soll unter Einbeziehung der Wirklichkeit und Gegenwart, aber auch in Kontinuität gegenüber der geschichtlichen Entwicklung, bestimmt werden.[185] Damit setzt der Verfassungswandel einerseits Bestandskraft und Kontinuität der wesentlichen Elemente der Verfassung voraus und bedeutet andererseits stete Veränderung der inhaltlichen Vielfalt durch ständige Konkretisierung der abstrakten Gehalte in der Zeit.[186] Anschaulich wird dies, wenn man die Auslegung des wörtlich unveränderten Begriffs der „öffentlichen Ordnung“ bis in

---

[182] *v. Münch*, in: NJW 2000, 1, 3.

[183] *Winkler*, S. 8, 302 f., auf S. 35 ff. mit Beispielen.

[184] *Häberle*, Zeit und Verfassung, S. 83; *Hesse*, Gründzüge, Rn. 46 f., 49 ff.

[185] *Hesse*, Grundzüge, Rn. 49, 60; *Kirchhof*, FS Doehring, S. 439, 442; *v. Münch*, in: NJW 2000, 1.

[186] *Winkler*, S. 271.

die Zeit des Preußischen Polizeiverwaltungsgesetzes von 1931 zurückverfolgt und dessen erheblich gewandeltes Verständnis betrachtet.[187]

5. Die Zeit und die Rechtsprechung

Nach der Ansicht *Leisners* sind sowohl der Prozess als auch der Prozessstoff zeitfern und eine Rechtsentscheidung ist grundsätzlich zeitneutral wirksam.[188] Die Richter dürften deshalb spät entscheiden, weil sie die zeitlich isolierten aktenkundigen Sachverhalte mit besonderer, zeitlupenhafter Genauigkeit im Namen des Rechts untersuchten.[189] Damit wird der Richter zum souveränen, an keine Zeitvorstellung gebundenen Herrn des Verfahrens ernannt. Diese Entzeitlichung des Prozesses mutet merkwürdig an und widerspricht den belastenden Erfahrungen des Bürgers angesichts sich verschleppender Prozesse. Oftmals ist der zeitliche Abstand zum Entstehen des Prozessstoffes hilfreich und notwendig für eine klare und sachliche Beurteilung; insoweit ist weder die Raschheit eines Verfahrens ein Wert noch die längere Dauer eines Verfahrens ein Unwert.[190] Aber deshalb im zeitblinden Denken und Handeln eine „Richtertugend"[191] zu sehen, geht zu weit, denn es wird übersehen, dass die Rechtsprechung eine dem materiellen Recht dienende Funktion hat und das zeitliche Element für die Realisierung des materiellen Rechts von großer Bedeutung ist. Rechtsschutz, der sich tatsächlich nicht mehr auswirken kann, geht ins Leere, da er der Rechtsordnung nur noch theoretisch, nicht mehr praktisch zur realen Geltung verhilft.[192] Rechtzeitigkeit ist oft eine Voraussetzung von materieller Richtigkeit.[193] Wenn

---

[187] Vgl. *v. Münch*, in: NJW 2000, 1, 4 f., der aus dem Verwaltungsrechtslehrbuch von *Walter Jellinek* aus dem Jahre 1931 zitiert: Es handele sich um keine Ordnungswidrigkeit, wenn in einer Wohnung die Tapeten zerfetzt herunter hingen, ohne dass eine Gesundheitsgefahr bestehe, oder wenn jemand mit einem hinkenden Pferd durch die Straßen fahre. Die Auslegung des Begriffs der öffentlichen Ordnung in § 14 PrPVG decke aber ein Verbot des Verkaufs von Speiseeis an Kinder oder des Tragens von Kopfbedeckungen im Zuschauerraum der Theater, denn das Unlustgefühl der hinter der hochbehuteten Dame Sitzenden sei eine Störung der öffentlichen Ordnung. Vgl. zur hilfsweisen Bedeutung der historischen Auslegung und zur Freiheit des Richters zur schöpferischen Fortbildung des Rechts BVerfGE 1, 229, 312; 34, 269, 288; *Hesse*, in: JZ 1995, 265.

[188] *Leisner*, Das letzte Wort, S. 220 ff., 223, 228 ff., 230 ff. Vgl. auch *Heinze*, in: MüKo, ZPO, vor § 916.

[189] *Leisner*, Das letzte Wort, S. 232. Vgl. auch S. 233: Fristen seien nicht dazu da, grundsätzlich eine rasche Entscheidung zu erreichen, sondern um den Richter zu entlasten, damit dieser sich für richtige Urteile noch mehr Zeit lassen könne (Fristen als „Entzeitlichungshilfen").

[190] *Winkler*, S. 175.

[191] *Leisner*, Das letzte Wort, S. 237.

[192] *Kloepfer*, in: JZ 1979, 209, 210.

[193] *Kaiser*, in: NJW 1971, 585, 588.

„die Sanduhr des Rechts läuft, mindern sich die Rechte mit jeder Zeiteinheit", denn der „Zeitablauf verändert [...] die Anfragen auf die Inhalte des Rechts, [und] wirkt sich deshalb unmittelbar auf Gegenstand und Maßstab gerichtlicher Entscheidungen aus."[194] Die Rechtsprechung beantwortet „die Gegenwartsfrage an das Recht" und insofern ist nur die rechtzeitige Entscheidung auch die richtige Entscheidung.[195] Gleichzeitig verlöre ein Staat seine Akzeptanz, wenn er es nicht zu verhindern suchte, dass die zugesagten materiellen Rechte und Kompetenzen leer laufen, weil sie durch eine zu späte (verfassungs-)gerichtliche Entscheidung überspielt werden könnten.[196] Besonders offensichtlich wird die Zeitabhängigkeit und Zeitbezogenheit von Recht auch dann, wenn eine Rechtsposition und ihre Durchsetzung an einen begrenzten Zeitraum oder Zeitpunkt gebunden ist.[197]

Die prinzipielle Bedeutung der Dauer der Rechtsdurchsetzung wird deutlich, wenn man auf einer gedachten Zeitachse von der sofortigen Rechtsdurchsetzung nach einer Rechtsverletzung auf der einen Seite, über die variabel dazwischen anzusiedelnde angemessene Dauer der Rechtsdurchsetzung, den Extremfall des „symbolischen Rechts" auf der anderen Seite betrachtet.[198] Unter symbolischem Recht soll Recht verstanden werden, das der Gesetzgeber nicht mit der Absicht seines Vollzugs schafft, sondern nur der symbolischen Bestätigung von Werten wegen. Es handelt sich um Recht, das aufgrund der Gesetzesbindung des Richters gelegentlich angewandt wird und dabei ein „Zufallsopfer" trifft.[199] Problematisch ist hieran die Ungleichbehandlung der Bürger bei der vereinzelten und willkürlichen Gesetzesanwendung. Das Gesetz verstößt gegen den Gleichheitssatz und gegen einzelne Grundrechte in Verbindung mit dem Verhältnismäßigkeitsprinzip, denn die Geeignetheit und Erforderlichkeit symbolischer Rechtssetzung dürfte nicht nachzuweisen sein.[200] Dieses hypothetische Beispiel zeigt, dass die Zeit dem Recht selbst nicht gleichgültig sein kann, denn es macht faktisch keinen Unterschied, ob bei der Rechtsetzung dessen Vollzug nicht beabsichtigt war (symbolisches Recht), oder ob dessen Vollzug tatsächlich in die unbestimmte Zukunft aufgeschoben wird (verspätete Rechtsdurchsetzung). Der Grund für den Nicht-Vollzug ist unterschiedlich, die Wirkung jedoch dieselbe.

---

[194] *Kirchhof*, FS Doehring, S.441.

[195] *Kirchhof*, FS Doehring, S. 440, 444.

[196] *Graßhof*, in: Maunz/ Schmidt-Bleibtreu/ Klein/ Bethge, BVerfGG I, § 32, Rn. 6.

[197] *Wilfinger*, S. 2 f.; *Kirchhof*, in: DStZ 1989, 55; *Kopp*, in: BayVBl. 1980, 263, 267.

[198] Vgl. *Bryde*, S. 12 ff., der am Urteil in BVerfGE 84, 239 Thesen zum symbolischen Recht entwickelt.

[199] *Bryde*, S. 12 f.; 17

[200] *Bryde*, S. 17 f., 19.

6. Zwischenergebnis

Vor dem Hintergrund der Befürchtung eines Rechtsverlustes durch Zeitablauf besteht in der Literatur „größte Einmütigkeit“[201] darüber, dass wirksamer Rechtsschutz einen Rechtsschutz innerhalb angemessener Zeit bedeutet.[202] Die angemessene Dauer des Rechtsschutzes stellt ein wesentliches Element und ein normatives Ziel jedes einzelnen Rechts dar und hängt von vielen Faktoren ab; sie ist jedoch grundsätzlich bestimmbar. Damit eignet sie sich zur Konkretisierung der „Rechtsschutzeffektivität“, denn sie gibt ein normatives Ziel als Soll-Zustand vor, der mit dem Ist-Zustand verglichen werden kann. Die „Effektivität“ wird dahingehend konkretisiert, dass der Grad der Erreichung des (normativen) Ziels der angemessenen Verfahrensdauer beurteilt werden soll.

IV. Die „Effektivität“ und die „angemessene Verfahrensdauer“ als Rechtsprinzipien

In der Literatur wird versucht, die „Effektivität“ mit verschiedenen Begrifflichkeiten zu fassen: Es ist die Rede vom Effektivitätsprinzip, vom Postulat der Effektivität, vom Effektivitätsargument oder vom Topos der Effektivität. Der Begriff des „Effektivitätsarguments“ und des „Topos der Effektivität“ bringen nach der Wortbedeutung zum Ausdruck, dass ein fest stehendes Bild, eine formelhafte Wendung („Topos“[203]) bzw. ein Argumentationsmuster in die Begründung eingeführt werden soll, die ihrem Inhalt nach hinreichend bekannt sind, um als „Argument“ dienen zu können. Begrifflich geht das Effektivitäts-„Postulat“ von der nicht bewiesenen, aber glaubhaften These der Wirksamkeitsforderung des Rechts aus, während das Effektivitäts-„Prinzip“ von einer entsprechenden Gesetzmäßigkeit als bewiesener Regel eines Systems überzeugt ist.[204] Dies zeigt, dass mit der Begriffswahl erhebliche (qualitative) Unterschiede verbunden sind. Damit stellt sich aber die grundsätzliche Frage, ob die Effektivität als Rechtsprinzip geeignet ist, was *Schmidt*, *Isensee* und *Häberle* befürworten,[205] und ob

---

[201] *Schmidt-Aßmann*, in: Maunz/ Dürig, Art. 19 Abs. 4, Rn. 262; *Papier*, in: HStR VI, § 154, Rn. 77; *Huber*, in: v. Mangoldt/ Klein/ Starck, GG I, Art. 19, Rn. 489; *Schulze-Fielitz*, in: Dreier, GG I, Art. 19 IV, Rn. 83; *Redeker*, in: NJW 2000, 2796; *Sendler*, in: DVBl. 1982, 157, 164; *ders.*, in: DVBl. 1982, 812, 813 f.; *Kirchhof*, FS Doehring, S. 439; *Lansnicker/ Schwirtzek*, in: NJW 2001, 1969.

[202] *Schoch*, Vorläufiger Rechtsschutz, S. 1310 f.

[203] Brockhaus, Die Enzyklopädie, 22. Band; Duden, Das große Wörterbuch der deutschen Sprache, Band 7; Duden, Fremdwörterbuch.

[204] Vgl. zu beiden Definitionen Brockhaus, Die Enzyklopädie, 17. Band; Duden, Das große Wörterbuch der deutschen Sprache, 5. Band; Duden, Fremdwörterbuch, 1997.

[205] *Schmidt, R.*, S. 235 ff.; *Isensee*, in: JZ 1971, 73, 75; *ders.*, in: DÖV 1970, 397, 404;

ausreichend Hinweise vorliegen, dass es sich tatsächlich um ein solches handelt. Der daraus zu ziehende Gewinn im Vergleich zum Vorliegen eines Effektivitätspostulats ist die höhere Verbindlichkeit der entsprechenden Argumentation.

1. Der Begriff des Rechtsprinzips

Um die Effektivität und die angemessene Verfahrensdauer als Rechtsprinzipien qualifizieren zu können, muss zunächst der umstrittenen Bedeutung dieses Begriffs nachgegangen werden.[206] Ausgangspunkt der Überlegungen ist die Unterscheidung zwischen Prinzip und Regel. Ein Rechtsprinzip ergibt sich selten aus einer ausdrücklichen positiven Normierung (Regel) in der Verfassung oder im einfachen Gesetz, zumeist aber aus deren Sinnzusammenhang und systematischen Auslegung (Gesamtanalogie).[207] *Alexy* sieht den maßgeblichen Unterschied zwischen Prinzipien und Regeln im „Optimierungsgebot" der Prinzipien, unter die sich kein Sachverhalt subsumieren lasse. Prinzipien könnten als Werte, Zielbestimmungen, Kurzformeln oder Argumentationslastregeln beschrieben werden, während eine Regel die „Verfassung als Gesetz" sei. Diese zwei Arten von Normen mit relativ hohem oder relativ geringem Generalitätsgrad heben sich in qualitativer und nicht nur in gradueller Hinsicht voneinander ab. Das Prinzip könne in unterschiedlichem Grad verwirklicht werden, was von den jeweiligen tatsächlichen und rechtlichen Möglichkeiten abhänge, wobei die rechtlichen Möglichkeiten durch gegenläufige Prinzipien und Regeln bestimmt würden.[208] Eine Regel könne dagegen nur erfüllt oder nicht erfüllt werden und enthalte eine Festsetzung im Rahmen des tatsächlich und rechtlich Möglichen. Wenn eine Regel gelte, dann sei es geboten, genau das zu tun, was sie verlange, so dass jede Norm Prinzip oder Regel sei.[209] Ein wichtiger, daran anknüpfender Unterschied sei die Lösung von Konflikten zwischen jeweils Prinzipien und Regeln. Regeln gelten oder gelten nicht, seien also bestimmt durch die „Dimension der Geltung". Im Konfliktfall sei daher eine Lösung nur über die Schaffung einer Ausnahmeregel oder die Ungültigerklärung einer der beiden Regeln möglich. Dahingegen müsse bei einer Prinzipienkollision keines der beiden Prinzi-

---

Häberle, in: VVDStRL 30 (1972) S. 43, 60 f.; *ders.*, in: AöR 98 (1973), S. 625, 629.

[206] Vgl. *Isensee*, in: JZ 1971, 73, 75; *Häberle*, in: VVDStRL 30 (1972), S. 43, 60; *ders.*, in: AöR 98 (1973), S. 625.

[207] Vgl. zum Ganzen *Larenz*, Methodenlehre, S. 474. Nach *Röhl*, S. 251, bilden Prinzipien die Tiefenstrukturen des Rechts. Vgl. den Überblick bei *Alexy*, Rechtsregeln und Rechtsprinzipien, S. 218.

[208] *Alexy*, Theorie der Grundrechte, S. 75 f.; *ders.*, Rechtsregeln und Rechtsprinzipien, S. 223 f.

[209] *Alexy*, Theorie der Grundrechte, S. 76 f.; *ders.*, Rechtsregeln und Rechtsprinzipien, S. 218 f.

pien zurücktreten oder für ungültig erklärt werden.[210] Ziel müsse es sein, beide Prinzipien in möglichst hohem Maß zu verwirklichen, das heißt zu optimieren, indem für den jeweiligen Einzelfall durch eine umfassende Interessenabwägung eine Rangfolge bestimmt werde.[211] Prinzipien wirkten daher in der „Dimension des Gewichts". In der konkreten Güterabwägung werde den abstrakt gleichrangigen Grundsätzen unterschiedliches Gewicht beigemessen und eine „bedingte Vorrangrelation" festgelegt. Diese finde Ausdruck im so genannten „Kollisionsgesetz": Die Bedingungen, unter denen das eine Prinzip dem anderen vorgeht, bilden den Tatbestand einer Regel, die die Rechtsfolge des vorgehenden Prinzips ausspricht.

Hieraus folgt, dass jede Grundrechtsnorm mit Prinzipiencharakter Prinzip oder Regel sein kann. Prinzipien bedürfen der Konkretisierung über verschiedene Stufen („Unterprinzipien") vom sehr allgemeinen Rechtsgedanken über Gesetze hin zur einzelfallbezogenen Umsetzung in der Rechtsprechung.[212] Sie zeichnen sich in Bezug auf verschiedene Unterprinzipien dadurch aus, dass sie einen Leitgedanken aufweisen, der alle Unterprinzipien verbindet, wobei diese sowohl mit Blick auf das „Oberprinzip" als auch von diesem auf die „Unterprinzipien" gegenseitig nutzbar gemacht werden können.[213] Den eigentlichen Sinngehalt, ihre Tragweite und tatsächliche Bedeutung entfalten die Prinzipien erst in ihrem Zusammenspiel in Form der wechselseitigen Ergänzung und Beschränkung,[214] die von ihrer „inneren" Rangordnung geprägt ist. Letztere ist entweder im Gesetz selbst angelegt oder wird durch Wertung der Rechtsprechung im Rahmen ihres Beurteilungsspielraums gewonnen. Je konkreter man wird, desto differenzierter wird die Wertung und desto vernetzter wird das sich ergänzende und begrenzende Zusammenspiel der einzelnen Prinzipien.[215]

2. Die Bedeutung der Rechtsprinzipien

Bei Rechtsprinzipien handelt es sich um die abstrakt formulierten Wertungen einer Rechtsgemeinschaft. Ihre Bedeutung besteht darin, dass für die Rechtsanwendung ein (offener) „Katalog" zu berücksichtigender und verbindlich anzuwendender Grundsätze zur Verfügung steht, die die Auslegung und Konkretisierung der abstrakten Norm leiten und ihr Grenzen setzen, um ein einheitliches

---

[210] *Alexy*, Theorie der Grundrechte, S. 77 ff.

[211] *Larenz*, Methodenlehre S. 475; vgl. *Röhl*, S. 253, 261; *Alexy*, Rechtsregeln und Rechtsprinzipien, S. 220.

[212] Vgl. auch *Canaris*, Systemdenken, S. 57.

[213] *Larenz*, Methodenlehre, S. 475.

[214] *Canaris*, Systemdenken, S. 55; *Larenz*, Methodenlehre, S. 476 f.

[215] *Larenz*, Methodenlehre, S. 477 ff.

Ganzes zu sichern. Insofern dienen Prinzipien der „plakativen Sensibilisierung“[216], Warnung und Beschränkung, aber vor allem auch der Hilfestellung. Die Aufdeckung der leitenden Prinzipien dient der Sichtbarmachung der Sinnzusammenhänge, die einer Rechtsordnung als einem Sinnganzen innewohnen.

3. Die Effektivität und die angemessene Verfahrensdauer als Rechtsprinzip

Ausgehend von der oben dargelegten Bedeutung der Effektivität steht hinter diesem Begriff der Gedanke, dem materiellen Recht im Einzelfall in möglichst hohem Maß zur realen Geltung zu verhelfen. Dies ist vor dem Hintergrund der Trennung der materiellen Rechtsinhaberschaft von der Rechtsdurchsetzungsmacht zugunsten eines staatlichen Gewaltmonopols zu sehen: Der inhaltliche Abstand zwischen dem abstrakten Geltungsanspruch und -gehalt des materiellen Rechts einerseits und seiner tatsächlichen Umsetzung andererseits, soll möglichst gering gehalten werden. Mit der Trennung dieser Positionen und deren „Entfernung“ voneinander wurde die Entwicklung einer Rechtsidee nötig, die für eine fortbestehende Verbindung zwischen den beiden sorgt. Dieser allgemeine Gedanke lässt sich durch verschiedene Unterprinzipien konkretisieren, nämlich zum Beispiel denen der Rechtssicherheit, der materiellen Gerechtigkeit oder der angemessenen Verfahrensdauer. Letztere enthält den Gedanken, dass nur dasjenige materielle Recht seine maximale Wirkung behält, das möglichst zeitnah zu seiner Entstehung durchgesetzt werden kann. Allen gemeinsam ist, dass sich mangels Tatbestands kein Sachverhalt unter sie subsumieren lässt, sondern sie eine Zielbestimmung darstellen. Die Kategorie ihrer Geltung ist nicht ein Ja oder Nein, sondern ein Mehr oder Weniger. Sie treten selten allein auf und müssen meistens mit anderen Prinzipien optimiert werden.

Wenn es zum Prinzip der Effektivität Unterprinzipien gibt, so ist auch nach einem Oberprinzip zu suchen. Ein solches ist nicht zwingend notwendig, könnte aber im Rechtsstaatsprinzip zu finden sein. Dies ist nahe liegend, da ein wesentliches Merkmal des Rechtsstaates die Trennung von materieller Rechtsinhaberschaft und staatlicher Rechtsdurchsetzungsmacht ist. Mit dieser Aufteilung sollte die gesellschaftliche Befriedung und die Ordnung des Zusammenlebens garantiert, keinesfalls jedoch die Rechtsposition des Einzelnen entwertet werden. Es ist zentral für den Rechtsstaat, dass der Einzelne die ihm zuerkannten Rechte auch tatsächlich nutzen kann. Die tragende Rechtsidee ist, die materiellen Rechte möglichst umfassend verwirklichen zu helfen; sie erstreckt sich vom Rechtsstaatsprinzip über das Effektivitätsprinzip hin zum Prinzip der angemessenen Verfahrensdauer und stellt deren verbindende Leitlinie dar.

---

[216] *Larenz*, Methodenlehre, S. 487.

Der Meinung,[217] die Effektivität sei wegen ihrer Inhaltsleere als Rechtsprinzip unbrauchbar, kann nicht gefolgt werden. Sie übersieht, dass mit der abnehmenden Konkretisierung einer Rechtsidee deren Abstraktheit und damit ihre inhaltliche Unbestimmtheit zunimmt. Diese ist jedoch nicht gleichbedeutend mit der kritisierten „Inhaltsleere“. Bei dem Begriff der „Effektivität“ handelt es sich um einen abstrakt-allgemeinen Begriff, der trotz seiner Verkürzung geeignet ist, ein maßgebendes Prinzip zu umschreiben.[218] Er bringt zum Ausdruck, dass man die praktische Umsetzung der materiell-theoretischen Zielvorgaben einer Norm im konkreten Einzelfall in einem Soll-Ist-Vergleich messen kann. Nicht allein die theoretische Existenz einer Norm ist das Maß der Dinge, sondern das Augenmerk liegt auf den vielfältigen (normativen) Aspekten ihrer individuellen Umsetzung. Dabei ist die Argumentation allein mit dem Effektivitätsprinzip zu unbestimmt, da es diesem per se an einer Bezugsgröße fehlt. Eine solche kann aber zum Beispiel die angemessene Dauer eines Rechtsschutzverfahrens darstellen, die selbst ein unbestimmter ausfüllungsbedürftiger rechtlicher Maßstab ist.[219] Aus dem „Effektivitätsprogramm“ ist mit ihr ein konkreter Aspekt ausgewählt und der Rahmen abgesteckt: Das Ziel des Rechtsschutzes ist die zeitlich möglichst sofortige rechtskräftige Entscheidung der Rechtslage; für den Betroffenen wäre es das Beste, wenn er am Ort der Rechtsverletzung und in deren unmittelbarem zeitlichen Zusammenhang sein Recht bekäme. Mit dem staatlichen Gewaltmonopol und einer zunehmend komplexeren Bürger-Staat-Beziehung ist die zeitlich und räumlich nahe Abhilfe der Rechtsverletzung aber immer mehr in die Ferne gerückt. In seinem eigenen Interesse, das eigenmächtige Verfolgen von Rechten tatsächlich zu verhindern und seinem Anspruch als Rechtsstaat gerecht zu werden, muss der Staat Verfahren zur Verfügung stellen, die mit der geringst möglichen Belastung und Verzögerung Recht und Gerechtigkeit für den Bürger herstellen.[220] Das BVerfG sieht daher im „Prinzip des effektiven Rechtsschutzes“ ein „erhebliches Element des Rechtsstaatsprinzips“[221] und betont, dass für diese Effektivität das Zeitelement von ganz elementarer, kaum zu überschätzender Bedeutung ist und zum wesentlichen Bestandteil eines verfassungsmäßigen Rechts seine Durchsetzbarkeit gehört.[222] Daneben hat der staatli-

[217] Zweifel am Nutzen einer Unterscheidung zwischen Prinzip und Norm hat *Arndt*, S. 114 ff. Vgl. auch *Haag*, S. 162, 164 und S. 156 ff., der im „effektiven Rechtsschutz“ kein Verfassungsprinzip und auch keinen Topos sieht, unter dem sich die prozessualen Verbürgungen des Grundgesetzes sammeln könnten.

[218] *Larenz*, Methodenlehre, S. 482.

[219] *Schlette*, S. 28.

[220] *Schumann, E.*, S. 271, 281.

[221] BVerfGE 53, 115, 127. Vgl. *Haag*, S. 156 f., 163 f. m. w. N.

[222] BVerfGE 39, 276, 294; st. Rspr.; *Sodan*, in: NVwZ 2000, 601 ; Nachweise bei *Schlette*,

che Rechtsschutz verschiedene andere Aspekte, wie zum Beispiel der Rechtssicherheit, der materiellen Gerechtigkeit oder des Vorbehalts des Möglichen, zu berücksichtigen und miteinander abzuwägen. Eine vollständige Effektivität des Rechts und der Rechtsdurchsetzung kann es schon theoretisch nicht geben, denn die Rechtsetzung erfolgt nur deshalb, weil ein Normgehalt nicht freiwillig verfolgt wird und damit die Gesellschaft vom möglichen Bruch der Vorschrift ausgeht. Ineffektivität gehört also – in gewissen Grenzen – zum Alltag des Rechts und seiner Durchsetzung.[223] Zu deren Eingrenzung dienen die Rechtsprinzipien der Effektivität und der angemessenen Verfahrensdauer.

S. 24 f., Fn. 27; vgl. dort das Zitat von *La Bruyère*: „*Une circonstance essentielle à la justice, c'est de la faire promptement et sans différer, la faire attendre, c'est injustice.*“

[223] *Bryde*, S. 9, 11.

5. KAPITEL: PRINZIP UND/ODER ANSPRUCH AUF ANGEMESSENE VERFAHRENSDAUER UND GRENZEN DES ANSPRUCHS

Aus dem grundrechtlich begründeten objektiven Prinzip angemessener Verfahrensdauer und den damit zusammenhängenden grundrechtlich begründeten objektiven Pflichten des Staates müssen nicht zwangsläufig subjektive Ansprüche der Grundrechtsträger hierauf folgen.[224] Wenn das BVerfG aber seit dem Deichordnungsurteil den subjektiven materiellen Grundrechten Verfahrensrechte entnimmt, so spricht, aufgrund der Angewiesenheit des materiellen Rechts auf das Verfahren, ein prima facie-Argument für die Subjektivierung der grundrechtlich begründeten Verfahrensrechte.[225] Dieser These soll im Folgenden nachgegangen werden.

A. DER ANSPRUCH AUF ANGEMESSENE VERFAHRENSDAUER

I. Rechtsprechung und Literatur

Der subjektiv-rechtliche Charakter der Grundrechte wird heute allgemein anerkannt, da er schon nach dem Wortlaut vieler Grundrechte offensichtlich und deren Individualbegünstigungszweck selbstverständlich ist.[226] Gleichzeitig haben die Grundrechte auch eine objektiv-rechtliche Seite, deren Existenz und Subjektivierbarkeit aber sehr umstritten ist.[227] Dies gilt insbesondere auch für die verfahrensrechtliche Komponente der materiellen Grundrechte. So muss begründet werden, warum der objektiven Verpflichtung des Staates, ein Verfahren in angemessener Zeit durchzuführen, ein subjektiver Anspruch des Beschwerdeführers hierauf entspricht. Die nachfolgende Diskussion der Subjektivierbarkeit von objektiv-rechtlichen Grundrechtsgehalten beschränkt sich auf den verfahrensrechtlichen Aspekt, da aufgrund der großen inhaltlichen Unterschiede eine einheitliche Behandlung der unterschiedlichen objektiven Gehalte nicht möglich ist.[228] Es geht zudem nicht um einen Anspruch gegenüber dem Gesetz-

---

[224] *Alexy*, Theorie der Grundrechte, S. 432; *Stern*, Staatsrecht III/1, § 69 VI 4, S. 989 f.

[225] *Alexy*, Theorie der Grundrechte, S. 433. Zur Bedeutung der materiellen Grundrechte für das Verfahren BVerfGE 49, 220, 225 ff.; 49, 252, 256 ff.; 51, 150, 156 ff.

[226] *Stern*, Staatsrecht III/1, § 65 II 2, 3, S. 532; § 65 II 4, S. 541 f.; § 69 VI 1, 2, S. 978 f.; *Scherzberg*, in: DVBl. 1989, 1128.

[227] *Stern*, Staatsrecht III/1, § 69 VI 1, S. 978; vgl. *Jarass*, Die Grundrechte, S. 50 f.

[228] Vgl. Hinweis zur fehlenden Differenzierung bei *Stern*, Staatsrecht III/1, § 69 VI 3, S. 979, 982 f.

geber auf Gewährleistung eines schnellen Verfahrens, sondern um einen Anspruch gegenüber dem BVerfG, entsprechend „schnell" zu handeln.

Nach der Meinung *Sterns* besteht grundsätzlich keine Vermutung für die Subjektivität der objektiv-rechtlichen Seite, da diese weder das eigentliche Grundrecht sei, noch aus dessen Wortlaut, dessen geistesgeschichtlicher Entwicklung oder aus dessen Aufnahme im Grundgesetz auf die Subjektivität objektiver Gehalte geschlossen werden könne.[229] Dennoch müssten die aus den materiellen Grundrechten abgeleiteten Rechte auf effektiven Rechtsschutz ihrer Natur nach als ein subjektives Recht verstanden werden, so dass er dem von *Alexy* angenommenen prima facie-Argument für eine Subjektivierung zustimmt.[230] Auch *Schmidt-Aßmann* sieht im Fall des Art. 2 Abs. 2 GG die staatliche Schutzpflicht mit der h. M. aus dem objektiv-rechtlichen Gehalt der Norm abgeleitet. Soweit sich aus dem objektiven Gehalt ein konkreter Handlungsauftrag ergebe, habe derjenige, dessen Rechtsgüter ohne staatlichen Schutz verletzt würden, auch ein entsprechendes subjektives Recht.[231] BVerfG und Schrifttum nehmen zu dieser Problematik nicht eindeutig Stellung.

Die Rechtsprechung des BVerfG ist nicht einheitlich und sieht in den objektiven Gehalten teilweise die Verstärkung der primären Geltungskraft der Grundrechte als individuelle Rechte,[232] teilweise folgert es ein subjektives Recht aus der objektiven Verfassungspflicht[233] oder es sieht objektiven und subjektiven Grundrechtsgehalt nebeneinander stehen.[234] *Jarass* beurteilt die Rechtsprechung des BVerfG dahingehend, dass sie „gewichtige Anhaltspunkte zugunsten einer weit reichenden subjektiv-rechtlichen Qualität von objektiven Grundrechtsgehalten" zeige. Hierfür spreche auch, dass ein objektives Recht nur über seine Subjektivierung seine ganze Schutzwirkung entfalten könne.[235]

II. Die Schutznormlehre

Die Möglichkeit einer Ableitung subjektiv-öffentlicher Rechte aus dem objektiven Recht im Allgemeinen und aus den Grundrechten im Besonderen hat sich an

[229] *Stern*, Staatsrecht III/1, § 69 VI 1, 2, S. 978 f. m. w. N.; *Stern*, in: Isensee/ Kirchhof, HStR V, § 109, Rn. 63 m. w. N. Unklar *Jarass*, in: AöR 110 (1985), S. 363, 396; *Hesse*, Grundzüge, Rn. 298; *Kriele*, in: JZ 1975, 222, 224.

[230] *Stern*, Staatsrecht III/1, § 65 II 5, S. 552; § 69 VI 3, S. 984 f.

[231] *Schmidt-Aßmann*, in: AöR 106 (1981), S. 205, 217.

[232] BVerfGE 50, 290, 337; 68, 193, 205; *Scherzberg*, in: DVBl. 1989, 1128, 1133.

[233] BVerfGE 6, 386, 388; 10, 118, 121; 46, 160, 164; 77, 170, 214.

[234] BVerfGE 30, 173, 188; 35, 79, 112; 57, 295, 320; 67, 213, 224; 74, 297, 323.

[235] *Jarass*, Die Grundrechte, S. 47 f.

der so genannten Schutznormlehre zu orientieren. Nach dieser bedarf es, um einen subjektiv-rechtlichen Gehalt annehmen zu können, einer objektiv-rechtlichen Bestimmung, die den Zweck hat, den Grundrechtsträger individuell zu begünstigen; hierfür sind der Inhalt der (objektiven) Grundrechtsnorm und deren beabsichtigte Wirkung beim Verpflichteten maßgeblich.[236] Sie darf nicht nur den öffentlichen Interessen dienen und den Einzelnen nicht nur als Rechtsreflex unbeabsichtigt begünstigen.[237]

Ein objektiv zwingender Rechtssatz liegt mit der Existenz eines Prinzips angemessener Verfahrensdauer vor. Problematisch ist aber, ob der objektiv-rechtliche Gehalt des Prinzips angemessener Verfahrensdauer, nämlich die staatliche Pflicht, die Dauer eines gerichtlichen Verfahrens in sein prozessuales Handeln einzubeziehen, das Ziel hat, den einzelnen Berechtigten zu begünstigen. Tatsächlich sprechen gute Argumente für einen Anspruch des Einzelnen auf angemessene Verfahrensdauer: Die Verfahrensnormen sind als Mittel des Grundrechtsschutzes durch grundrechtliche Prinzipien prima facie gefordert, da sie die Wahrscheinlichkeit eines grundrechtsgemäßen Ergebnisses erhöhen. Wird ein Verfahrensprinzip aus einem subjektiven materiellen Grundrecht abgeleitet und wird es im konkreten Fall über die Kollisionsregel zu einem definitiven Recht,[238] so muss es sich hierbei auch um ein subjektives definitives Recht handeln, denn die entsprechenden verfahrensrechtlichen Positionen sind ein Mittel zur materiellen Grundrechtsverwirklichung. Wenn auf das materielle Grundrecht ein Anspruch besteht und dieser wegen des staatlichen Gewaltmonopols nur über ein rechtsstaatliches Verfahren realisiert werden kann,[239] so muss auch auf das Verfahren in seiner Funktion als Hilfsmittel ein subjektives Recht bestehen. Die enge Verbindung und die zwingende Angewiesenheit des materiellen Rechts auf das formelle zwingen nachgerade zu einer Anerkennung von subjektiven Ansprüchen im verfahrensrechtlichen Bereich. Einer Grundrechtsnorm wird die Intention der Durchsetzung ihrer Gehalte in der Regel nicht abzusprechen sein, denn das Grundgesetz hat eine rechtsschutzfreundliche Tendenz und der teleologische Gesichtspunkt der materiellen Wirksamkeit einer Grundrechtsnorm soll durch den Begünstigten selbst effektiv abgesichert werden können.[240] Da die zeitliche Abweichung zwischen Rechtsverletzung und der Rechtsdurchsetzung maßgeblichen Einfluss auf den materiellen Rechtsgehalt

---

236 *Stern*, Staatsrecht III/1, § 69 VI 4, S. 986 f.; § 69 VI 4 c, S. 989; *Sodan*, in: NVwZ 2000, 601, 603; *Jarass*, Die Grundrechte, S. 48 f.

237 *Stern*, Staatsrecht III/1, § 65 II 3, S. 534 f.; § 65 II 4, S. 543; § 69 VI 4, S. 985; *Sodan*, in: NVwZ 2000, 601, 602.

238 *Alexy*, Theorie der Grundrechte, S. 446.

239 *Sodan*, in: NVwZ 2000, 601, 603.

240 *Stern*, Staatsrecht III/1, § 65 II 4, S. 552.

hat, folgt hieraus auch ein Anspruch auf angemessene Verfahrensdauer. Entscheidender Anknüpfungspunkt ist also das materielle Recht, so dass sich aus diesem der individuelle Begünstigungszweck des objektiven Verfahrensrechts ergibt. Dieses Ergebnis bestätigt auch ein Gedanke der allgemeinen Rechtslehre, wonach Grundlage der subjektiven Rechte die jedem Rechtssatz innewohnende verbindliche Geltungsanordnung ist.[241] Diese objektiv-rechtliche Sollensanordnung impliziert auf materieller Ebene Befolgungspflichten der Rechtsunterworfenen. Mit der Begründung subjektiver Rechte wird eine rechtliche Verbindung zwischen der objektiven Begünstigung und der individuellen Rechtssphäre eines Rechtsinhabers hergestellt. Diese lässt sich nur in der Weise denken, dass dem Betroffenen auf prozessualer Ebene die Berechtigung zur Durchsetzung der Norm gegenüber dem Verpflichteten zugewiesen ist. Dem Begünstigten einer subjektiven grundrechtlichen Freiheit wird somit auch ein Anspruch auf Unterlassung und Beseitigung von grundrechtswidrigen staatlichen Maßnahmen eingeräumt.[242] Das staatliche Gewaltmonopol zwingt daher zur Annahme eines Anspruchs auf Rechtsschutz. Wenn dieser Rechtsschutz zudem auf die Erledigung in angemessener Zeit angewiesen ist, um das (materielle) Individualrecht zu garantieren, dann besteht auch hierauf ein Anspruch. Demnach ist von einem Anspruch auf angemessene Verfahrensdauer desjenigen auszugehen, der ein subjektiv materielles (Grund-)Recht prozessual durchsetzen will. Es wird noch darauf einzugehen sein, wie dies für Verfahren vor dem BVerfG im Zusammenhang mit dem Rechtsstaatsprinzip, Art. 19 IV GG und den materiellen Grundrechten dogmatisch zu erklären ist.

III. Prinzipienkollision, Präferenzrelation und definitives Recht

Die Existenz eines Prinzips angemessener Verfahrensdauer und gleichzeitig eines Anspruchs auf angemessene Verfahrensdauer widersprechen sich nicht. Ein Rechtsprinzip kollidiert regelmäßig mit anderen Rechtsprinzipien, so dass sich der Staat mehreren einander widerstreitenden Interessen verpflichtet sieht, zu denen oftmals auch Pflichten zur Wahrung grundrechtlich verbürgter Rechte des Einzelnen gehören.[243] Zwischen den widerstreitenden Prinzipien ist für den Einzelfall eine „bedingte Vorrangrelation" festzusetzen. Verknüpft man zwei Prin-

---

[241] *Scherzberg*, in: DVBl. 1989, 1128, 1133 m. w. N.

[242] *Scherzberg*, in: DVBl. 1989, 1128, 1135.

[243] Vgl. BVerfGE 51, 324, 345. In vergleichbaren Situationen ist mit anderer Terminologie statt von Prinzipien die Rede von „Pflichten", „Belangen", „Grundrechten", „Ansprüchen", und „Interessen", die gegeneinander abgewogen werden. Eine solche „Spannungslage" lässt sich durch entsprechendes Umformulieren der Belange, Ansprüche usw. auch als Prinzipienkollision darstellen, vgl. *Alexy*, Theorie der Grundrechte, S. 80 f., 87.

zipien über eine bedingte Vorrangrelation miteinander, so erhält man eine Regel, unter die der Fall subsumiert werden kann.[244] Im Falle einer Grundrechtskollision wie auch bei Kollision anderer Rechtsgüter hat grundsätzlich keine der Pflichten absoluten Vorrang, sondern das Spannungsverhältnis (Konflikt) zwischen ihnen ist durch eine Abwägung der widerstreitenden Interessen zu lösen. Die abstrakt gleichrangigen Pflichten sind im konkreten Fall zu gewichten[245] und der Sachverhalt hierunter zu subsumieren. Prinzipien sind als solche niemals ein definitives Recht, da ein Prinzip zunächst nur ein prima facie-Grund für eine Norm und damit mittelbar für eine Handlung ist und somit auch nur ein prima facie-Recht sein kann. Dahingegen ist eine Regel ein definitiver Grund für eine Norm und, wenn sie anwendbar ist, auch ein definitives Recht. Die Präferenzrelation legt den Weg vom prima facie-Recht (Prinzip) zum definitiven Recht fest und formuliert nach dem Kollisionsgesetz immer eine Regel, so dass sie ein definitiver Grund für eine Regel ist.[246] Im Einzelfall kann also ein Prinzip über den Abwägungsvorgang zu einer Regel für ein konkretes Handeln werden, die einem definitiven Recht entspricht. Damit ist jedoch noch nicht geklärt, ob dieses Recht eine objektiv-rechtliche oder subjektiv-rechtliche Natur hat, denn der Rechtsstaat wäre auch aufgrund des bloßen objektiven Rechts zu dessen Umsetzung verpflichtet, ohne dass dem Einzelnen ein entsprechendes subjektives Recht zustehen würde. Das Prinzip angemessener Verfahrensdauer und der Anspruch auf angemessene Verfahrensdauer stehen demnach nicht im Verhältnis strenger Alternativität: das Prinzip kann über die Festlegung einer Präferenzrelation in ein definitives Recht umformuliert werden, das einem subjektiv-grundrechtlichen Anspruch entspricht. Im Falle des Prinzips angemessener Verfahrensdauer ist ein Teil des Abwägungsvorgangs und damit auch Teil der Präferenzrelation die Beurteilung der Angemessenheit der Verfahrensdauer.

B. Die verschiedenen Möglichkeiten der Begründung subjektiver Verfahrensrechte

Die verfahrensrechtliche Komponente der Grundrechte hat ohne Zweifel einen objektiven Bestandteil. Warum sie selbstverständlich in die objektiv-rechtliche Seite der Grundrechte eingeordnet und anschließend ihre Subjektivierung diskutiert wird, ist nicht gleichermaßen einleuchtend. Durch die enge Verbindung zwischen den einzelnen subjektiven Grundrechtsfunktionen und deren Angewiesenheit auf die prozessuale Durchsetzung könnten zumindest Teile der verfah-

---

[244] *Alexy*, Theorie der Grundrechte, S. 80 f., 87.
[245] BVerfGE 51, 324, 345 f.
[246] *Alexy*, Theorie der Grundrechte, S. 92.

rensrechtlichen Komponente subjektiver Natur und der einzelnen Grundrechtsfunktion immanent sein. Dann würde der verfahrensrechtliche Anspruch direkt aus der subjektiven Grundrechtsfunktion folgen.[247] Die Subjektivierung eines verfahrens- und objektiv-rechtlichen Grundrechtsgehalts wäre damit (dogmatisch) überflüssig.

Für das Heranziehen der objektiven Seite spricht, dass das Begehren des einzelnen Beschwerdeführers nicht auf die Abwehr von Eingriffen und damit nicht auf den abwehrrechtlichen bzw. funktionalen Gehalt des Grundrechts zielt; insoweit betont man die positive Leistung des Staates bei der Gewährung von Verfahrensrechten.[248] Gleichzeitig hat dies den Vorteil größerer Flexibilität, da im objektiv-rechtlichen Bereich mehr Spielraum besteht, staatliche Pflichten zur Verfahrensgestaltung (nicht) zu begründen. Zudem müssen solche nicht in jedem Fall subjektiviert werden, so dass für den jeweiligen Einzelfall die Vor- und Nachteile abgewogen werden können. Weiterhin scheint die objektiv-rechtliche Seite geeigneter, die verfahrensrechtlichen Gehalte aufzunehmen, da bei den einzelnen Grundrechtsfunktionen die inhaltlich-materiellen Vorgaben im Mittelpunkt stehen. Fragen des Verfahrens würden demnach generell nicht die einzelnen Funktionen der Grundrechte betreffen. Für die Herleitung von subjektiven verfahrensrechtlichen Gehalten aus objektiv-rechtlichen Dimensionen der Grundrechte spricht auch der anfangs nur objektive Charakter der Grundrechte und die erst spätere Anerkennung ihrer Subjektivität. Zudem enthält das subjektive Recht notwendig objektives, nicht aber umgekehrt, denn das objektive Recht stellt die Basis und Grundlage des subjektiven dar.

Ein verfahrensrechtlicher Aspekt wurde erst mit dem Erfordernis der Durchsetzung der Grundrechte notwendig und ist daher untrennbar mit ihrem subjektiven Gehalt verknüpft. Ausgangspunkt der verfahrensrechtlichen Überlegungen ist stets die subjektive Funktion, so dass man durchaus annehmen könnte, dass auch die verfahrensrechtliche Komponente in ihrer dienenden und ergänzenden Zielsetzung von vornherein subjektiv ist. Zahlreiche Entscheidungen des BVerfG belegen, dass Verfahrensregelungen klassische materielle Grundrechtseingriffe sein können. Hieraus muss man aber nicht die Konsequenz von *Jarass* ziehen und den verfahrensrechtlichen Aspekt direkt aus der subjektiven Grundrechtsfunktion ableiten;[249] auch mit der Ableitung verfahrensrechtlicher Aspekte aus

---

[247] Vgl. *Jarass*, in: AöR 110 (1985), S. 363, 386, der die gleiche Frage im Zusammenhang mit Art. 5 III GG stellt.

[248] *Jarass*, in: AöR 110 (1985), S. 363, 386; *Scherzberg*, in: DVBl. 1989, 1128, 1133 f., zieht die objektiv-rechtliche Seite heran, da für die positive Förderung der tatsächlichen Bedingungen grundrechtlicher Betätigung konkrete subjektive Rechte des Bürgers in der Regel grundrechtlich nicht ableitbar seien.

[249] *Jarass*, in: AöR 110 (1985), S. 363, 387 m. N. zur Rechtsprechung.

der objektiv-rechtlichen Seite eines Grundrechts kann über deren Subjektivierung ein Gehalt auf der subjektiv-rechtlichen Seite des Grundrechts „entstehen“, der den vermeintlichen Widerspruch einer Verletzung der funktionellen Grundrechtsseite durch Verfahrensrecht erklärt. Hierauf wird noch einzugehen sein.

Letztlich geht es um die „Richtung“, aus welcher der subjektive Charakter der verfahrensrechtlichen Dimension begründet wird. Entweder man leitet die subjektive verfahrensrechtliche Komponente aus den subjektiven Funktionen ab (originärer subjektiver Charakter), oder man betont die Subjektivierung des objektiv-rechtlichen Grundrechtsgehalts (derivativer subjektiver Charakter). Inhaltliche Unterschiede sind damit nicht verbunden. Entscheidend ist folgendes Argument: Leitet man die Subjektivität der verfahrensrechtlichen Komponente unmittelbar aus der Grundrechtsfunktion ab, so muss man dennoch das Bestehen einer objektiven verfahrensrechtlichen Dimension des Grundrechts anerkennen. Dies kann nur dadurch geschehen, dass die notwendig objektive Grundlage des subjektiven Rechts herausgestellt wird. Damit wird aber eingeräumt, dass das objektive Recht als Basis und Grundgehalt vorhanden sein muss. Folglich erscheint es konsequenter, den Weg der Subjektivierung objektiver Rechtsgehalte zu gehen und den derivativen subjektiven Charakter der verfahrensrechtlichen Komponente der materiellen Grundrechte anzuerkennen.[250]

C. Die Grenzen des Anspruchs auf angemessene Verfahrensdauer

Eine angemessene Dauer von Gerichtsverfahren könnte ohne weiteres durch einen entsprechenden Ausbau der Rechtsschutzkapazitäten erreicht werden, so dass ein schnellstmögliches Verfahren unter Berücksichtigung der Grundsätze der materiellen Gerechtigkeit, der Rechtssicherheit u. a. gewährleistet wäre. Bei der explizit statuierten Rechtsschutzgarantie des Art. 19 IV GG und bei dem interpretativ gewonnenen Justizgewährungsanspruch des Rechtsstaatsprinzips in Verbindung mit einem materiellen Grundrecht handelt es sich um vorbehaltlos gewährte Leistungsrechte.[251] So könnte man eine Verpflichtung des Staates zu einer solch umfassenden Rechtsschutzgewährung annehmen. Konkret bedeutete dies jedoch, dass der Staat alle (finanziellen) Möglichkeiten ausschöpfen müsste, um die Rechtsschutzkapazitäten den tatsächlichen Bedürfnissen anzupassen. Dies hätte einen dem Anspruch auf angemessene Verfahrensdauer korrespondierenden Anspruch des Einzelnen auf Finanzierung zur Konsequenz. Die Entscheidung über die Staatsfinanzen ordnet das Grundgesetz aber dem Gesetzge-

---

[250] Tendenzen zur Subjektivierung der objektiv-rechtlichen Gehalte zeigen *Alexy*, Theorie der Grundrechte, S. 411 ff., 414, 432 ff.; *Breuer*, Festgabe BVerwG, S. 89, 105.

[251] *Alexy*, Theorie der Grundrechte, S. 455.

ber zu. Dieser muss sich bei der Haushaltsaufstellung im Rahmen des gesamtstaatlich verantwortbaren und finanziell Möglichen halten, so dass es sich beim Anspruch auf angemessene Verfahrensdauer nur um einen Anspruch dem Grunde nach handeln kann, ohne dass damit gleichzeitig sein Umfang festgelegt wäre. Nur eine aufgaben- und funktionsgerechte (Grund-)Ausstattung der Gerichte kann (finanziell) gefordert sein. Dies wirft die Frage nach den Grenzen des Rechtsschutz-/ Justizgewährleistungsanspruchs und des Anspruchs auf angemessene Verfahrensdauer auf.

In seinem Beschluss vom 27.10.1999[252] schließt das BVerfG Einschränkungen des vorbehaltslos formulierten Art. 19 IV GG nicht von vornherein aus. Soweit bei der Ausgestaltung der Rechtsschutzgarantie Belange, die dem Gebot umfassenden Rechtsschutzes entgegenstehen, Beachtung verlangen, könne der Gesetzgeber Ansprüche, die sich dem Grunde nach aus Art. 19 IV GG ergeben, einschränken. Derartige Einschränkungen unterlägen aber den Anforderungen, die sich aus dem Grundsatz der Verhältnismäßigkeit ergeben. Sie dürften den Rechtsschutz nicht in unzumutbarer, durch Sachgründe nicht mehr zu rechtfertigender Weise erschweren. Schon in der Entscheidung zur Verfassungsmäßigkeit des Volkszählungsgesetzes von 1983[253] wies das BVerfG darauf hin, dass der Rechtsschutz des Einzelnen Einschränkungen hinnehmen müsse, wenn überwiegende öffentliche Belange oder unaufschiebbare Maßnahmen im Interesse des allgemeinen Wohls dies erforderten. Hier kommt zum Ausdruck, dass zwischen der betreffenden Grundrechtsbeschränkung und den in Frage stehenden öffentlichen Belangen, die bei der Konkretisierung von Grundrechtsgrenzen einen herausragenden Platz einnehmen, ein Abwägungsprozess stattzufinden hat.[254] Wie bei allen Grundrechten, ergibt sich das Erfordernis der Abwägung aus dem Verbot der unverhältnismäßigen, nicht sachgerechten Beschränkung (Grundsatz der Verhältnismäßigkeit).[255]

Nicht jede den Rechtsschutz betreffende Erschwerung ist als Eingriff in Art. 19 IV GG zu werten, da dieser aufgrund des normgeprägten Schutzbereichs einer gesetzlichen Ausgestaltung bedarf. Eine Abgrenzung zwischen Beeinträchtigung und Ausgestaltung kann im konkreten Fall schwierig sein, weil auch letztere stets Grenzen ziehen muss.[256] Nach der Rechtsprechung des BVerfG schlägt ei-

---

[252] BVerfGE 101, 106, 124 f. Vgl. auch BVerfGE 60, 253, 267 ff.

[253] BVerfGE 65, 1, 70 f.

[254] *Häberle*, in: AöR 95 (1970), S. 86, 96 f.; *Wilfinger*, S. 68; *Maurer*, Rechtsstaatliches Prozessrecht, S. 489.

[255] *Wilfinger*, S. 46; *Hesse*, Grundzüge, Rn. 317 ff.; *Ibler*, in: Friauf/ Höfling, Art. 19 IV, Rn. 18, 167 f., 313. *Alexy*, Theorie der Grundrechte, S. 465, 468.

[256] *Ibler*, in: Friauf/ Höfling, Art. 19 IV, Rn. 308 f.

ne Ausgestaltung des Art. 19 IV GG in einen Eingriff um, soweit sich die staatliche Maßnahme als unverhältnismäßig erweist.[257]

Die genannte Abwägung ist notwendig, da eine allein am individuellen Rechtsschutz orientierte Rechtsschutzeffektivität den auf Ausgleich bedachten Grundsatz der Einheit der Verfassung missachtete. Es geht nicht um eine grenzenlose Ausdehnung der Rechtsschutzgarantie, sondern um einen möglichst wirkungsvollen Rechtsschutz, der seine konkrete Ausformung erst aus einem „Miteinander" mit den anderen verfassungsrechtlichen Vorgaben erhält. Insoweit ist ihm eine Begrenzung durch entgegenstehende verfassungsrechtliche Belange immanent, da sie nur so in das Sinngefüge der Verfassung eingebunden werden kann und auch andere Verfassungsinhalte zur Geltung kommen.[258] Die Rechtsschutzgarantie gilt nicht absolut, sondern ist wie alle schrankenlos gewährleisteten Grundrechte grundsätzlich durch kollidierende Grundrechte und sonstige mit Verfassungsrang ausgestattete Rechtswerte begrenzt.[259] Als solche kommen die materielle Gerechtigkeit, die Rechtssicherheit, der Rechtsfrieden, ein geordnetes Verfahren und die Handlungsfähigkeit des Staates, insbesondere das öffentliche Interesse an einer funktionsfähigen Gerichtsbarkeit in Frage.[260] Die Rechtsschutzgarantie wird aber auch in nicht unbeträchtlichem Ausmaß durch die mangelnden Ressourcen bestimmt, die der Ausstattung der Gerichte in materieller und personeller Hinsicht Grenzen setzen. Der Staatshaushaltsplan hat somit ent-

---

[257] BVerfGE 60, 253, 267, 295; *Wilfinger*, S. 70; vgl auch *Pieroth/ Schlink*, Grundrechte, Rn. 209 ff.

[258] BVerfGE 1, 14, 32; 55, 274, 300; 60, 253, 267; *Krugmann*, in: ZRP 2001, 306, 308; *Haag*, S. 68; *Hesse*, Grundzüge, Rn. 71; *Wilfinger*, S. 84 f.

[259] BVerfGE 60, 253, 267; *Huber*, in: v. Mangoldt/ Klein/ Starck, GG I, Art. 19 IV, Rn. 383; *Schulze-Fielitz*, in: Dreier, Art. 19 IV, Rn. 105; *Jarass/ Pieroth*, Art. 19, Rn. 39; *Pieroth/ Schlink*, Grundrechte, Rn. 1098; *Krugmann*, in: ZRP 2001, 306, 308; *Schmidt-Aßmann*, in: Schoch/ Schmidt-Aßmann/ Pietzner, VwGO, Einl. 31, sieht darin eine Frage der Ausgestaltung des Grundrechts. Auch *Maurer*, Rechtsstaatliches Prozessrecht, S. 490 f., ist der Ansicht, dass nicht die allgemeinen Grundsätze für vorbehaltslos gewährte Grundrechten übertragen werden können. Art. 19 IV GG sei ein auf Ausgestaltung angelegtes Grundrecht, so dass fraglich sei, ob das, was gegeben wurde, wieder genommen werden könne. Die Annahme von kollidierenden Grundrechten als Schranke gehe fehl, da die materiellen Grundrechte und das Verfahrensgrundrecht nicht kommensurabel seien und nicht auf dem Weg der praktischen Konkordanz in Ausgleich gebracht werden könnten. Hierzu ist mit *Ibler*, in: Friauf/ Höfling, Art. 19 IV, Rn. 319 f., anzumerken, dass auch eine Ausgestaltung des Gerichtsschutzes diesem Grenzen setzt und von anderen Eingriffen nur schwer zu trennen ist. Daher bedarf auch die Ausgestaltung der Rechtfertigung durch kollidierendes Verfassungsrecht. So kann es an dieser Stelle letztlich dahinstehen, ob man die Grenzen der Rechtsschutzgarantie grundrechtsdogmatisch als Beschränkung oder als Ausgestaltung begreift.

[260] *Huber*, in: v. Mangoldt/ Klein/ Starck, GG I, Art. 19 IV, Rn. 388; *Krugmann*, in: ZRP 2001, 306, 308; *Haag*, S. 68; *Stürner*, S. 79; *Maurer*, Rechtsstaatliches Prozessrecht, S. 489.

scheidenden Einfluss auf die zeitliche Dauer der Bearbeitung von Rechtsbehelfen und auf die „angemessene Dauer“ des Rechtsschutzes.[261] Die Rechtsweggarantie entfaltet ihre Wirksamkeit erst in der vom Gesetzgeber geschaffenen Prozessordnung und diese Garantie schließt nicht aus, dass Regelungen geschaffen werden, die den Zugang zu Gericht erschweren, wenn sie an anderen Verfassungsprinzipien orientiert sind und die auftretenden Zielkonflikte lösen wollen.[262] Gerade die Erhaltung der staatlichen Entscheidungs- und Handlungsfähigkeit kann eine Beschränkung rechtfertigen,[263] denn Leistungsrechte sind oftmals mit erheblichen finanziellen Aufwendungen verbunden. Würden sie in finanzieller Hinsicht absolut gelten, überforderte dies unter Umständen schnell die wirtschaftliche Leistungsfähigkeit des Staates.[264]

Im ersten numerus-clausus-Urteil[265] stellt das BVerfG fest, dass Teilhaberechte, soweit sie nicht von vornherein auf das jeweils Vorhandene beschränkt seien, unter dem Vorbehalt des Möglichen im Sinne dessen stünden, was der Einzelne vernünftigerweise von der Gesellschaft beanspruchen könne. Dies habe in erster Linie der Gesetzgeber in eigener Verantwortung zu beurteilen, der bei seiner Haushaltswirtschaft auch andere Gemeinschaftsbelange zu berücksichtigen und nach der ausdrücklichen Vorschrift des Art. 109 Abs. 2 GG den Erfordernissen des gesamtwirtschaftlichen Gleichgewichts Rechnung zu tragen habe. Ein verfassungsrechtlicher Anspruch des Einzelnen auf eine staatliche Leistung sei nicht unbegrenzt gewährt, denn dies liefe auf ein Missverständnis von Freiheit hinaus, bei dem verkannt würde, dass sich persönliche Freiheit auf die Dauer nicht losgelöst von Funktionsfähigkeit und Gleichgewicht des Ganzen verwirklichen lasse. Ein unbegrenztes subjektives Anspruchsdenken auf Kosten der Allgemeinheit sei unvereinbar mit dem Sozialstaatsgedanken. Das Grundgesetz habe die Spannung Individuum – Gemeinschaft im Sinne der Gemeinschaftsbezogenheit und Gemeinschaftsgebundenheit der Person entschieden. Der Einzelne müsse sich daher diejenigen Schranken seiner Handlungsfreiheit gefallen lassen, die der Gesetzgeber zur Pflege und Förderung des sozialen Zusammenlebens in den Grenzen des allgemein Zumutbaren vorsehe; dies setze voraus, dass dabei die Eigenständigkeit der Person gewahrt bleibe. Im Bereich staatlicher Teilhabegewährung würde es dem Gebot sozialer Gerechtigkeit zuwiderlaufen, die nur begrenzt verfügbaren öffentlichen Mittel unter Vernachlässigung anderer wichtiger Gemeinschaftsbelange bevorzugt einem privi-

---

[261] *Haag*, S. 69 f.

[262] *Ibler*, in: Friauf/ Höfling, Art. 19 IV, Rn. 215, 217; *Haag*, S. 44.

[263] *Huber*, in: v. Mangoldt/ Klein/ Starck, GG I, Art. 19 IV, Rn. 385; *Krugmann*, in: ZRP 2001, 306, 308; *Ibler*, in: Friauf/ Höfling, Art. 19 IV, Rn. 167.

[264] *Stern*, Staatsrecht III/1, § 67 III 1, S. 716.

[265] BVerfGE 33, 303, 333 ff.

legierten Teil der Bevölkerung zugute kommen zu lassen. Die Kapazitätsbemessung staatlicher Leistung sei nicht eine von rein tatsächlichen Gegebenheiten wie Personal-, Raum- und Mittelbestand abhängige empirische Größe, sondern weitgehend normativ bestimmt.[266]

Vor diesem Hintergrund ist zu fragen, wie sich das unabdingbare Spannungsverhältnis zwischen staatlicher Finanzierung und grundrechtlicher Leistungsgewährung auflösen lässt, ob der Gesetzgeber aufgrund seiner Haushaltshoheit die Rechtsschutzgarantie unter einen Finanzierungsvorbehalt stellen darf und in welchem Umfang er zum Erhalt der Funktionsfähigkeit der Rechtspflege zur Bereitstellung von entsprechenden Haushaltsmitteln verpflichtet ist.[267] Obwohl die Verfassung nicht das Ziel hat, die Staatsorgane zu Unmöglichem zu verpflichten, ist die Existenz von grundrechtlichen Leistungsansprüchen dennoch nicht von etwaigen Finanzierungsproblemen abhängig. Die grundrechtliche Verbindlichkeit einer staatlichen Leistung wird durch ihre Finanzierungsbedürftigkeit und eine mangelnde Leistungsfähigkeit des Staates nicht relativiert,[268] denn die Leistungsinhalte können nicht nach den verfügbaren Haushaltsmitteln bestimmt und damit zur freien Disposition des Staates gestellt werden.[269] Zudem ist die Knappheit der (Rechtsfindungs-)Ressourcen eine faktische Schranke, die bei allen Leistungsgrundrechten auftritt.[270] Diese Schranke betrifft aber nicht

---

[266] BVerfGE 33, 303, 340.

[267] *Krugmann*, in: ZRP 2001, 306, 308; *Sommermann*, in: v. Mangoldt/ Klein/ Starck, GG II, Art. 20, Rn. 110; *Voßkuhle*, Rechtsschutz, S. 319 m. w. N.; vgl. BVerfGE 59, 231, 263; 82, 60, 80 für das Sozialstaatsprinzip.

[268] *Stern*, Staatsrecht III/2, § 67 III 2, S. 717 f.; *Alexy*, Theorie der Grundrechte, S. 466; *Murswiek*, in: Isensee/ Kirchhof, HStR V, § 112, Rn. 57 f., problematisiert, ob man die sozialen Grundrechte nur als Ziel oder nach Maßgabe der Ausschöpfung aller Möglichkeiten formuliert sehen muss. Ihr Tatbestand sei vielfach durch die Garantie der „angemessenen" Leistung relativiert und für die Anpassung an die gesamtwirtschaftliche Lage und die entsprechende Leistungsfähigkeit des Staates offen gehalten. *Martens* und *Häberle* sehen die Leistungsgrundrechte nach Inhalt und Wirkung als „leges imperfectae" (*Martens*, in: VVDStRL 30 (1972), S. 7, 30 f.) bzw. als Leistungsrecht unter Maßgabevorbehalt (*Häberle*, in: VVDStRL 30 (1972), S. 43, 113), die nur im Rahmen des jeweils Möglichen und Angemessenen gewährt würden. Hier scheint die Existenz eines unmittelbaren einklagbaren Anspruchs als solchem verneint zu werden. Vgl. hierzu *Stern*, Staatsrecht III/1, S. 716 f. m. w. N.

[269] *Denninger*, in: Isensee/ Kirchhof, HStR V, § 113, Rn. 144 f. Vgl. auch *Isensee*, in: Isensee/ Kirchhof, HStR V, § 111, Rn. 145. Auch der EGMR folgert aus dem Gebot angemessener Verfahrensdauer in ständiger Rechtsprechung eine Pflicht des Staates, seine Gerichtsbarkeit so zu organisieren, dass Verfahren innerhalb eines angemessenen Zeitraums abgeschlossen werden können, vgl. *Grabenwarter*, EMRK, § 24, Rn. 47; *Meyer-Ladewig*, Handkommentar, Art. 6, Rn. 79; *Peukert*, in: Frowein/ Peukert, EMRK, Art. 6, Rn. 146.

[270] *Zeidler*, Rechtsstaat, S. 34 f.; *Starck*, Festgabe BVerfG II, S. 480, 518.

den Anspruch auf Leistung dem Grunde nach, sondern allein dessen Umfang, denn gerade auch angesichts der Bindungsklausel des Art. 1 III GG fordert das Leistungsrecht die Erfüllung grundrechtlicher Pflichten nicht um jeden Preis, sondern nur im Rahmen des tatsächlich Möglichen.[271] Der grundsätzlich uneingeschränkten Leistungsverpflichtung des Staates[272] steht auch nicht die Haushaltsverantwortung von Regierung und Parlament entgegen, da dem Haushaltsplan im Verhältnis zu anspruchsbegründenden Gesetzen mangels Außenwirkung keine Verdrängungswirkung zukommt. Alle rechtlich vorgegebenen Leistungsansprüche müssen dem Grunde nach ohne Rücksicht auf die Haushaltsmittel erfüllt und in den Haushaltsplan, der insoweit keinen Handlungsspielraum eröffnet, eingestellt werden.[273] Die Maßgeblichkeit verfassungsrechtlicher Leistungspflichten für die Haushaltsplanung bringt das BVerfG im Bereich der Justizgewährung im Zusammenhang mit einer Verfassungsbeschwerde unzweideutig zum Ausdruck: „Der Staat kann sich dem Untersuchungsgefangenen gegenüber nicht darauf berufen, daß er seine Gerichte nicht so ausstattet, wie es erforderlich ist, um die anstehenden Verfahren ohne vermeidbare Verzögerung abzuschließen. Es ist seine Aufgabe, im Rahmen des Zumutbaren alle Maßnahmen zu treffen, die geeignet und nötig sind, einer Überlastung der Gerichte vorzubeugen und ihr dort, wo sie eintritt, rechtzeitig abzuhelfen. Er hat die dafür erforderlichen – personellen wie sachlichen – Mittel aufzubringen, bereitzustellen und einzusetzen."[274] Dabei hat der Gesetzgeber einen weiten Gestaltungsspielraum.[275] Wo die genaue Grenze des Möglichen und Angemessenen der vielfältigen Aufgaben des modernen Leistungsstaates liegt, kann nur politisch durch das Setzen von Prioritäten bei der Verteilung der Haushaltsmittel entschieden werden.[276] Dabei handelt es sich um ein Optimierungsproblem: lückenloser Rechtsschutz contra rechtzeitigen und wirtschaftlich zumutbaren und in diesem Sinne „ausgewogenen" Rechtsschutz.[277] Der Vorbehalt des (haushaltsrechtlich) Mögli-

---

271 *Stern*, Staatsrecht III/1, § 67 III 2 a, S. 719.

272 *Krugmann*, in: ZRP 2001, 306, 308.

273 *Stern*, Staatsrecht III/1, § 67 III 2 d, S. 719 f.; *ders.*, Staatsrecht II, § 49 III 4 c, S. 1209; § 49 IV 5 a, S. 1216 f.; *Dörr, O.*, Rechtsschutzauftrag, S. 30.

274 BVerfGE 36, 264, 275; vgl. auch BVerfG-K, in: NJW 2001, 214; BVerfG, in: NJW 2000, 797: Das Rechtsstaatsprinzip verlange eine funktionsfähige Rechtspflege. Dazu gehöre auch eine angemessene Personalausstattung der Gerichte.

275 BVerfGE 59, 231, 263; 82, 60, 80 für das Sozialstaatsprinzip; *Sommermann*, in: v. Mangoldt/ Klein/ Starck, GG II, Art. 20, Rn. 110.

276 *Murswiek*, in: Isensee/ Kirchhof, HStR V, § 112, Rn. 57 f., 95; *Martens*, in: VVDStRL 30 (1972), S. 35.

277 *Huber*, in: v. Mangoldt/ Klein/ Starck, GG I, Art. 19 IV, Rn. 390; *Schulze-Fielitz*, in: Dreier, Art. 19 IV, Rn. 106 f.

chen relativiert den Rechtsbefehl der Verfassung auf das tatsächlich erfüllbare und rechtlich – unter Berücksichtigung anderer höherwertiger Rechtspflichten – zumutbare Maß.[278] Unter den gegebenen Umständen wird so die größtmögliche Annäherung an den von Verfassung und Gesetz gebotenen Zustand erreicht.[279] Je weiter die Verfassung dem Gesetzgeber hinsichtlich seiner Leistungsverpflichtungen normative Vorgaben setzt, desto weniger kann der „Vorbehalt des Möglichen" vom Staat in Anspruch genommen werden.[280] Das Grundgesetz bestimmt selbst die Grenzen der Verteilungsfreiheit; die genannten Verfassungsprinzipien begrenzen die Kompetenz des Gesetzgebers und treffen als finanzwirksame Rechte auch seine Haushaltskompetenz.[281] Der Vorbehalt des Möglichen ist damit bei Begründung staatlicher Leistungspflichten das Verhältnismäßigkeitsprinzip des Finanzstaats.[282] Die Vorbehaltsentscheidung obliegt dem Gesetzgeber und schließt dessen Prioritätsentscheidungen ein. Sie hat das Interesse anderer Bürger an Staatsleistungen zu wahren und die Erfordernisse des gesamtwirtschaftlichen Gleichgewichts zu berücksichtigen.[283] Insoweit ist eine absolute Leistungs- und Rechtsschutzsicherheit nicht zu erreichen.[284]

---

[278] *Isensee*, in: Isensee/ Kirchhof, HStR IX, § 202, Rn. 189; *Kirchhof*, in: Isensee/ Kirchhof, HStR III, § 59, Rn. 81, 187.

[279] *Isensee*, in: Isensee/ Kirchhof, HStR IX, § 202, Rn. 189; allgemein zur „Annäherungstheorie" *Lerche*, in: DÖV 1971, 721.

[280] *Leisner, A.*, Die Leistungsfähigkeit, S. 133 ff., 141 ff., 162 f.

[281] BVerfGE 36, 264, 275; *Zeidler*, Rechtsstaat, S. 34 f.; *Alexy*, Theorie der Grundrechte, S. 466.

[282] *Kirchhof*, in: Isensee/ Kirchhof, HStR III, § 59, Rn. 80.

[283] *Kirchhof*, in: Isensee/ Kirchhof, HStR III, § 59, Rn. 81; BVerfGE 33, 303, 333 ff.

[284] *Denninger*, in: Isensee/ Kirchhof, HStR V, § 113, Rn. 144 f.

6. Kapitel: Die verfassungsrechtliche Verankerung des Prinzips und des Anspruchs auf angemessene(r) Verfahrensdauer

Das Effektivitätsprinzip wie das Prinzip der angemessenen Verfahrensdauer stehen mit dem Justizgewährungs- und dem Rechtsschutzanspruch in untrennbarem inhaltlichem Zusammenhang, so dass ihre dogmatische Verortung einheitlich diskutiert werden soll. Die dogmatische Verankerung in der Verfassung ist nötig, da Existenz und Inhalt der genannten Prinzipien und damit auch des Anspruchs aus grundsätzlichen, im Grundgesetz ansetzenden Überlegungen entwickelt wurden und dadurch ihre Bedeutung verstärkt wird. In Rechtsprechung und Literatur werden verschiedene Anknüpfungspunkte diskutiert: Neben Art. 19 IV GG werden Art. 103 I GG, das Rechtsstaatsprinzip und die materiellen Grundrechte genannt, wobei der Umfang der jeweiligen Gewährleistung und deren Verhältnis zueinander umstritten sind.

A. Die Verankerung im formellen Hauptgrundrecht des Art. 19 Abs. 4 GG

Für den Anspruch auf Rechtsschutz findet sich in Art. 19 IV GG die einzige ausdrückliche Normierung,[285] die nach ihrem Wortlaut nur für Rechtsverletzungen durch die öffentliche Gewalt garantiert wird. Die genannten Prinzipien können für das Verfassungsbeschwerdeverfahren nur dann in Art. 19 IV GG angesiedelt werden, wenn dieses verfassungsgerichtliche Verfahren vom Tatbestand des Art. 19 IV GG erfasst wird. Hiergegen bringen Rechtsprechung und Literatur unterschiedliche Argumente vor.

I. Die geschichtliche Entwicklung des Art. 19 IV GG

Die historischen Wurzeln und die Entstehungsgeschichte des Art. 19 IV GG sind für dessen Verständnis unentbehrlich, denn zum Teil haben die Streitigkeiten bereits hier ihren Ursprung. Die entsprechende Regelung im Herrenchiemseer Entwurf[286] knüpfte an die Vorgängervorschrift des Art. 107 der Weimarer

---

[285] Diese lautet: „Wird jemand durch die öffentliche Gewalt in seinen Rechten verletzt, so steht ihm der Rechtsweg offen. Soweit eine andere Zuständigkeit nicht begründet ist, ist der ordentliche Rechtsweg gegeben."

[286] Die Regelung war als Art. 138 I im Abschnitt über die Rechtspflege vorgesehen und lautete: „Wer sich durch eine Anordnung oder durch die Untätigkeit einer Verwaltungsbehörde in seinen Rechten verletzt oder mit einer ihm nicht obliegenden Pflicht beschwert glaubt, kann gerichtliche Hilfe in Anspruch nehmen.", vgl. Deutscher Bundestag (Hrsg.), Der Parlamenta-

Reichsverfassung[287] an und beide sahen nicht die Eröffnung des Rechtswegs bei Verletzung der Rechte des Einzelnen durch die öffentliche Gewalt vor.[288] Die Kontrolle der Verwaltung sollte aber nicht allein der Exekutive überlassen bleiben, sondern durch gerichtlichen Rechtsschutz ergänzt werden. Der Grundsatzausschuss nahm daher den Wortlaut des heutigen Art. 19 IV 1 GG als letzten Absatz des Freiheitsartikels (Art. 2 Abs. 4) an.[289] Diese zwingende Generalklausel für Verwaltungsrechtsstreitigkeiten sollte die Ländergesetzgebung binden. Alle staatlichen Eingriffe in die Freiheit des Einzelnen und nicht mehr nur solche der Exekutive, wie im Herrenchiemseer Entwurf vorgesehen, sollten durch die ordentlichen oder die Verwaltungsgerichte verfolgbar sein.[290] Auch der Parlamentarische Rat wollte die Rechtsschutzgarantie umfassend angelegt wissen und auf die Gesetzgebung erstrecken, so dass alle rechtswidrigen Eingriffe des Staates in die Rechts- und Freiheitssphäre des Einzelnen einer gerichtlichen Klärung zugeführt würden.[291] Der Abgeordnete *von Brentano* stellte ausdrücklich klar, dass es verschiedene Rechtswege gebe, den verwaltungsgerichtlichen und den verfassungsgerichtlichen.[292] Demnach gehörte die Verfassungsbeschwerde zum Rechtsweg des Art. 19 IV GG.

II. Die Bedeutung des Art. 19 IV GG im deutschen Rechtsschutzsystem

Die Einführung des Art. 19 IV GG ist als „Gravitationspunkt der Rechtsentwicklung“[293] ein Novum in der deutschen Verfassungsgeschichte und als eine

---

rische Rat 1948-1949, Band 2, Bericht über den Verfassungskonvent auf Herrenchiemsee vom 10. bis 23. August 1948, S. 504, 612. Zu den Aufgaben des Herrenchiemseer Verfassungskonvents vgl. *Badura*, Staatsrecht, A 20 ff.

[287] Dieser lautete: „Im Reiche und in den Ländern müssen nach Maßgabe der Gesetze Verwaltungsgerichte zum Schutz des Einzelnen gegen Anordnungen und Verfügungen der Verwaltungsbehörden bestehen“.

[288] v. Doemming/ Füsslein/ Matz, in: JöR 1 (1951), S. 183.

[289] v. Doemming/ Füsslein/ Matz, in: JöR 1 (1951), S. 183.

[290] v. Doemming/ Füsslein/ Matz, in: JöR 1 (1951), S. 184; vgl. auch BVerfG, NJW 2003, 1924 f.

[291] *Huber*, in: v. Mangoldt/ Klein/ Starck, GG I, Art. 19 Abs. 4, Rn. 348; *Voßkuhle*, Rechtsschutz, S. 151 ff.; v. Doemming/ Füsslein/ Matz, in: JöR N. F. 1 (1951), S. 183 f.; *Dörr, O.*, Rechtsschutzauftrag, S. 11. Zum Parlamentarischen Rat vgl. *Badura*, Staatsrecht, A 21.

[292] v. Doemming/ Füsslein/ Matz, in: JöR N. F. 1 (1951), 185 f., auch zum Streit über die Stellung des Artikels im Grundrechtskatalog oder im Abschnitt „Rechtspflege“. Vgl. *Schenke*, in: Bonner Kommentar, Art. 19 Abs. 4, Rn. 5 f.

[293] *Schmidt-Aßmann*, in: Maunz/ Dürig, Art. 19 Abs. 4, Rn. 1. Seine Bedeutung wird - oft zitiert und schlagwortartig formuliert - als „Krönung des Rechtsstaats“ (*Ebers*, in: Festschrift für Laforet, S. 271) und „Schlußstein im Gewölbe des Rechtsstaats“ (*Thoma*, Grundrechte, S. 9) oder diametral entgegengesetzt als „Entfesselung der dritten Gewalt“ (*Van Husen*, in:

„Grundsatznorm für die gesamte Rechtsordnung"[294] prägt er heute das Grundgesetz unverwechselbar,[295] obwohl über seine Gewährleistungen im Einzelnen keine Einigkeit besteht. Er ist Ausdruck der Erkenntnis, dass ein Recht erst dann umfassend seinen Gehalt zeigt, wenn es im Konfliktfall durchgesetzt werden kann.[296] Die geschichtliche Erfahrung des Bürgers war die „Selbstherrlichkeit der Exekutive", seine Abhängigkeit vom und seine Unterordnung unter den Staat. Dies wollte der Verfassungsgeber mit der Einführung eines Systems und Grundrechts des Individualrechtsschutzes ändern, indem der Bürger fortan der öffentlichen Gewalt in einer gesicherten Position als Bürger und nicht mehr als Untertan gegenübersteht; der Rechtsschutz zielt, wie auch die materiellen Grundrechte, primär auf das Individuum und seine Selbstverwirklichung.[297] Dies ergibt sich aus der Entstehungsgeschichte, der systematischen Stellung der Norm am Ende des Grundrechtsteils und aus seinem Wortlaut.[298] Der Schutz durch Art. 19 IV GG ist eine der wesentlichen Verbindungen zwischen individuellem und staatlich-institutionellem Bereich und prägt entscheidend die Gesamtkonzeption des Grundgesetzes als auch das Bürger-Staat-Verhältnis.[299] Die Bedeutung zeitgerechten Rechtsschutzes für die materielle Rechtsverwirklichung und das Bestreben, das Individuum mit den Mitteln der prozessualen Rechtsverwirklichung auszustatten, ergänzen sich und prädestinieren

---

AöR 78 (1952/ 1953), S. 49), „Hypertrophie der Justizstaatlichkeit" (*Weber, W.*, S. 92) oder Ausdruck des „Rechtsweg-Staates" (*Jahrreiß*, S. 33) bewertet.

[294] BVerfGE 58, 1, 40.

[295] *Schenke*, in: Bonner Kommentar, Art. 19 Abs. 4, Rn. 24.

[296] *Huber*, in: v. Mangoldt/ Klein/ Starck, GG I, Art. 19 Abs. 4, Rn. 349; *Lorenz*, in: Jura 1983, 393, 394.

[297] BVerfGE 10, 264, 267; 35, 263, 274; 51, 268, 284; BVerwGE 1, 159, 161; *Huber*, in: v. Mangoldt/ Klein/ Starck, GG I, Art. 19 Abs. 4, Rn. 355; *Schmidt-Aßmann*, in: Maunz/ Dürig, Art. 19 Abs. 4, Rn. 1, 8, 78; *Schulze-Fielitz*, in: Dreier, GG I, Art. 19 IV, Rn. 26, 43; *Schenke*, in: Bonner Kommentar, Art. 19 Abs. 4, Rn. 25; *Huber, N.*, Die einstweilige Anordnung, S. 42; *Bettermann*, in: DVBl. 1953, 163, 164.

[298] *Schenke*, in: Bonner Kommentar, Art. 19 Abs. 4, Rn. 24 f.; *Schenke*, in: JZ 1988, 317; *Lorenz*, in: Jura 1983, 393, 394.

[299] *Lorenz*, in: Jura 1983, 393, 394; *Schmidt-Aßmann*, in: Maunz/ Dürig, Art. 19 Abs. 4, Rn. 1. Der Individualrechtsschutz besitzt eine für die Demokratie notwendige und typische Ventil- und Kompensationsfunktion, da er dem Einzelnen, als Antwort auf das grundsätzliche Selbsthilfeverbot, das Recht gibt, sich gegen Rechtsverletzungen auf gerichtlichem Weg zu wehren. Dies integriert gleichzeitig den Bürger in den Staat und legitimiert dessen Entscheidungen, da der Einzelne staatliches Handeln unabhängig überprüfen lassen kann. Vgl. *Huber*, in: v. Mangoldt/ Klein/ Starck, GG I, Art. 19 Abs. 4, Rn. 362. Daneben verdeutlicht die Zusammenschau der Art. 19 IV, 93 und 100 GG die große Bedeutung der dritten Gewalt und ihren starken Einfluss auf die Gewaltenteilung des Rechtsstaates des GG. Siehe hierzu *Schmidt-Aßmann*, in: Maunz/ Dürig, Art. 19 Abs. 4, Rn. 10; *Huber*, in: v. Mangoldt/ Klein/ Starck, GG I, Art. 19 Abs. 4, Rn. 350.

Art. 19 IV GG als Standort für das Effektivitätsprinzip und das Prinzip angemessener Verfahrensdauer.

III. Der Tatbestand des Grundrechts des Art. 19 IV GG

Der Gewährleistungsbereich des Art. 19 IV GG bestimmt darüber, ob die genannten Prinzipien für die Verfassungsbeschwerde in ihm verankert werden können.

1. Die Grundrechtsfunktionen und -dimensionen des Art. 19 IV GG

Im Grundrecht des Art. 19 IV GG sind mehrere Garantieebenen angesiedelt, die sich gegenseitig ergänzen.[300]

a) Leistungsrecht

So ist Art. 19 IV GG im Gegensatz zu den meisten anderen Grundrechten vorrangig ein (subjektives) Leistungsrecht (status positivus), das dem Einzelnen einen Anspruch auf Schutz seiner Rechte im Falle von behaupteten Verletzungen durch Akte der öffentlichen Gewalt gewährt; dies setzt die Schaffung und Anwendung prozessualer Normen sowie die Gewährung materieller Rechte durch den Staat voraus.[301] Das Grundrecht garantiert einen gewissen, nicht zu unterschreitenden Mindeststandard; die Ausgestaltung des Verfahrens ist im Übrigen aber dem Gesetzgeber überlassen, da es keine verfassungsrechtlichen Maßstäbe dafür gibt, wie die Grundrechtsverwirklichung im Einzelnen auszugestalten ist.[302]

b) Abwehrrecht

Obwohl schon nach dem Wortlaut des Art. 19 IV GG ausnahmsweise nicht der status negativus im Vordergrund steht, hat auch dieses Grundrecht die Funktion eines Abwehrrechts,[303] da die Inanspruchnahme der Leistung im Einzelfall eine Abwehr der bekämpften Rechtsverletzung darstellt.[304] Die Abwehrfunktion beschränkt sich auf die Durchsetzung der sich aus den Freiheitsrechten ergebenden

---

[300] *Ibler*, in: Friauf/ Höfling, GG I, Art. 19 IV, Rn. 2, 47 ff.

[301] *Schmidt-Aßmann*, in: Maunz/ Dürig, Art. 19 Abs. 4, Rn. 8; *Ibler*, in: Friauf/ Höfling, GG I, Art. 19 IV, Rn. 43 ff. m. w. N., nach dem Art. 19 IV GG indirekt auch materielle Rechte gewährleistet (str.).

[302] *Haag*, S. 130; *Dolde*, in: NVwZ 1982, 65.

[303] *Jarass*, Die Grundrechte, S. 53.

[304] *Ibler*, in: Friauf/ Höfling, GG I, Art. 19 IV, Rn. 1.

Abwehransprüche.[305] Art. 19 IV 1 GG enthält die Mindestgarantie der Einrichtung einer Rechtsschutzmöglichkeit bei Rechtsverletzungen durch die öffentliche Gewalt. Ob damit mehrfache (zusätzliche) Rechtsbehelfe in gleicher Sache zwingend erforderlich sind, ist umstritten. Jedenfalls sind sie hierdurch nicht aus dem Schutzbereich des Art. 19 IV GG ausgeschlossen, denn soweit sie vom Staat geschaffen wurden, kann sich der Bürger darauf verlassen, dass bestimmte rechtsstaatliche Mindestanforderungen gewahrt werden und der Staat nicht willkürlich handelt. Dies ergibt sich aus der abwehrrechtlichen Funktion des leistungsrechtlich geprägten Art. 19 IV GG. Grundsätzlich ermöglichen Abwehrrechte dem Einzelnen, sich gegen unberechtigte Beeinträchtigungen seines verfassungsrechtlichen Status durch den Staat zu wehren.[306] Übertragen auf die vorliegende Situation des formellen Leistungsgrundrechts bedeutet dies für den Einzelnen einen grundrechtlichen Schutz hinsichtlich eingerichteter Rechtsbehelfe, die nicht leistungsrechtlich gefordert und insoweit „freiwillig" sind. Ein Eingriff in den Schutzbereich läge vor, wenn der Staat willkürlich einen gewissen Mindeststandard an (freiwillig) eingerichtetem Rechtsschutz unterschritte. Die Annahme einer solchen Verbürgung erscheint gerechtfertigt, da es dem Selbstverständnis eines Rechtsstaats widerspricht, zwar formal Rechtsschutzmöglichkeiten zu schaffen, diese jedoch tatsächlich an Voraussetzungen zu knüpfen, die gerechtfertigte Mindesterwartungen nicht erfüllen. Dabei ist zu beachten, dass bei diesem Grundrecht auch der status negativus normgeprägt ist. Die abwehrrechtliche Funktion des Art. 19 IV GG ist insoweit die Kehrseite des staatlichen Gewaltmonopols.

c) Objektive Wertentscheidung

Zudem ist Art. 19 IV GG in seiner Eigenschaft als objektive Wertentscheidung Ausdruck der Einrichtung einer gerichtsgeprägten Gewaltenteilung durch den Verfassungsgeber, die typisch für das vom Grundgesetz gezeichnete Bild des Rechtsstaates ist. Das Zusammenspiel der Staatsgewalten wird über die Institution der Justiz als einem „Element der Feintarierung" zu einem System der Arbeitsteilung sowie der gegenseitigen Einflussnahme und Ergänzung.[307]

d) Einrichtungsgarantie

Weiterhin verpflichtet Art. 19 IV GG den Staat, eine Gerichtsbarkeit zu schaffen und zu erhalten. Dies begrenzt den Gestaltungsspielraum des Gesetzgebers, indem der Abbau des Rechtsschutzes unter ein bestimmtes Maß verhindert wird (Untermaßverbot). Verbesserungen des Rechtsschutzes werden nicht sofort Teil

---

[305] *Maurer*, Rechtsstaatliches Prozessrecht, S. 475.

[306] *Hesse*, Grundzüge, Rn. 287.

[307] *Schmidt-Aßmann*, in: Maunz/ Dürig, Art. 19 Abs. 4, Rn. 10.

der Einrichtungsgarantie, können aber auch nicht beliebig gestrichen werden, soweit sie über die weiteren Schutzgehalte des Art. 19 IV GG am Grundrechtsschutz teilnehmen. Auf jeden Fall ist ihre Streichung rechtfertigungsbedürftig.[308]

2. Der Tatbestand des Art. 19 IV GG

Der Tatbestand des Art. 19 IV GG, vor allem der Begriff der öffentlichen Gewalt, entscheidet über die Reichweite der Rechtsschutzgarantie und die Eröffnung des Rechtswegs. Die Handlungen der Exekutive fallen unstreitig in den Anwendungsbereich des formellen Grundrechts;[309] für Legislativ- und Judikativakte ist dies aber stark umstritten.

a) Die Legislative als öffentliche Gewalt

Obwohl auch eine ausdrückliche Bezugnahme auf die Exekutive in der offen formulierten Norm des Art. 19 IV GG fehlt, soll die Rechtsschutzgarantie Handlungen der Gesetzgebung nach umstrittener Ansicht nicht erfassen.[310] Für die vorliegende Arbeit ist die Beantwortung dieser Frage entscheidend, da eine Verankerung des Prinzips angemessener Verfahrensdauer in Art. 19 IV GG im Zusammenhang mit der Gesetzesverfassungsbeschwerde nur bei ihrer positiven Beantwortung in Betracht kommt. Das BVerfG[311] und einzelne Stimmen in der Literatur[312] verneinen den Rechtsschutz gegen Handlungen des Gesetzgebers im Rahmen des Art. 19 IV GG und begründen dies damit, dass das Fehlen von Rechtsmitteln gegen Gesetze deutscher Rechtstradition entspreche.[313] Die Ein-

---

308 *Ibler*, in: Friauf/ Höfling, GG I, Art. 19 IV, Rn. 19 ff., 21, 169, 321; *Huber*, in: v. Mangoldt/ Klein/ Starck, GG I, Art. 19 Abs. 4, Rn. 392; *Schmidt-Aßmann*, in: Maunz/ Dürig, Art. 19 Abs. 4, Rn. 14.

309 Vgl. *Huber*, in: v. Mangoldt/ Klein/ Starck, GG I, Art. 19 Abs. 4, Rn. 436; *Schenke*, in: Bonner Kommentar, Art. 19 Abs. 4, Rn. 190, 194; *Schmidt-Aßmann*, in: Maunz/ Dürig, Art. 19 Abs. 4, Rn. 66; *Dörr, O.*, Rechtsschutzauftrag, S. 9.

310 Vgl. Ausführungen des BVerfGE 107, 395, 404.

311 BVerfGE 24, 33, 49; 24, 367, 401; 25, 352, 365; 31, 364, 367 f.; 45, 297, 334; 75, 108, 165. In BVerfGE 95, 1, 22 wird aber ein Gesetz zur Legalenteignung dem Anwendungsbereich des Art. 19 IV GG unterstellt.

312 *Hesse*, Grundzüge, Rn. 337; *Pieroth/ Schlink*, Grundrechte, Rn. 1010; *Kloepfer*, in: JZ 1979, 209, 212.

313 BVerfG, in: JZ 1969, 141, 143; BMJ, Bericht der Kommission, S. 69 f.; *Henke*, in: JZ 1969, 145, 146, merkt an, dass die Staatsrechtslehre des späten 19. Jahrhunderts dem subjektiven gerichtlichen Rechtsschutz abgeneigt war und nicht einmal gegen Akte des Gesetzesvollzugs individuellen gerichtlichen Rechtsschutz gewährte. Es habe aber auch eine ältere deutsche Tradition gegeben, in der der Rechtsschutz gegen Gesetze jedenfalls nicht begrifflich ausgeschlossen gewesen sei, nämlich die der wohlerworbenen Rechte. Die heutige Anerkennung subjektiver Rechte und eines umfassenden gerichtlichen Rechtsschutzes widerlegten

beziehung der Legislative hätte zudem eindeutig im Wortlaut des Art. 19 IV GG zum Ausdruck kommen müssen. Nach Art. 97 GG sei das Gesetz Grundlage, nicht Gegenstand richterlicher Kontrolle und Art. 93 I Nr. 2 GG wie auch Art. 100 I GG träfen eine abschließende Regelung für die Überprüfung von Normen. In einem Verfahren nach Art. 19 IV GG zum Schutz individueller Rechte dürfe keine generelle Entscheidung über die Gültigkeit von (zumindest formellen) Gesetzen gefällt werden. Es sei nicht anzunehmen, dass die Norm in Konkurrenz mit den Regelungen der Art. 93 I Nr. 2 und 100 GG die allgemeine Möglichkeit einer unmittelbaren gerichtlichen Nachprüfung von Gesetzen eröffnen wolle. Das entscheidende Fachgericht wäre nämlich nur befugt, die Verfassungsmäßigkeit des Gesetzes zu bejahen, müsste aber andernfalls das BVerfG gemäß Art. 100 I GG anrufen; zu einer normverwerfenden Entscheidung sei es nicht befugt. Die Nichtigerklärung eines Gesetzes ginge über die normalerweise bestehende Begrenzung der Wirkung inter partes hinaus. Art. 19 IV GG wolle aber nur individuelle Rechte gewährleisten und dem Einzelnen nicht das Recht geben, allgemeinverbindliche Entscheidungen über die Gültigkeit von Gesetzen herbeizuführen.[314]

Dem letztgenannten Argument widerspricht die Regelung des Art. 100 I GG, denn in ihr zeigt sich, dass auch in einem Verfahren des Individualrechtsschutzes im Rechtsweg des Art. 19 IV GG eine Normenkontrolle mit allgemeiner Verbindlichkeit möglich ist; es soll auf Anregung eines Einzelnen die Feststellung der Nichtigkeit eines Gesetzes durch das Fachgericht verhindert werden. Folglich zwingt die Existenz des Art. 100 I GG nicht zu dem Schluss, dass Art. 19 IV GG keinen Rechtsschutz gegen Akte der Legislative gewährt.[315] Auch die Normierungen der Art. 93 I Nr. 2 GG (abstrakte Normenkontrolle), Art. 93 I Nr. 4a GG (Verfassungsbeschwerde) und Art. 100 I GG (konkrete Normenkontrolle) sprechen nicht gegen die Einbeziehung des Gesetzgebers in den Begriff der öffentlichen Gewalt.[316] Die abstrakte Normenkontrolle verfolgt den Zweck, die objektiv-rechtliche verfassungsmäßige Ordnung zu wahren. Soweit es daher bei der Gesetzesverfassungsbeschwerde um Individualrechtsschutz geht, spricht die

---

die angeführte Tradition des späten 19. Jahrhunderts.

[314] Vgl. *Haag*, S. 54 f.; *Hesse*, Grundzüge, Rn. 337; *Schmidt-Aßmann*, in: Maunz/ Dürig, Art. 19 Abs. 4, Rn. 94; *Schwachheim*, in: Umbach/ Clemens, GG I, Art. 19 IV, Rn. 158; *Dörr, O.*, Rechtsschutzauftrag, S. 10.

[315] *Schwachheim*, in: Umbach/ Clemens, GG I, Art. 19 IV, Rn. 158; *Ibler*, in: Friauf/ Höfling, GG I, Art. 19 IV, Rn. 83, 176 f., 200 f. Der Gefährdung des abschließenden Charakters der verfassungsgerichtlichen Normenkontrolle kann durch eine entsprechende Anpassung der Rechtsfolge des Art. 19 IV GG begegnet werden, vgl. *Dörr, O.* Rechtsschutzauftrag, S. 12, 23.

[316] *Ibler*, in: Friauf/ Höfling, GG I, Art. 19 IV, Rn. 83; *Maurer*, Rechtsstaatliches Prozessrecht, S. 479 f.

Existenz der abstrakten Normenkontrolle nicht gegen ihre Einbeziehung in Art. 19 IV GG. Das BVerfG entnimmt der Existenz der abstrakten und konkreten Normenkontrolle die Wertung, dass es eben nicht Sache des Einzelnen, sondern nur der in den jeweiligen Bestimmungen genannten Organe sein soll, diese Verfahren zur Kontrolle formeller Gesetze in Gang zu setzen. Hiergegen spricht aber schon die Einrichtung der Möglichkeit einer Gesetzesverfassungsbeschwerde, die insofern die angeblich eindeutige Konzeption des BVerfG durchbricht. Art. 19 IV GG und Art. 93 I Nr. 2, 100 GG verfolgen unterschiedliche Ziele. Ersterer dient dem subjektiven Rechtsschutz, wohingegen die beiden anderen die Staatskontrolle und die Durchsetzung objektiven Rechts zum Ziel haben. Gerade die Zulassung der Verfassungsbeschwerde gegen Gesetze in Art. 93 I Nr. 4a GG belegt, dass Art. 93 I Nr. 2 GG keine abschließende Regelung sein soll.[317]

Zudem lassen sich dem Wortlaut, dem Zweck und der Systematik des Art. 19 IV GG keine überzeugenden Gründe entnehmen, weshalb der Rechtsschutz gegen den Gesetzgeber vom Gewährleistungsgehalt der Norm ausgenommen sein sollte; daher wird auch in der Literatur zunehmend die Einbeziehung des Rechtsschutzes gegen Akte der Legislative in Art. 19 IV GG bejaht.[318] Soweit hiergegen vorgebracht wird, dass diese im Wortlaut der Norm eindeutig hätte zum Ausdruck gebracht werden müssen,[319] ist vor dem Hintergrund der dargestellten Entwicklung des heutigen Art. 19 IV GG gerade das Gegenteil richtig.[320] Seine einschränkende Auslegung ist auch deshalb nicht angezeigt, weil Art. 1 III GG, bei dem unbestritten Gesetzgebungsakte unter den Begriff der öffentlichen Gewalt fallen, als Maßstab heranzuziehen ist.[321] Es ist nicht einsichtig, warum diese Norm im Rahmen des Art. 19 IV GG nicht gelten soll.

---

[317] Vgl. im Einzelnen bei *Haag*, S. 55 ff.

[318] *Huber*, in: v. Mangoldt/ Klein/ Starck, GG I, Art. 19 Abs. 4, Rn. 440; *Krebs*, in: Münch/ Kunig, Art. 19, Rn. 56; *Schmidt-Aßmann*, in: Schoch/ Schmidt-Aßmann / Pietzner, VwGO, Einl. Rn. 15; *ders.*, in: Maunz/ Dürig, Art. 19 Abs. 4, Rn. 93 m. z. w. N.; *Schenke*, in: Bonner Kommentar, Art. 19 Abs. 4, Rn. 249; *Ibler*, in: Friauf/ Höfling, GG I, Art. 19 IV, Rn. 82; *Papier*, in: Isensee/ Kirchhof, HStR VI, § 154, Rn. 34 ff.; *Wassermann*, in: Wassermann, AK-GG, Art. 19 Abs. 4, Rn. 37; *Schulze-Fielitz*, in: Dreier, GG I, Art. 19 IV, Rn. 36.

[319] Nachweise bei *Haag*, S. 254 f.

[320] Der Parlamentarische Rat wollte die Rechtsschutzgarantie des Art. 19 IV GG auf die Gesetzgebung erstreckt wissen, vgl. *Huber*, in: v. Mangoldt/ Klein/ Starck, GG I, Art. 19 IV, Rn. 348 und v. Doemming/ Füsslein/ Matz, in: JÖR 1 (1951), S. 184: „Die Bindung von Regierung, Verwaltung und Rechtsprechung an Gesetz und Recht und die Bindung der Gesetzgebung an die Verfassungsurkunden werden gewährleistet durch die in diesem Grundgesetz enthaltenen Bestimmungen über Einrichtung, Unabhängigkeit, Zuständigkeit und Verfahren oder Gerichte.“ Vgl. auch *Dörr, O.*, Rechtsschutzauftrag, S. 11.

[321] *Maurer*, Rechtsstaatliches Prozessrecht, S. 478; *Dörr, O.*, Rechtsschutzauftrag, S. 10 f.

Vor allem normstrukturelle Verschiebungen in den letzten Jahrzehnten sprechen gegen die Beschränkung der Rechtsschutzgarantie auf exekutives Handeln.[322] Der Gesetzgeber ist uneingeschränkt an die Grundrechte, deren Existenz nicht zu seiner Disposition steht, gebunden (Art. 1 III GG). Der Einzelne ist bei Verletzung seiner Rechte durch den Gesetzgeber ebenso schutzbedürftig und -würdig wie bei Beeinträchtigungen durch die Exekutive. Insbesondere bei Maßnahmegesetzen[323] oder bei Gesetzen mit ähnlichem Charakter ist dem Gesetzgeber das gleiche Misstrauen entgegen zu bringen wie der Verwaltung,[324] da qualitativ kein Unterschied zwischen den möglichen Rechtsverletzungen besteht. Der Gesetzgeber kann durch die Ausgestaltung der Inhalts- und Schrankenbestimmungen der Grundrechte subjektive Rechte beeinträchtigen und er schafft gleichzeitig Eingriffsbefugnisse, die zu einer Rechtsverletzung führen können. Die Grenzen zwischen gesetzgebender und vollziehender Gewalt verwischen oftmals, da die Akte der öffentlichen Hand nicht immer eindeutig einer der Gewalten zuzuordnen sind.[325] Die klassische dualistische Teilung von Legislative und Exekutive stellt sich heute angesichts einer partiellen Funktionenverschmelzung („gewaltenvereinigender Monismus") als Antagonismus zwischen regierender Mehrheitskoalition und Opposition dar. Damit geht aber die zunehmend fehlende Distanz zwischen Mehrheitsfraktion und Verwaltung einher, so dass die Gewalten vielgestaltig und differenziert verschränkt sind.[326] Dies birgt neue

---

[322] *Schmidt-Aßmann*, in: Maunz/ Dürig, Art. 19 Abs. 4, Rn. 93.

[323] Zur Zulässigkeit von Maßnahmegesetzen (Einzelfallgesetzen) vgl. BVerfGE 7, 129; 10, 234; 13, 229; BVerfG, in: NJW 1987, 1251.

[324] *Henke*, in: JZ 1969, 145, 147.

[325] Vgl. BVerfGE 95, 1, 15 f. – Südumfahrung Stendal: Im Verhältnis von Legislative und Exekutive falle im freiheitlich-demokratischen System des Grundgesetzes dem Parlament als Legislative die verfassungsrechtliche Aufgabe der Normsetzung zu. Der Exekutive obliege die Regierung und die Verwaltung. Zu ihren Aufgaben gehöre die Vollziehung von Gesetzen im Einzelfall. Nach diesen Merkmalen könne staatliche Planung (im Rahmen eines Investitionsmaßnahmegesetzes zum Bau eines Abschnitts einer Eisenbahnstrecke) weder eindeutig der Legislative noch eindeutig der Exekutive zugeordnet werden. Zum einen könne Planung nicht als ein Vorgang der Subsumtion eines bestimmten Lebenssachverhalts unter die Tatbestandsmerkmale einer generell-abstrakten Norm verstanden werden. Zum andern stelle die Planungsentscheidung auch keine generell-abstrakte Vorgabe für eine unbestimmte Vielzahl von Fällen dar. Es handele sich vielmehr um einen komplexen Prozess der Gewinnung, Auswahl und Verarbeitung von Informationen, der Zielsetzung und der Auswahl einzusetzender Mittel. Vgl. auch BVerfGE 70, 35, 56 f.; Hoppe, in: Isensee/Kirchhof, HStR III, § 71, Rn. 19, 42 f.

[326] *Schoch*, Vorläufiger Rechtsschutz, S. 1042 f.; *Ossenbühl*, Der Vorbehalt des Gesetzes, S. 9, 16; *Stern*, Staatsrecht I, § 23, Neue Frontstellung: Regierungs- und Oppositionsfraktion; *Maurer*, in: VVDStRL 43 (1985), S. 135, 139; *Bachof*, in: VVDStRL 34 (1976), S. 276 (Diskussionsbeitrag); *Kissel*, in: NJW 1982, 1777; *ders.*, in: DRiZ 1987, 301, 304; *Braun*, in:

Gefahren in sich, denen durch eine weite Interpretation des Wortlauts des Art. 19 IV GG zu begegnen ist. Wäre die Rechtsform staatlichen Handelns (Gesetz, Satzung, VA) für die Anwendbarkeit der Rechtsschutzgarantie ausschlaggebend, so könnte der Staat durch die Wahl der Rechtsform über den Umfang der Rechtsschutzgarantie entscheiden.[327] Dies widerspräche aber dem Sinn und Zweck des Art. 19 IV GG und dem klaren Willen des Verfassungsgebers; dieser will den Einzelnen gerade vor der „Selbstherrlichkeit" des Staates schützen, wenn dabei auch die Exekutive im Vordergrund steht. Im Verhältnis zwischen Bürger und Staat kann es daher nicht darauf ankommen, welches Staats- oder Verfassungsorgan die Rechtsverletzung zu vertreten hat.[328] Das BVerfG hat in seiner Entscheidung zum Deichordnungsgesetz selbst festgestellt, dass der Ausschluss von Legislativakten aus dem Begriff der öffentlichen Gewalt zu einer Einschränkung der Garantie des Rechtsschutzes führt. Über die Verankerung des Rechtsschutzanspruchs in den materiellen Grundrechten hat es versucht, dies zu kompensieren, um Manipulationsmöglichkeiten des Gesetzgebers durch die Wahl der Handlungsform auszuschließen („Lückenfüllungsfunktion der materiellen Grundrechte").[329] Damit sprechen – entgegen der Auffassung des BVerfG – die besseren Argumente für die Einbeziehung der Akte der Legislative in den Leistungsbereich des Art. 19 IV GG.[330]

b) Die Judikative als öffentliche Gewalt

Die Einbeziehung der Urteilsverfassungsbeschwerde und die Ansiedlung des Prinzips angemessener Verfahrensdauer in Art. 19 IV GG setzen voraus, dass auch richterliche Akte unter den Begriff der öffentlichen Gewalt fallen.

aa) Rechtsprechung und Literatur

Die ständige Rechtsprechung des BVerfG[331] und die bisherige h. M.[332] sehen Art. 19 IV GG nicht auf Maßnahmen richterlicher Gewalt anwendbar. *Dürig*

VerwArch 76 (1985), 24, 39 f.

[327] Vgl. *Schenke*, Rechtsschutz bei normativem Unrecht, S. 56 f.; *Ibler*, in: Friauf/ Höfling, GG I, Art. 19 IV, Rn. 82; *Huber*, in: v. Mangoldt/ Klein/ Starck, GG I, Art. 19 IV, Rn. 440.

[328] *Huber*, in: v. Mangoldt/ Klein/ Starck, GG I, Art. 19 Abs. 4, Rn. 440; *Ibler*, in: Friauf/ Höfling, GG I, Art. 19 IV, Rn. 82.

[329] *Haag*, S. 84 ff.; *Bethge*, in: NJW 1982, 1, 6.

[330] *Schenke*, in: Bonner Kommentar, Art. 19 Abs. 4, Rn. 249; *Schmidt-Aßmann*, in: Maunz/ Dürig, Art. 19 Abs. 4, Rn. 93; *Schulze-Fielitz*, in: Dreier, GG I, Art. 19 IV, Rn. 36; *Huber*, in: Mangoldt/ Klein/ Starck, GG I, Art. 19 Abs. 4, Rn. 440; *Dörr, O.*, Rechtsschutzauftrag, S. 12.

[331] BVerfGE 4, 74, 96; 11, 263, 265; 15, 275, 280; 22, 106, 110; 25, 352, 357 f.; 49, 329, 340; 65, 76, 90; 76, 93, 98. Diese Rechtsprechung wird auch in BVerfGE 107, 395, 403 f. ausdrücklich bestätigt.

[332] *Papier*, in: Isensee/ Kirchhof, HStR VI, § 154, Rn. 37; *Schmidt-Aßmann*, in: Schoch/

prägte insoweit das „Dogma“[333], dass „Rechtsschutz durch den Richter, nicht gegen den Richter“[334] verbürgt sei. Die Judikative wird zwar als ein Teil der öffentlichen Gewalt angesehen, aber über eine teleologische Reduktion von der Rechtsschutzgarantie ausgenommen. Die Wesensmerkmale richterlicher Entscheidungsfindung, nämlich Unabhängigkeit, Neutralität und Rechtsförmlichkeit, seien eine hinreichende Gewähr dafür, dass die Rechtssphäre des Bürgers nicht durch den Richter bedroht werde; folglich sei gegen dessen Akte keine Rechtsschutzgarantie notwendig.[335] Die bei Gewährung von Rechtsschutz gegen den Richter notwendige weitere Instanz sei mit dem Grundsatz der Rechtssicherheit unvereinbar, weil das wiederholte Beschreiten des Rechtswegs ausufernde Instanzenzüge, also einen Rechtsschutz ad infinitum bedeute.[336] Die Gerichte nach Art. 92 ff. GG hätten vor dem Hintergrund der gerichtsgeprägten Gewaltenteilung die abschließende Kontrollgewalt über die Exekutive und die Legislative inne. Auf diesem Vertrauen, das jedem Richter und jedem Gericht ohne Rücksicht auf seine Stellung im Instanzenzug gelte,[337] baue die Verfassung auf und es genüge, wenn gegen Maßnahmen der beiden anderen Gewalten eine richterliche Kontrollinstanz angerufen werden könne. Die damit verbundene Begrenzung des subjektiven Rechtsschutzes trage dem Spannungsverhältnis Rechnung, in dem die rechtsstaatlichen Elemente der Rechtsschutzgewährung und der Rechtssicherheit stehen.[338] Zudem sei die einschränkende Auslegung rechtspolitisch vertretbar, weil die in Art. 93 I Nr. 4a GG verankerte Urteilsverfassungsbeschwerde innerhalb der dritten Gewalt zusätzlichen Rechts-

---

Schmidt-Aßmann/ Pietzner, VwGO, Einl. 16; *Schwachheim*, in: Umbach/ Clemens, GG I, Art. 19 IV, Rn. 160; *Schenke*, in: Bonner Kommentar, Art. 19 Abs. 4, Rn. 275 m. z. w. N.; *Schmidt-Aßmann*, in: Maunz/ Dürig, Art. 19 Abs. 4, Rn. 96; *Schenke*, in: Bonner Kommentar, Art. 19 Abs. 4, Rn. 275; *ders.*, in: JZ 1988, 317, 319; *Jarass*, in: Jarass/ Pieroth, GG, Art. 19, Rn. 31; *Krüger/ Sachs*, in: Sachs, GG, Art. 19, Rn. 120; a. A. *Voßkuhle*, Rechtsschutz, S. 158 ff., S. 176 ff., S. 298 ff.; *Huber*, in: v. Mangoldt/ Klein/ Starck, GG I, Art. 19 IV, Rn. 444 ff.; *Schulze-Fielitz*, in: Dreier, GG I, Art. 19 IV, Rn. 35; *Krebs*, in: v. Münch/ Kunig, GG I, Art. 19, Rn. 57; *Ibler*, in: Friauf/ Höfling, GG, Art. 19 IV, Rn. 90 ff.; *Bethge*, in: NJW 1991, 2391, 2394.

333 Vgl. zum Beispiel *Dörr, O.*, Rechtsschutzauftrag, S. 13.

334 *Schmidt-Aßmann*, in: Maunz/ Dürig, Art. 19 Abs. 4, Rn. 17.

335 *Huber*, in: v. Mangoldt/ Klein/ Starck, GG I, Art. 19 Abs. 4, Rn. 446; *Voßkuhle*, Rechtsschutz, S. 159; *Ibler*, in: Friauf/ Höfling, GG I, Art. 19 IV, Rn. 90 f.

336 Bereits in BVerfGE 1, 433, 437 f. wird mit der Begründung, das Rechtskraft und Rechtssicherheit herzustellen sei, festgestellt, dass jeder Rechtsstreit einmal ein Ende finden müsse; vgl. auch BVerfGE 87, 48, 61; *Schmidt-Aßmann*, in: Maunz/ Dürig, Art. 19 Abs. 4, Rn. 96; *Dörr, O.*, Rechtsschutzauftrag, S. 13.

337 *Schmidt-Aßmann*, in: Maunz/ Dürig, Art. 19 Abs. 4, Rn. 96; *Bettermann*, in: Isensee/ Kirchhof, HStR III, § 73, Rn. 64; *Dörr, O.*, Rechtsschutzauftrag, S. 13.

338 *Schwachheim*, in: Umbach/ Clemens, GG I, Art. 19 IV, Rn. 160.

schutz gewähre. Der Gewährleistungsumfang des Art. 19 IV GG sei nicht mit dem des Art. 93 I Nr. 4a GG vergleichbar; bei Letzterem sei die Einbeziehung der Judikative gerade angesichts der besonderen Zielsetzung dieses Rechtsbehelfs sinnvoll und führe hier nicht zu einem Instanzenzug ohne Grenzen.[339] Es sei widersinnig, die Rechtsprechung gegen sich selbst mobilisieren zu wollen, vor allem weil gerichtliche Entscheidungen bereits aufgrund der Eröffnung des Rechtsweges ergehen und man sich folglich in einem Zirkelschluss befände, wenn man im Rahmen des Art. 19 IV GG auch den Rechtsschutz gegen den Richter garantiert sähe („Rechtsschutz-Perpetuum-Mobile"[340]). Konsequenterweise gewährleiste Art. 19 IV GG keinen Instanzenzug.[341] Nicht zuletzt die Entstehungsgeschichte des Art. 19 IV GG lasse Raum für eine unterschiedliche Auslegung des Wortlauts, da man den Materialien nicht zweifelsfrei entnehmen könne, ob eine Einschränkung auf die vollziehende Gewalt erfolgen sollte. Insoweit sei die einengende Interpretation gerechtfertigt, die die historische Stoßrichtung der Rechtsschutzgewährung als Schutz vor dem Risiko der Missachtung des Rechts durch ein Handeln der Exekutive im Blick habe und die Selbstherrlichkeit der vollziehenden Gewalt im Verhältnis zum Bürger beseitigen möchte.[342]

Diese Sichtweise wird zu Recht in der Literatur zunehmend kritisiert. Der weite Begriff der öffentlichen Gewalt in Art. 1 III GG umfasst die Rechtsprechung, so dass die Judikative in Art. 19 IV GG einbezogen ist.[343] Bei der Urteilsverfassungsbeschwerde besteht ebenfalls Einigkeit, dass die Akte richterlicher Gewalt als Akte hoheitlicher Gewalt gelten.[344] Die Entstehungsgeschichte, der Sinn und der Zweck des Art. 19 IV GG rechtfertigen diese Auslegung,[345] auch wenn der weite Formulierungsvorschlag des Parlamentarischen Rates für den heutigen Art. 19 IV GG nicht ins Grundgesetz übernommen wurde. Man normierte dennoch keine auf den Rechtsschutz allein gegen Verwaltungshandeln beschränkte Rechtsschutzgarantie; dies hätte, in Kenntnis der Problematik, ausdrücklich geschehen müssen. Die gegenteilige Auffassung ist nicht überzeugend, da in Art. 1 III und Art. 20 III GG auch die dritte Gewalt an Recht und Gesetz gebunden

---

339 *Schenke*, in: Bonner Kommentar, Art. 19 Abs. 4, Rn. 275.

340 *Voßkuhle*, Rechtsschutz, S. 155.

341 *Hesse*, Grundzüge, Rn. 337; *Wassermann*, in: AK-GG, Art. 19 Abs. 4, Rn. 35.

342 BVerfGE 107, 395, 404.

343 Vgl. Nachweise bei *Schmidt-Aßmann*, in: Maunz/ Dürig, Art. 19 Abs. 4, Rn. 96; *Stürner*, S. 70; *Voßkuhle*, Rechtsschutz, S. 148 f.; *Dörr, O.*, Rechtsschutzauftrag, S. 13.

344 *Wieland*, in: Dreier, GG, Art. 93, Rn. 80 m. w. N.; *Krugmann*, in: ZRP 2001, 306.

345 *Schmidt-Aßmann*, in: Maunz/ Dürig, Art. 19 Abs. 4, Rn. 96 m. w. N.; *Stürner*, S. 71; BVerfGE 107, 395, 404 f.

ist.[346] Die Annahme, richterliches Handeln sei per se ein Garant für den Schutz individueller Rechte und bedürfe daher keiner Kontrolle, ist eine reine Fiktion, denn es bieten sich gerade dem Richter vielfältige Möglichkeiten des Eingriffs in subjektive Rechte des Bürgers. Beispielhaft seien die Befugnisse der Sitzungspolizei (§§ 176 ff. GVG), die allein durch den Richter verletzbaren Verfahrensgrundrechte, dessen Verantwortung im Rahmen der Richtervorbehalte für Freiheitsentziehung (Art. 104 II GG), Wohnungsdurchsuchungen (Art. 13 II GG) und den großen Lauschangriff (Art. 13 III-V GG), die Ausübung von öffentlicher Gewalt durch den Richter im Zivilprozess gegenüber den Parteien und die Verletzung des grundrechtlichen Untermaßverbots bei der Auslegung der Grundrechte im Zivilrecht genannt.[347] Gerade im Hinblick darauf trifft die Gerichte sowohl eine negative Verpflichtung, mit der Verfassung nicht in Einklang stehende Eingriffe in grundrechtlich geschützte Bereiche zu unterlassen, als auch die positive, die Grundrechte durchzusetzen.[348] Dies hat zur logischen Konsequenz, die Rechtsschutzgarantie auch auf den Richter zu erstrecken, da von ihm für die subjektiven Rechte des Bürgers keine geringere Gefährdung ausgeht als von den Handlungen der Exekutive. Für alle Fälle, in denen die Ausgangsrechtsverletzung in dieser Weise vom Richter herrührt, verlangt Art. 19 IV GG daher die Möglichkeit der Kontrolle in einem weiteren gerichtlichen Verfahren,[349] in dem eine effektive Kontrolle der richterlichen Ausgangsentscheidung stattfinden kann. Rechtsschutz ad infinitum bedeutet und gewährleistet dies nicht, da der Gesetzgeber dem Grundsatz der Rechtssicherheit und der Funktionsfähigkeit der Rechtspflege Vorrang vor einer weiteren Instanz als Optimierung der Rechtsschutzmöglichkeiten einräumen kann und zu gegebener Zeit auch muss.[350] Die genannten Grundsätze und die Rechtsschutzgarantie entspringen dem Rechtsstaatsprinzip und sind im Falle ihrer Konkurrenz durch gegenseitiges Nachgeben zum optimalen Ausgleich (praktische Konkordanz) zu bringen. Der Erhalt der staatlichen Entscheidungs- und Handlungsfähigkeit kann im Einzelfall die Beschränkung der Rechtsschutzgarantie rechtfertigen, denn eine funktionsunfähige Justiz widerspräche dem Rechtsstaat.[351] Der wesentliche

---

346 *Stürner*, S. 70 f.

347 *Huber*, in: v. Mangoldt/ Klein/ Starck, GG I, Art. 19 IV, Rn. 447. Vgl. auch *Dörr, O.*, Rechtsschutzauftrag, S. 13 f.

348 BVerfGE 49, 252, 257; *Huber*, in: v. Mangoldt/ Klein/ Starck, GG I, Art. 19 Abs. 4, Rn. 447; *Ibler*, in: Friauf/ Höfling, GG I, Art. 19 IV, Rn. 91.

349 *Huber*, in: v. Mangoldt/ Klein/ Starck, GG I, Art. 19 IV, Rn. 448.

350 *Huber*, in: v. Mangoldt/ Klein/ Starck, GG I, Art. 19 IV, Rn. 448; vgl. auch *Voßkuhle*, Rechtsschutz, S. 255 ff.; *Ibler*, in: Friauf/ Höfling, GG I, Art. 19 IV, Rn. 92.

351 *Krugmann*, in: ZRP 2001, 306 ff., S. 308 zum Finanzierungsvorbehalt; vgl. zur Schrankenlösung *Voßkuhle*, Rechtsschutz, S. 159, 188, 316; *Huber*, in: v. Mangoldt/ Klein/ Starck,

Unterschied zur Auffassung der Rechtsprechung und der h. M. besteht darin, dass diese den Gewährleistungsbereich des Art. 19 IV GG über eine teleologische Reduktion des Begriffs der öffentlichen Gewalt einschränkt, während ein ausufernder Rechtsschutz richtigerweise über die Abwägung kollidierender Rechtsgüter zu begrenzen ist.[352] Der Gedanke, ein Rechtsschutz ad infinitum könnte zu einer Überlastung der Gerichte führen, ist zwar berechtigt, erklärt aber nicht, warum diese Gefahr bereits bei einem zweistufigen Verfahren, das den Rechtsstreit rasch beendet, bestehen muss. Die Gefahr einer „Kontrollspirale ohne Ende" besteht auch deshalb nicht, weil eine zweite Kontrollinstanz dann ausreicht, wenn das Urteil ein Produkt zweier Instanzen ist und damit auf dem Prinzip der gegenseitigen Kontrolle beruht. In diesem Fall ist die richterliche Entscheidungsmacht so verteilt, dass eine erste Instanz Tatsachenfragen klärt und eine zweite sich auf die reine Rechtsanwendungskontrolle beschränkt. Beiden Gerichten ist damit eine faktische Letztentscheidungsbefugnis eingeräumt, deren Summe das Urteil ausmacht.[353] Insoweit besteht nach der Auffassung *Voßkuhles* ein sekundärer, aus Art. 19 IV GG abgeleiteter Anspruch auf die Kontrolle erstinstanzlicher Richterakte in Bezug auf Rechtsfragen, denn die Qualität des Rechtsschutzes hänge entscheidend von der Idee des „neutralen Verfahrens" ab. Dieses sei aber nicht immer gegeben und daher müsse im Rechtsmittelsystem eine Kontrollmöglichkeit eingerichtet sein.[354] Zu bedenken ist noch ein Weiteres: Die Gesamtkonzeption der Verfassung zielt auf eine gegenseitige Kontrolle der Gewalten. Es wäre aber widersinnig, gerade die Rechtsprechung als die am wenigsten kontrollierte Gewalt aus der Gerichtsschutzgarantie auszuklammern.[355] Die Rechtsschutzgarantie des Grundgesetzes ist nicht nur eine formale Position, sondern hat auch einen materiellen Gehalt, der unter anderem die Befriedung der streitenden Parteien bezweckt. Dies ist aber nur dann zu erreichen, wenn die Urteilsbegründung der unterliegenden Partei durch ihre Qualität das Ergebnis auch vermitteln kann und diesem damit zur Akzeptanz verhilft. Hierfür ist die Möglichkeit der Überprüfung der richterlichen Entscheidung wesentlich und mithin ein Bestandteil der Rechtsschutzgarantie.[356] Nach überzeugender Ansicht ist daher durch Art. 19 IV GG auch der Rechtsschutz gegen behauptete Verletzungen durch die Judikative gewährleistet.

GG I, Art. 19 IV, Rn. 383 ff.; *Dörr, O.*, Rechtsschutzauftrag, S. 13 f.

352 *Krugmann*, in: ZRP 2001, 306, 307 f.; *Lorenz, D.*, Der Rechtsschutz, S. 241; *Stürner*, S. 79; *Schulze-Fielitz*, in: Dreier, GG I, Art. 19 IV, Rn. 35.

353 *Voßkuhle*, in: NJW 1995, 1377, 1383.

354 *Voßkuhle*, Rechtsschutz, S. 255 ff.; *ders.*, in: NJW 1995, 1377, 1383; *Schmidt-Aßmann*, in: Maunz/ Dürig, Art. 19 Abs. 4, Rn. 96; *Stürner*, S. 74 ff. mit Kritik am Ansatz *Voßkuhles*.

355 *Ibler*, in: Friauf/ Höfling, GG I, Art. 19 IV, Rn. 91.

356 *Lorenz, D.*, Der Rechtsschutz, S. 152 ff. Der Fall der unüberprüfbaren Richterentscheidung ist damit eine begründungspflichtige Ausnahme, vgl. *Krugmann*, in: ZRP 2001, 306, 307 f.

bb) Plenumsbeschluss des BVerfG vom 30.4.2003

Das BVerfG hält in seiner Plenumsentscheidung vom 30.4.2003[357] an seiner bisherigen Rechtsprechung fest und nimmt Stellung zur verfassungsrechtlichen Gewährleistung des fachgerichtlichen Rechtsschutzes bei Verstößen gegen den Anspruch auf rechtliches Gehör in Art. 103 I GG. Ausgangsfrage dieser Entscheidung war, ob und in welchem Umfang das Grundgesetz bei Verstößen eines Richters gegen das grundrechtsgleiche Recht auf rechtliches Gehör deren Behebung durch die Fachgerichte selbst fordert. Die Beschwerdeführer hatten im Ausgangsverfahren keine Möglichkeit gehabt, die behauptete Verletzung ihrer Rechte aus Art. 103 I GG vor den Fachgerichten geltend zu machen, so dass eine Verletzung des Justizgewähranspruchs, abgeleitet aus dem Rechtsstaatsprinzip in Verbindung mit den Grundrechten, im Raum stand. Das Plenum beschloss, dass es gegen das Rechtsstaatsprinzip in Verbindung mit Art. 103 I GG verstößt, wenn eine Verfahrensordnung keine fachgerichtliche Abhilfemöglichkeit für den Fall vorsieht, dass ein Gericht in entscheidungserheblicher Weise den Anspruch auf rechtliches Gehör verletzt.

In seiner Begründung hält das BVerfG an der einengenden Auslegung des Begriffs der öffentlichen Gewalt in Art. 19 IV GG und dessen Begrenzung auf den Rechtsschutz gegen die vollziehende Gewalt fest, da die Änderung der Rechtsprechung zum Rechtsschutz bei entscheidungserheblicher Verletzung des Verfahrensgrundrechts aus Art. 103 I GG nicht voraussetze, dass der Anwendungsbereich des Art. 19 IV GG neu bestimmt werde.[358] Diese Interpretation und das dadurch bedingte Rechtsschutzdefizit begegne unter rechtsstaatlichen Gesichtspunkten jedenfalls dann keinen Bedenken, wenn der allgemeine Justizgewährungsanspruch Rechtsschutz auch in den von Art. 19 IV GG nicht erfassten Fällen ermögliche. Daher sichere Art. 19 IV GG keinen Rechtsschutz gegenüber behaupteten gerichtlichen Verletzungen der Verfahrensgrundrechte des Grundgesetzes, denn hier greife der allgemeine Justizgewährungsanspruch. Dieser folge aus dem Rechtsstaatsprinzip in Verbindung mit den Grundrechten und diene als Grundlage des Rechtsschutzes in zivilrechtlichen Streitigkeiten.[359] Darüber hinaus garantiere er auch in anderen rechtsstaatlich gebotenen Fällen Rechtsschutz, wie im Fall der erstmaligen Verletzung von Verfahrensgrundrechten durch ein Gericht.[360] Die Verfahrensgrundrechte sicherten als grundrechtsglei-

---

[357] BVerfGE 107, 395. Vgl. die Parallelen zur Kudla-Entscheidung des EGMR, in: NJW 2001, 2694; hierzu auch *Britz/ Pfeifer*, in: DÖV 2004, 245.

[358] BVerfGE 107, 395, 404 f.

[359] BVerfGE 107, 395, 406 f. Zur früheren Rechtsprechung BVerfGE 88, 118, 123; 93, 99, 107; 97, 169, 185.

[360] BVerfGE 107, 395, 407 f.

ches Recht die Einhaltung rechtsstaatlicher Mindeststandards, zu deren rechtsstaatlicher Verbürgung die Möglichkeit einer zumindest einmaligen gerichtlichen Kontrolle ihrer Einhaltung gehöre. Art. 19 IV GG stehe dem nicht entgegen, denn es heiße dort nicht, dass Rechtsschutz „nur" in seinem Rahmen garantiert sei. Auch die Entstehungsgeschichte ergebe nichts für den Ausschluss weitergehenden Rechtsschutzes. Das Ziel der einengenden Auslegung, die Gefahr eines endlosen Rechtsweges zu vermeiden, dürfe nicht dazu führen, dass rechtlicher Schutz auch insoweit verweigert werde, als gar kein endloser Rechtsweg drohe. Dieses Risiko bestehe aber weder im Rahmen des Art. 19 IV GG noch im Rahmen des allgemeinen Justizgewährungsanspruchs, da in beiden Fällen nur die Eröffnung des Rechtswegs garantiert sei.

Diese Entscheidung überrascht in zweifacher Hinsicht: Zum einen, weil sie das Jahrzehnte alte Dogma „Kein Rechtsschutz gegen den Richter" – zumindest teilweise – aufgibt und zum anderen, weil dies in der Folge nicht konsequent umgesetzt wird. Anstatt den Anspruch auf Überprüfung des richterlichen Handelns über Art. 19 IV GG zu begründen, geschieht dies über den Justizgewähranspruch des Rechtsstaatsprinzips in Verbindung mit Art. 103 I GG. Das Gericht stellt selbst fest, dass, durch die einengende Auslegung des Begriffs der öffentlichen Gewalt in Art. 19 IV GG, bei der Verletzung von Verfahrensgrundrechten ein Rechtsschutzdefizit besteht. Durch die Einbeziehung aller drei Gewalten in den Gewährleistungsbereich des formellen Hauptgrundrechts wäre die genannte Rechtsschutzlücke problemlos zu schließen gewesen. Stattdessen greift das BVerfG auf den ungeschriebenen allgemeinen Justizgewährungsanspruch zurück.[361] Die Argumentation, die einengende Auslegung des Art. 19 IV GG brauche nicht aufgegeben zu werden, da es den allgemeinen Justizgewährungsanspruch gebe, überzeugt in dogmatischer Hinsicht nicht. Der vom BVerfG herangezogene historische Wille des Verfassungsgebers spricht sehr viel eher für eine umfassende Aufnahme der drei Gewalten in Art. 19 IV GG, vor allem in Zusammenschau mit Wortlaut und Zielsetzung der Vorschrift. Dies ist nicht so abwegig, wie das BVerfG in seiner Begründung versucht glauben zu machen und zeigt sich gerade im vorliegenden Beschluss, wenn das Gericht ausführt, dass als öffentliche Gewalt im Verständnis des Art. 19 IV GG auch Gerichte eingeordnet werden, wenn sie außerhalb ihrer spruchrichterlichen Tätigkeit auf Grund eines ausdrücklich normierten Richtervorbehalts tätig werden.[362] In diesen Fällen handeln die Gerichte zwar in voller richterlicher Unabhängigkeit, aber nicht in ihrer typischen Funktion als Instanzen der unbeteiligten Streitent-

---

[361] Mit anderer Begründung, aber gleichem Ergebnis: *Gilles*, in: JZ 1985, 253, 260; *Schmidt-Aßmann*, in: Maunz/ Dürig, GG II, Art. 19 Abs. 4, Rn. 17a, 98. A. A. *Voßkuhle*, in: NJW 2003, 2193, 2196; *Stürner*, S. 61 f.

[362] BVerfGE 107, 395, 405 f. unter Hinweis auf BVerfGE 96, 27, 39; 104, 220, 231.

scheidung.[363] Die Besonderheit gegenüber der spruchrichterlichen Tätigkeit wirkt sich in spezifischen verfahrensrechtlichen Regeln für solche Entscheidungen aus, wie zum Beispiel dem Ausschluss rechtlichen Gehörs. Umso wichtiger ist gerade hier die Garantie einer anschließenden gerichtlichen Kontrolle der Maßnahme unter Gewährung rechtlichen Gehörs. Konsequenterweise hat das BVerfG in einigen anderen Entscheidungen den Rechtsschutz gegen richterliche Anordnungen auf Grund von Richtervorbehalten auch aus Art. 19 IV GG hergeleitet.[364] In der „typischen Funktion als Instanzen der unbeteiligten Streitentscheidung" den wesentlichen Unterschied zu sehen, ist richtig. Nicht nachvollziehbar ist allerdings, warum ein Gericht nicht in beiden Fällen Repräsentant öffentlicher Gewalt im Sinne des Art. 19 IV GG ist. Die spezifischen verfahrensrechtlichen Regelungen bei einer Anordnung des Gerichts aufgrund Richtervorbehalts sind nicht geeignet, die nach Ansicht des BVerfG nicht zur öffentlichen Gewalt gehörende richterliche Entscheidung in einen Akt der öffentlichen Gewalt umzuqualifizieren. Beide Male handelt es sich um einen hoheitlichen Eingriff in subjektive Rechte des Einzelnen, der dem Staat als Bürger gegenübersteht; auch nach der Auffassung des BVerfG handelt es sich beide Male um Rechtsprechung im materiellen Sinne.[365] Es ändert nichts an der Qualität der richterlichen Tätigkeit als solcher, wenn, je nach konkreter Aufgabe des Gerichts, unterschiedliche verfahrensrechtliche Regelungen getroffen werden können.[366] Ein Grund, die Differenzierung nach der Tätigkeit des Richters vorzu-

---

[363] Vgl. *Schmidt-Aßmann*, in: Maunz/ Dürig, GG, Art. 19 IV, Rn. 98 ff., der ein materielles richterliches Handeln nicht von Art.19 IV GG erfasst sieht und den eigentlichen Kerngehalt der rechtsprechenden Gewalt dem allgemeinen Justizgewährleistungsanspruch zuordnet. Art. 19 IV GG erfasse Entscheidungen aufgrund von Richtervorbehalten. Für ihn scheinen dabei aber keine dogmatischen Gründe ausschlaggebend zu sein, sondern reine Praktikabilitätserwägungen, da der allgemeine Justizgewährleistungsanspruch größere Flexibilität biete als die festgefahrene Dogmatik des Art. 19 IV GG.

[364] BVerfGE 107, 395, 406 unter Hinweis auf BVerfGE 96, 27, 39; 104, 220, 231.

[365] BVerfGE 49, 329, 341 f.; *Voßkuhle*, in: NJW 2003, 2193, 2196; *Schulze-Fielitz*, in: Dreier, GG III, Art. 92, Rn. 30; *Pieroth*, in: Jarass/ Pieroth, GG, Art. 92, Rn. 1. A. A. *Gusy*, in: JZ 1998, 167, 170; *Classen*, in: v. Mangoldt/ Klein/ Starck, GG III, Art. 92, Rn. 6.

[366] *Voßkuhle* vermutet den tieferen Grund für den vollführten „dogmatischen Eiertanz" in der auf den ersten Blick größeren Flexibilität des allgemeinen Justizgewährungsanspruchs bei der Ausgestaltung des Rechtswegs im Vergleich zu Art. 19 IV GG. Es handele sich also eher um strategische Argumente, vgl. *ders.*, in: NJW 2003, 2193, 2196 und *Schmidt-Aßmann*, in: Maunz/ Dürig, Art. 19 IV GG, Rn. 98, da sich auch nach der Meinung des BVerfG der allgemeine Justizgewähranspruch und Art. 19 IV GG in ihren Kerngehalten nicht unterscheiden, vgl. BVerfGE 107, 395, 403. Abweichungen ergeben sich nur in der unterschiedlichen Wertschätzung privatautonomer Rechtsschutzgestaltung, vgl. *Schmidt-Aßmann*, in: Maunz/ Dürig, GG II, Art. 19 IV GG, Rn. 17 f.; teilw. a. A. *Huber*, in: v. Mangoldt/ Klein/ Starck, GG I, Art. 19 IV, Rn. 366. Vgl. auch *Dörr, O.*, Rechtsschutzauftrag, S. 14 f.

nehmen und entsprechend den Rechtsschutz gegen Verfahrensgrundrechtsverletzungen dem allgemeinen Justizgewähranspruch oder Art. 19 IV GG zuzuordnen, ist nach alledem nicht erkennbar und die Rechtsprechung des BVerfG in diesem Punkt nicht überzeugend.

Die dargestellten Ausführungen beschränkt das Gericht ausdrücklich auf den Rechtsschutz gegen behauptete Verletzungen des Art. 103 I GG, da dieses Verfahrensgrundrecht Besonderheiten aufweise.[367] Rechtliches Gehör sei nicht nur ein „prozessuales Urrecht" des Menschen, sondern auch ein objektiv-rechtliches Verfahrensprinzip, das für ein rechtsstaatliches Verfahren im Sinne des Grundgesetzes schlechthin konstitutiv sei. Dies sei auch in Art. 6 I EMRK und in Art. 47 II Europäische Grundrechtscharta anerkannt. Die Rechtsschutzgarantie sichere den Zugang zum Verfahren, während Art. 103 I GG auf einen angemessenen Ablauf des Verfahrens ziele. Wer bei Gericht formell ankomme, solle auch substantiell ankommen, also wirklich gehört werden. Wenn ein Gericht im Verfahren einen Gehörsverstoß begehe, vereitle es die Möglichkeit, eine Rechtsverletzung vor Gericht effektiv geltend zu machen. Der Justizgewähranspruch sichere daher Rechtsschutz gegen die erstmalige Verletzung des Anspruchs auf rechtliches Gehör in jeder gerichtlichen Instanz, also auch dann, wenn das Verfahrensgrundrecht erstmalig in einem Rechtsmittelverfahren verletzt werde. Das BVerfG stellt fest, dass dies auch auf andere Verfahrensrechte übertragbar ist.[368] Der allgemeine Justizgewährleistungsanspruch gewährleiste Rechtsschutz, soweit Verfahrensgrundrechte verletzt sein könnten, denn andernfalls bliebe eine Verletzung dieser Grundrechte ohne verfassungsrechtlich gesicherte Möglichkeit fachgerichtlicher Abhilfe.[369] Dem ist uneingeschränkt zuzustimmen. Umso mehr verwundert es, wenn das BVerfG für andere Rechtsverletzungen den Rechtsweg gegen den erstinstanzlich entscheidenden Richter weiterhin nicht eröffnet sieht. Das Rechtsstaatsprinzip fordere, dass jeder Rechtsstreit um der Rechtssicherheit und um des Rechtsfriedens willen irgendwann ein Ende finde; das verfassungsrechtlich gewährleistete Rechtsschutzsystem nehme deshalb bei der Überprüfung eines Verhaltens ein verbleibendes Risiko falscher Rechtsanwendung durch das Gericht in Kauf. Dies sei hinnehmbar, da im Rechtsstaat institutionelle Vorkehrungen (Unabhängigkeit der Richter) und Verfahrensvorgaben (Verfahrensgrundrechte) Sorge dafür tragen, dass Rechtsanwendungsfehler unterbleiben.[370] Die Verfassung garantiere keinen Instanzenweg. Das Gericht

[367] Für die Anwendung auf alle Prozessgrundrechte plädieren *Britz/ Pfeifer*, in: DÖV 2004, 245.

[368] Hierunter sind alle Verfahrensgrundrechte zu verstehen, egal ob sie ausdrücklich normiert sind oder nicht.

[369] BVerfGE 107, 395, 407.

[370] BVerfGE 107, 395, 402 f., 411 f.

versäumt es aber näher zu begründen, warum es zwischen materiell-rechtlichen und verfahrensrechtlichen Normen mit den eben dargestellten Konsequenzen differenziert. Vom telos des Justizgewährleistungsanspruchs und des Art. 19 IV GG ausgehend, nämlich dem einzelnen Bürger vor dem Hintergrund des staatlichen Gewaltmonopols bei Verletzung seiner subjektiven Rechte einen Rechtsbehelf zur Beseitigung oder zum Ausgleich dieser Verletzung zur Verfügung zu stellen, ist dies nicht nachzuvollziehen. Im Ergebnis macht es keinen Unterschied, ob der Betroffene durch die Verletzung eines materiellen Rechts oder durch die eines Verfahrensrechts im Wege der Durchsetzung des materiellen Rechts beeinträchtigt wird. In beiden Fällen erhält er nicht das Recht, das ihm eigentlich zusteht.[371] Die Änderung der Rechtsprechung des BVerfG ist zu begrüßen, jedoch in ihren Auswirkungen konsequent zu Ende zu denken, denn Art. 19 IV GG gewährleistet richtigerweise einen Rechtsschutzanspruch auch gegen Judikativakte.[372]

3. Der Rechtsweg nach Art. 19 IV GG

a) Mehrstufigkeit des Instanzenweges

Die Problematik, ob Judikativakte von der Rechtsschutzgarantie erfasst werden, hängt eng zusammen mit der der Gewährleistung eines Instanzenzuges. Es handelt sich dennoch um unterschiedliche Fragen, da Rechtsschutz gegen den Richter nicht notwendig in einer höheren Instanz erfolgen muss.[373] Ginge man von der fehlenden Gewährleistung eines Instanzenzuges aus, bedeutete dies für die Urteilsverfassungsbeschwerde den grundsätzlichen Ausschluss aus dem

---

[371] Vgl. *Voßkuhle*, in: NJW 2003, 2193, 2197 f. Vgl. auch BMJ, Bericht der Kommission, S. 70, mit Ablehnung der Einführung neuer fachgerichtlicher Rechtsbehelfe bei Verstößen gegen Verfahrensgrundrechte: „Insbesondere wäre es in keiner Weise plausibel, lediglich für die Verfahrensgrundrechte spezielle neue Rechtsbehelfe einzuführen. Daß eine Korrektur etwa bei Gehörsverstößen durchsetzbar sein soll, während auch schwere Verletzungen des materiellen Rechts unanfechtbar bleiben sollen, ist nicht vermittelbar und läßt sich auch nicht mit einer Sonderrolle der Verfahrensgrundrechte erklären"; zur Verpflichtung aus der Kudla-Entscheidung des EGMR und der Plenumsentscheidung des BVerfG, einen Rechtsbehelf gegen die unangemessene Verfahrensdauer einzurichten, *Britz/ Pfeifer*, in: DÖV 2004, 245, 246.

[372] *Voßkuhle*, Rechtsschutz, S. 147 ff., 255 ff.; *Schulze-Fielitz*, in: Dreier, GG I, Art. 19, Rn. 35; *Huber*, in: v. Mangoldt/ Klein/ Starck, GG I, Art. 19 IV, Rn. 447 f.; *Krebs*, in: v. Münch/ Kunig, Art. 19, Rn. 57; a. A.: *Schenke*, in: Bonner Kommentar, Art. 19 Abs. 4, Rn. 275; *Pieroth/ Schlink*, Grundrechte, Rn. 1009.

[373] In seiner jüngsten Rechtsprechung, in: BVerfGE 107, 395, sieht das BVerfG eine solche Verknüpfung nicht als zwingend notwendig an, da den rechtsstaatlichen Anforderungen auch durch einen Rechtsbehelf beim iudex a quo genügt werde; *Haag*, S. 140 ff., sieht die beiden Problemkreise in untrennbarem Zusammenhang stehen, da Rechtsschutz gegen den Richter nur in einer höheren Instanz gegeben werden könne.

Rechtsweg des Art. 19 IV GG, da sie nur in einer (weit verstandenen) „höheren Instanz“ denkbar ist. Das BVerfG verneint in seiner ständigen Rechtsprechung die grundgesetzliche Garantie eines Instanzenweges, da ein solcher weder aus dem Wortlaut der Art. 19 IV GG oder Art. 103 I GG noch aus dem allgemeinen Rechtsstaatsprinzip abzuleiten sei. Der Rechtsschutzgarantie werde schon durch die Gewährung eines einstufigen gerichtlichen Verfahrens entsprochen.[374] Eine notwendige Mehrstufigkeit des Rechtswegs ergebe sich auch nicht aus dem Prinzip der Effektivität des Rechtsschutzes, denn dieses könne nicht von Art. 19 IV GG verselbständigt werden, sondern nur innerhalb von dessen Anwendungsbereich wirken.[375] Dies erscheint auch einleuchtend, weil die unbedingte Verknüpfung von Effektivität und Mehrstufigkeit des Verfahrens eine zu große Vereinfachung der Problematik darstellt, denn die Effektivität eines gerichtlichen Verfahrens hängt nicht von der Zahl der zur Verfügung stehenden Instanzen ab. Aus dem gleichen Grund kann man auch eine Ableitung des Instanzenweges aus den Verfahrensgrundrechten (Art. 101 I 2, 103 I GG) ablehnen; diesen wird man nicht allein durch mehrere Instanzen gerecht.[376]

Als Argument gegen einen Instanzenzug wird die Rechtssicherheit angeführt, weil sowohl der obsiegende Teil als auch der zu Unrecht Beklagte das Bedürfnis nach Beendigung des Streits hätten. Dem ist entgegenzuhalten, dass gerade auch ein Instanzenzug zur Rechtssicherheit beiträgt, da er durch das Sicherstellen eines gewissen Grades an Rechtsvereinheitlichung zur Verwirklichung des Rechtsstaates im Sinne einer einheitlichen und damit „gerechten“ Rechtsprechung beiträgt; denn die Grundrechtsordnung hat die Verwirklichung materieller Gerechtigkeit zum Ziel.[377] Gerade der Richter kann die materiellen und formellen Grundrechte durch seine Tätigkeit vielfältig verletzten, so dass nur ein Rechtsschutz gegen den Richter diese verletzten Grundrechte verteidigt und durchsetzt. Dies erfordert eine weitere Instanz, da nur so eine unabhängige Kon-

---

[374] Zu Art. 19 IV GG: BVerfGE 4, 74, 94 f.; 11, 232, 233; 83, 24, 31; 87, 48, 61; 92, 365, 410; 96, 27, 39; 104, 220, 231; für Art. 103 I GG: 1, 433, 437 f.; 19, 323, 328; 42, 243, 248; 49, 329, 343; 60, 96, 98; 65, 76, 90 f.; *Degenhart*, in: Isensee/ Kirchhof, HStR III, § 75 Rn. 13 ff.; *Stern*, Staatsrecht I, § 20 IV 5, S. 849; *Bettermann*, Die Grundrechte III/2, S. 809 f.; siehe zur Kritik an dieser Rechtsprechung mit näherer Begründung: *Haag*, S. 138 ff.; *Schenke*, in: Maunz/ Dürig, Art. 19 Abs. 4, Rn. 45; *Huber*, in: v. Mangoldt/ Klein/ Starck, GG I, Art. 19 IV, Rn. 447 f.; *Krebs*, in: v. Münch/ Kunig, GG I, Art. 19, Rn. 57; *Schulze-Fielitz*, in: Dreier, GG I, Art. 19 IV, Rn. 35, 73; *Schwachheim*, in: Umbach/ Clemens, GG I, Art. 19 IV, Rn. 173; *Papier*, in: Isensee/ Kirchhof, HStR VI, § 154, Rn. 37; *Voßkuhle*, Rechtsschutz, S. 146 ff., S. 255 ff., S. 298 ff.

[375] BVerfGE 49, 329, 341.

[376] *Schenke*, in: Bonner Kommentar, Art. 19 Abs. 4, Rn. 58.

[377] BVerfG, in: NJW 2001, 214 f.; *Krugmann*, in: ZRP 2001, 306 f.; *Schmidt-Jortzig*, in: NJW 1994, 2569, 2572; *Kunig*, Das Rechtsstaatsprinzip, S. 335 ff.

trolle gewährleistet ist.[378] Dennoch geht das BVerfG in seinem Beschluss vom 30.4.2003 davon aus, dass der nun teilweise anerkannte Rechtsschutz gegen den Richter nicht in einer höheren Instanz gewährt wird. Demnach sichern der allgemeine Justizgewähranspruch und Art. 19 IV GG das Offenstehen des Rechtsweges, gewähren jedoch keinen unbegrenzten Rechtsweg, da ein solcher von Verfassungs wegen nicht garantiert sei. Es reiche aus, dass die Rechtsordnung die einmalige Möglichkeit zur Einholung einer gerichtlichen Entscheidung gebe und dies als rechtsstaatliches Minimum sichere, wenn die rechtsstaatlich notwendige Kontrolle des behaupteten Verfahrensfehlers anderweitig in hinreichender Weise gesichert sei. Hierfür komme ein Rechtsbehelf an das Gericht in Betracht, dessen Verfahrensfehler gerügt werde (iudex a quo), sofern auf diese Weise der Mangel effektiv beseitigt werden könne.[379] Das Plenum entschied nicht, ob es Streitigkeiten gibt, für die aus rechtsstaatlichen Gründen die Überprüfung durch eine weitere gerichtliche Instanz vorzusehen ist; es stellte aber klar, dass auch in einem solchen Fall nicht das Risiko eines Rechtsweges ohne Ende bestehe. Hiermit wollte das Plenum wohl eine Weiterentwicklung seiner Rechtsprechung offen halten.

Die Wirksamkeit einer Korrektur durch den iudex a quo erscheint vor allem in den Fällen, in denen ein Verfahrensfehler nicht auf einer unbeabsichtigten Panne beruht, sondern auf falschen rechtlichen oder arbeitsstrategischen Überlegungen, äußerst zweifelhaft; ein Richter wird hier seinen Fehler nicht „freiwillig" eingestehen.[380] Der vom allgemeinen Rechtsstaatsprinzip gewährte Justizgewährungsanspruch muss im Fall von Verfahrensfehlern den Minimalanforderungen genügen, wie sie auch sonst an ihn gestellt werden. Hierzu gehören im Regelfall der Devolutiveffekt und die Überprüfung durch einen neutralen und distanzierten Richter.[381] Nach Ansicht des BVerfG entsprechen sich der Justizgewährungsanspruch und der Rechtsschutzanspruch des Art. 19 IV GG in ihrem Kerngehalt,[382] so dass je nach dem verletzten subjektiven Recht nicht unterschiedliche Anforderungen an den Rechtsschutz gestellt werden können. Nach richtiger Auffassung garantiert Art. 19 IV GG folglich einen Instanzenzug, jedoch keinen

[378] Für die Einrichtung eines Instanzenweges spricht auch Art. 95 I GG, der für bestimmte Rechtsgebiete oberste Bundesgerichte vorsieht, die sinnvollerweise nicht Eingangsinstanzen sein können und daher durch einfaches Prozessrecht eingerichtete Erstinstanzen voraussetzen, vgl. *Krugmann*, in: ZRP 2001, 306 f.

[379] BVerfGE 107, 395, 411 f.

[380] *Voßkuhle*, in: NJW 2003, 2193, 2197; *Deubner*, in: NJW 1980, 263, 267; *Waldner*, Rn. 565 iVm. Fn. 1.

[381] *Voßkuhle*, in: NJW 2003, 2193, 2197; *Kahlke*, in: NJW 1985, 2231, 2233; *Lichtenberger*, in: BayVBl. 1984, 481, 484; *Gottwald*, S. 301.

[382] BVerfGE 107, 395, 403.

Rechtsschutz ad infinitum. Der Urteilsverfassungsbeschwerde kann damit nicht entgegen gehalten werden, dass Art. 19 IV GG keine weitere „Instanz" garantiere und damit erst recht keine Urteilsverfassungsbeschwerde in seinen Rechtsweg falle.

b) Art. 19 IV GG als Maßstab für weitere durch die Rechtsordnungen eingerichtete Instanzen

Das BVerfG führt in seinen Entscheidungen regelmäßig aus, dass in Art. 19 IV GG zwar ein Instanzenzug nicht gewährleistet sei, soweit aber der Rechtsweg und die Instanzen durch die jeweiligen Prozessordnungen eröffnet seien, dürfe der Zugang zu diesen nicht unverhältnismäßig erschwert werden. Dies gelte nicht nur für den ersten Zugang zu einem Gericht, sondern für alle Instanzen, so dass deren Regelungen an Art. 19 IV GG zu prüfen seien.[383] Diese Rechtsprechung erscheint auf den ersten Blick widersprüchlich, da Art. 19 IV GG einerseits den Instanzenzug nicht garantiert, andererseits aber der Zugang zu den höheren Instanzen an diesem Grundrecht geprüft wird.[384]

Dieser Kritik ist die außergewöhnliche Konzeption des Art. 19 IV GG als Leistungsgrundrecht entgegen zu halten: Die Leistungsfunktion fordert nicht ein Maximum, sondern einen Mindestgehalt an positiver Leistung des Staates, was der Bereitstellung einer, nach umstrittener Auffassung auch einer zweiten Instanz entspricht. Darüber hinaus hat dieses Grundrecht auch eine abwehrrechtliche Funktion, die den Berechtigten vor unverhältnismäßigen Eingriffen der öffentlichen Gewalt in seine subjektiven Rechte schützt. Zu diesen subjektiven Rechten gehören die weiteren von der Rechtsordnung zur Verfügung gestellten und verfahrensrechtlich geregelten Instanzen. Sie gehören zum Rechtsweg des Art. 19 IV GG, auch soweit diese nicht von der leistungsrechtlichen Funktion des Grundrechts gefordert werden. Die Subjektivität dieser Rechte ergibt sich aus deren Bereitstellung im Interesse des einzelnen Rechtsschutzsuchenden in den jeweiligen Prozessordnungen; den dort eingerichteten Instanzen geht es nicht nur um die objektive Rechtmäßigkeitskontrolle, sondern gerade um den subjektiven Rechtsschutz. Andernfalls wäre ein verfahrensrechtlicher Mindeststandard in jeder höheren, vom Leistungsgrundrecht nicht geforderten Instanz nicht geschützt. Dies widerspräche dem Rechtsstaatsprinzip, der abwehrrechtlichen Seite des Art. 19 IV GG als auch den materiellen Grundrechten, die vor dem Hintergrund des staatlichen Gewaltmonopols ihre eigene Durchsetzung fordern und in deren abwehrrechtlichen Schutzbereich bei Unterschreiten eines

---

[383] BVerfGE 40, 272, 274 f.; 41, 23, 26.

[384] *Haag*, S. 57 ff., sieht die Lösung in der Prüfung an Art. 3 III GG, der eine Erweiterung der Prüfungskompetenz auf Verfahrensfehler bezüglich des Zugangs zu weiteren Instanzen entbehrlich mache.

bestimmten Mindeststandards eingegriffen würde. Im Prozess steht der Bürger dem Staat immer in einem grundrechtlich geschützten Verhältnis gegenüber, in dem die abwehrrechtliche Funktion der materiellen Grundrechte hinsichtlich der Verfahrensgestaltung eingreift. Diesen Aspekt des einzelnen materiellen Grundrechts kann man in der abwehrrechtlichen Funktion des Art. 19 IV GG zusammengefasst sehen. Daher ist die Rechtsprechung des BVerfG nicht widersprüchlich.[385]

c) Verfassungsbeschwerde als Rechtsweg iSd. Art. 19 IV GG

Legislativ- und der Judikativakte fallen nach der hier vertretenen Ansicht unter den Begriff der öffentlichen Gewalt in Art. 19 IV GG, so dass Gesetzes- und Urteilsverfassungsbeschwerde grundsätzlich von dieser Norm erfasst werden. Damit ist aber noch nicht die Frage geklärt, ob Verfassungsbeschwerden auch zum „Rechtsweg" dieser Norm gehören.

Die überwiegende Literatur sieht die dem Individualrechtsschutz dienenden Verfahren der Verfassungsgerichtsbarkeit vom Rechtsweg des Art. 19 IV GG erfasst,[386] da Sinn und Zweck des Art. 19 IV GG ausweislich seiner Entstehungsgeschichte umfassend den Individualrechtsschutz sichern sollen. Bei den Beratungen des Parlamentarischen Rates ging man vom Bestehen eines verwaltungsgerichtlichen, verfassungsgerichtlichen und ordentlichen Rechtswegs im Rahmen von Art. 19 IV GG aus.[387] Der Herrenchiemseer Entwurf hatte die Verfassungsbeschwerde noch vorgesehen; der umfassende Schutz der subjektiven Grundrechte über Art. 19 IV GG und die Fachgerichtsbarkeit sowie die Bindung des Richters an Gesetz und Recht machte diese aber größtenteils überflüssig bzw. sicherte die materiellen Grundrechte doppelt.[388] Es bestand daher

---

[385] Vgl. hierzu auch *Haag*, S. 56 ff.

[386] *Huber*, in: v. Mangoldt/ Klein/ Starck, GG I, Art. 19 Abs. 4, Rn. 452; *Ibler*, in: Friauf/ Höfling, GG I, Art. 19 IV, Rn. 176; *Schmidt-Aßmann*, in: Maunz/ Dürig, Art. 19 Abs. 4, Rn. 175; *Schenke*, in: Bonner Kommentar, Art. 19 Abs. 4, Rn. 42; *ders.*, Rechtsschutz, S. 297 ff.; *Schulze-Fielitz*, in: Dreier, GG I, Art. 19 IV, Rn. 71; *Krebs*, in: v. Münch/ Kunig, GG I, Art. 19 Rn. 63; *Bettermann*, Die Grundrechte III/2, S. 823; a. A. in Bezug auf die Verfassungsbeschwerde *Ramsauer*, in: AK-GG, Art. 19 Abs. 4, Rn. 85; *Bethge*, in: Maunz/ Schmidt-Bleibtreu/ Klein/ Bethge, BVerfGG, Vorb. Rn. 68; *Löwer*, in: Isensee/ Kirchhof, HStR II, § 56, Rn. 6; *Dörr, O.*, Rechtsschutzauftrag, S. 24 f.

[387] *Schenke*, in: Bonner Kommentar, Art. 19 Abs. 4, Rn. 42 m. z. w. N.; vgl. auch die Äußerung des Abgeordneten *von Brentano*, in: v. Doemming/ Fuesslein/ Matz, in: JöR 1 (1951), S. 185; *Ibler*, in: Friauf/ Höfling, GG I, Art. 19 IV, Rn. 176, 179; *Pestalozza*, Verfassungsprozeßrecht, § 12, Rn. 1; *Lorenz, D.*, Der Rechtsschutz des Bürgers und die Rechtsweggarantie, S. 167 f., 252; unklar *Meessen*, in: DÖV 1970, 314, 320.

[388] *Voßkuhle*, in: v. Mangoldt/ Klein/ Starck, GG III, Art. 93 Abs. 1 Nr. 4a, Rn. 165 f.; v. Doemming/ Füsslein/ Matz, JöR N. F. 1 (1951), S. 669 ff.; *Löwer*, in: Isensee/ Kirchhof,

weder Klarheit noch Einigkeit über das Verhältnis von Art. 19 IV GG und der Verfassungsbeschwerde, so dass der Parlamentarische Rat auf ihre Aufnahme in das Grundgesetz verzichtete und es dem späteren Gesetzgeber überließ, sie 1951 im BVerfGG einzuführen und 1969 in Art. 93 I Nr. 4a GG verfassungsrechtlich abzusichern.[389] Dies war notwendig geworden, um gegen die nach der Rechtsprechung von Art. 19 IV GG ausgenommenen Legislativ- und Judikativakte einen einheitlichen Rechtsbehelf zur Verfügung zu stellen.[390] Seit der Einführung der Verfassungsbeschwerde ist das BVerfG maßgeblich in den Individualrechtsschutz gegen die öffentliche Gewalt eingebunden und nimmt kraft der Ausgestaltungsbefugnis des (Verfassungs-)Gesetzgebers am Schutz des normgeprägten Art. 19 IV GG teil. Das formelle Hauptgrundrecht trifft selbst keine Aussage über Form und Inhalt des zu gewährenden Rechtsschutzes[391] und kann daher nicht mit dem Argument gegen die Einbeziehung der Verfassungsbeschwerde in den Rechtsweg herangezogen werden, das Annahmeverfahren entspreche nicht den Anforderungen der Rechtsschutzgarantie.[392] Auch bei anderen Rechtsbehelfen ist der Zugang zum Rechtsweg einfachgesetzlich beschränkt und hier sogar in Art. 94 II 2 GG vorgesehen. Art. 19 IV GG schließt auch doppelten (Grund-)Rechtsschutz nicht aus; dies hat lediglich Bedeutung für die Zugehörigkeit des Rechtsbehelfs zur leistungs- oder abwehrrechtlichen Seite des formellen Hauptgrundrechts. Bezöge man die Verfassungsbeschwerde nicht in den Rechtsweg des formellen Hauptgrundrechts ein, so bestünden erhebliche Rechtsschutzlücken bei subjektiven Rechtsverletzungen:[393] Bedarf ein formelles

---

HStR II, § 56, Rn. 140; *Schmidt-Bleibtreu*, in: BVerfGG, § 90, Rn. 7; *ders.*, in: Maunz/ Schmidt-Bleibtreu/ Klein/ Bethge, BVerfGG II, § 90, Rn. 6 ff.; *Stern*, Staatsrecht II, § 44 IV 9, S. 1014 f., mit Darstellung der Diskussion um die Einführung der Verfassungsbeschwerde; *Stern*, Staatsrecht III/2, § 91 III 4, S. 1277 ff.; *Schlaich/ Korioth*, Rn. 196 f., 202.

389 *Schlaich/ Korioth*, Rn. 196 ff. Vgl. auch *Gusy*, Die Verfassungsbeschwerde, S. 641.

390 *Löwer*, in: Isensee/ Kirchhof HStR II, § 56, Rn. 140; *Schmidt-Bleibtreu*, in: BVerfGG, § 90, Rn. 8; *Stern*, Staatsrecht II, § 44 IV 9, S. 1016; *Schlaich/ Korioth*, Rn. 198.

391 *Ibler*, in: Friauf/ Höfling, GG I, Art. 19 IV, Rn. 176 ff.; *Schenke*, Rechtsschutz, S. 297; *Krebs*, in: v. Münch/ Kunig, GG I, Art. 19, Rn. 63; *Schulze-Fielitz*, in: Dreier, GG I, Art. 19 IV, Rn. 60.

392 *Ramsauer*, in: AK-GG, Art. 19 Abs. 4, Rn. 85; *Schlaich/ Korioth*, Rn. 202.

393 *Huber*, in: v. Mangoldt/ Klein/ Starck GG I, Art. 19 IV, Rn. 452; *Krebs*, in: v. Münch/ Kunig, GG I, Art. 19, Rn. 63; *Schenke*, in: Bonner Kommentar, Art. 19 Abs. 4, Rn. 42; *ders.*, Rechtsschutz, S. 297 ff.; *Lorenz*, Der Rechtsschutz des Bürgers, S. 252. Rechtsschutz gegen ein formelles Gesetz ist zum Teil nur über die konkrete Normenkontrolle zu erreichen, da ein Fachgericht wegen Art. 100 GG eine Norm nicht verwerfen darf. Ohne die Normenkontrolle des Art. 100 GG bliebe der von Art. 19 IV GG geforderte Rechtsschutz aber unvollständig, da eine bloße Inzidentkontrolle des Fachgerichts keinen umfassenden Rechtsschutz leisten kann, so dass das BVerfG dem von Art. 19 IV GG geforderten Rechtsschutz zuzurechnen ist, vgl. *Ibler*, in: Friauf/ Höfling, GG I, Art. 19 IV, Rn. 177.

Gesetz keines Vollzugsakts und geht man von der Unzulässigkeit einer allgemeinen Feststellungsklage auf allgemeinverbindliche Nichtigerklärung aus, bietet nur eine Gesetzesverfassungsbeschwerde wirkungsvollen Rechtsschutz.[394] Auch soweit nicht ein Rechtsschutz nach der VwGO eingreift, ist bei einer Rechtsverordnung oder Satzung des Landes oder des Bundes die Verfassungsbeschwerde der einzig statthafte Rechtsbehelf.[395] Das pflichtwidrige Unterlassen eines Gesetzes kann ebenfalls nur mit der Verfassungsbeschwerde und der Rüge der Verletzung des Art. 3 I GG angegriffen werden,[396] so dass in diesen Fällen ohne ihre Gewährung kein wirksamer Rechtsschutz im Sinne von Art. 19 IV GG bestünde.[397] Des Weiteren handelt es sich beim BVerfG unstreitig um ein Gericht im Sinne der Art. 19 IV, 92 ff. GG.[398] Der Wortlaut des Art. 93 I Nr. 4a GG („soweit nicht ein anderer Rechtsweg gegeben ist“) geht zudem vom Bestehen eines Rechtswegs zum Verfassungsgericht aus und stellt folglich eine Zuständigkeitsregelung dar.[399]

---

[394] Es gibt Sonderfälle, in denen effektiver Rechtsschutz gegen Normen nur durch eine allgemein verbindliche prinzipale Nichtigerklärung einer Norm möglich und eine Feststellungsklage nicht rechtsschutztauglich ist, da sie u. a. § 121 VwGO widersprechen würde. Art. 19 IV GG fordert eine prinzipale Normenkontrolle ausnahmsweise bei sog. „self-executing Normen“, die janusköpfig sind, wie z. B. bei Rechtsnormen, die rechtliche Belastungen bestimmter Personen untrennbar mit einer im Vorhinein nicht feststehenden Zahl von Personen verbinden (Gesetze mit Belastung im sozialen Gesamtzusammenhang; Plannormen; Normen, die trotz ihrer Rechtswidrigkeit als rechtswirksam und anwendbar anzusehen sind). Diese Rechtsschutzlücke ist über die Verfassungsbeschwerde zu schließen. Vgl. *Kopp/ Schenke*, VwGO, § 43, Rn. 8; § 47, Rn. 8, 11; *Schenke*, in: Bonner Kommentar, Art. 19 Abs. 4, Rn. 42; *Ibler*, in: Friauf/ Höfling, GG I, Art. 19 IV, Rn. 178; a. A. *Schenke*, Verwaltungsprozeßrecht, Rn. 394 ff., 1076.

[395] *Schenke*, Verwaltungsprozeßrecht, Rn. 1080: § 47 VwGO darf nicht analog angewendet werden. Die dadurch verbleibenden Rechtsschutzlücken lassen sich nur durch die Verfassungsbeschwerde gegen Rechtsnormen schließen, die daher einen Rechtsweg i. S. v. Art. 19 IV GG darstellt. Vgl. *Schenke*, in: Bonner Kommentar, Art. 19 Abs. 4, Rn. 42 ff., 45; *Ibler*, in: Friauf/ Höfling, GG I, Art. 19 IV, Rn. 177 ff.; *Huber*, in: v. Mangoldt/ Klein/ Starck, GG I, Art. 19 Abs. 4, Rn. 452; *Krebs*, in: v. Münch/ Kunig, GG I, Art. 19, Rn. 69; a. A. BVerfG-K, in: NVwZ 1998, 169, 170; *Pielow*, in: Die Verwaltung 1999, 445, 467, will die zur Verfügung stehenden Klagearten notfalls durch entsprechende „Dehnung“ der Zulässigkeitsvoraussetzungen „passend“ machen.

[396] *Kopp/ Schenke*, VwGO, § 47, Rn. 13; *Schenke*, Verwaltungsprozeßrecht, Rn. 1083.

[397] *Ibler*, in: Friauf/ Höfling, GG I, Art. 19 IV, Rn. 178; *Dörr, O.*, Rechtsschutzauftrag, S. 23 f. m. w. N.

[398] *Schenke*, in: Bonner Kommentar, Art. 19 Abs. 4, Rn. 42; *Ramsauer*, in: AK-GG, Art. 19 Abs. 4, Rn. 85.

[399] *Schenke*, in: Bonner Kommentar, Art. 19 Abs. 4, Rn. 42. A. A. *Meyer*, in: v. Münch/ Kunig, GG III, Art. 93, Rn. 1, der in Art. 93 die originäre Rechtswegeröffnung und die davon zu differenzierende Rechtsprechungszuständigkeit geregelt sieht. Unentschieden *Schlaich/*

Literatur[400] und Rechtsprechung[401] tragen gegen die Einbeziehung der Verfassungsbeschwerde in den Rechtsweg des Art. 19 IV GG vor, dass nur ordentliche Rechtsbehelfe erfasst würden, die einen Rechtsakt umfassend und ohne beschränkten Prüfungsmaßstab kontrollieren; die Einordnung der Verfassungsbeschwerde in das Rechtsschutzgefüge verkenne die Rolle des BVerfG. Dies wird jedoch nicht näher begründet und verkennt, dass die Verfassungsbeschwerde vom Gesetzgeber mit dem Ziel des Individualrechtsschutzes geschaffen wurde und sich daher weder von ihrer Struktur noch von ihrer Funktion her von anderen Rechtsschutzformen unterscheidet.[402] Die Beschränkung des Prüfungsmaßstabs auf die Verletzung spezifischer Grundrechtsverletzungen überzeugt nicht als Argument für den Ausschluss aus dem Rechtsweg des Art. 19 IV GG,[403] denn es ist für nahezu alle Rechtsbehelfe (in höherer Instanz) kennzeichnend, dass der Prüfungsumfang eingeschränkt ist.[404] Selbst ein zum Rechtsweg des Art. 19 IV GG zählendes Revisionsgericht prüft nur beschränkt die Verstöße gegen revisibles Recht.[405] Zwar ist es richtig, dass die Verfassungsbeschwerde allein nicht ausreicht, um den Rechtsweg im Sinne des Art. 19 IV GG gegen Gesetze zu gewährleisten, wenn letztere eine unmittelbare Verletzung von einfachen subjektiven öffentlichen Rechten bewirken.[406] Jedoch trägt die Verfassungsbeschwerde zum geforderten Mindestschutz bei, wenn dieser mit ihr auch nicht vollständig erfüllt wird. Ihrer Einbeziehung in den Rechtsweg des formellen Hauptgrundrechts kann auch nicht entgegen gehalten werden, dass dadurch der subsidiäre „ordentliche Rechtsweg" des Art. 19 IV 2 GG ausgeschlossen würde. Wenn der ordentliche Rechtsweg nur insoweit eröffnet wird, als nicht eine andere Zuständigkeit begründet ist, so ist hierbei nicht an die Verfassungs-

---

Korioth, Rn. 194; *Hesse*, Grundzüge, Rn. 340, sieht in Art. 93 I Nr. 4a GG die Grundlage der Verfassungsbeschwerde. Vgl. auch *Dörr, O.*, Rechtsschutzauftrag, S. 24.

[400] *Bethge*, in: Maunz/ Schmidt-Bleibtreu/ Klein/ Bethge, BVerfGG I, Vorb. Rn. 68; *Löwer*, in: Isensee/ Kirchhof, HStR II, § 56, Rn. 6; *Ramsauer*, in: AK-GG, Art. 19 Abs. 4, Rn. 85; vgl. auch *Ibler*, in: Friauf/ Höfling, GG I, Art. 19 IV, Rn. 176. Die Meinung, welche die Verfassungsgerichtsbarkeit nicht als einen Rechtsweg des Art. 19 IV GG ansieht, orientiert sich an BVerfGE 1, 332, 344, vgl. sehr ausführlich *Schenke*, in: Bonner Kommentar, Art. 19 Abs. 4, Rn. 43 ff.; *Schwachheim*, in: Umbach/ Clemens, GG I, Art. 19 IV, Rn. 168.

[401] BVerfGE 1, 332, 344; 6, 32, 43; 7, 198, 207.

[402] *Huber*, in: v. Mangoldt/ Klein/ Starck GG I, Art. 19 IV, Rn. 452; *Krebs*, in: v. Münch/ Kunig, GG I, Art. 19, Rn. 69.

[403] *Benda/ Klein*, Verfassungsprozeßrecht, Rn. 368.

[404] *Leisner*, Das letzte Wort, S. 131.

[405] *Schmidt-Aßmann*, in: Maunz/ Dürig, Art. 19 Abs. 4, Rn. 175, 178; *Ibler*, in: Friauf/ Höfling, GG I, Art. 19 IV, Rn. 179.

[406] *Ramsauer*, in: AK-GG, Art. 19 Abs. 4, Rn. 85.

beschwerde gedacht, denn der Verfassungsrechtsweg ist kein ordentlicher Rechtsweg im Sinne des § 90 II BVerfGG.[407]

Die Verfassungsbeschwerde hat keinen Suspensiveffekt und setzt die Rechtskraft einer Entscheidung voraus,[408] so dass sie kein Rechtsmittel im Sinne der Prozessgesetze darstellt, woraus nach einer Auffassung[409] folgt, dass sie nicht zum Rechtsweg des Art. 19 IV GG gehört. Dem widerspricht aber der Wortlaut der Norm, der nicht nur Rechtsmittel mit Suspensiv- und Devolutiveffekt erfasst, sondern alle Rechtsbehelfe. Weiter wird eingewandt, dass die Verfassungsbeschwerde, gehörte sie zum Rechtsweg des Art. 19 IV GG, im Wege der Verfassungsänderung nicht abgeschafft werden dürfte.[410] Nach richtiger Auffassung steht Art. 19 IV GG der Abschaffung des Art. 93 I Nr. 4a GG entgegen, soweit dieser den leistungsrechtlich geforderten Mindestschutz gewährleistet und kein gleichwertiger Ersatz geschaffen wird.[411] In allen anderen Fällen untersteht die Verfassungsbeschwerde dem abwehrrechtlich gesicherten Schutz des Art. 19 IV GG und eine Verkürzung des Rechtsweges ist unter Abwägung der Gesichtspunkte der Rechtssicherheit, der Rechtswegklarheit und eines Schutzes der Gerichte vor Überlastung möglich; dies stellt keinen Grundrechtseingriff dar, da es einen Normbestandsschutz nicht gibt.[412]

---

[407] BVerfGE 1, 332, 344; Leibholz/ Rinck/ Hesselberger, Art. 19, Rn. 351.

[408] *Schlaich/ Korioth*, Rn. 194. Zur Bezeichnung als grundrechtsgleiches Recht, vgl. *Benda/ Klein*, Verfassungsprozeßrecht, Rn. 369, 371; *Rozek*, in: DVBl. 1997, 517 und S. 523, der im fehlenden Suspensiveffekt nur einen besonders effektiven Mechanismus sieht, die vorzeitige Entstehung vollendeter Tatsachen zu verhindern; *Hoffmann-Riem*, in: AöR 128 (2003), S. 173, 189.

[409] *Schlaich/ Korioth*, Rn. 194; *Pieroth*, in: Jarass/ Pieroth, GG, Art. 93, Rn. 36.

[410] *Lorenz*, Der Rechtsschutz, S. 252; vgl. auch *Schmidt-Aßmann*, in: Maunz/ Dürig, Art. 19 Abs. 4, Rn. 95.

[411] *Ibler*, in: Friauf/ Höfling, GG I, Art. 19 IV, Rn. 179; a. A. *Pestalozza*, Verfassungsprozeßrecht, § 12 Rn. 1. Nach *Schwachheim*, in: Umbach/ Clemens, GG I, Art. 19 IV, Rn. 168; *Schenke*, in: Bonner Kommentar, Art. 19 Abs. 4, Rn. 42 ff., ist die Verfassungsbeschwerde nur dann kein Rechtsbehelf, der nach der Ausgestaltung in den Verfahrensgesetzen zum Rechtsweg des Art. 19 IV GG gehört, wenn wegen der Art des angegriffenen Hoheitsakts typischerweise zunächst fachgerichtlicher Rechtsschutz zu suchen ist, also der Rechtsweg nach § 90 II BVerfGG erschöpft werden muss. *Schwachheim* führt aus, dass sich damit auch die Entscheidung BVerfGE 94, 166, 213, 216 erklären lasse, wonach die Effektivitätsanforderungen des Art. 19 IV GG an den vorläufigen Rechtsschutz im fachgerichtlichen Verfahren nicht in gleichem Maße für den verfassungsgerichtlichen Rechtsschutz nach § 32 BVerfGG gelten. Jener Maßnahme habe nämlich ein Hoheitsakt zu Grunde gelegen, gegen den fachgerichtlicher Rechtsschutz zu ergreifen war, so dass der Weg zum BVerfG nicht Rechtsweg im Sinne des Art. 19 IV GG war.

[412] *Schmidt-Aßmann*, in: Maunz/ Dürig, Art. 19 Abs. 4, Rn. 179; teilw. a. A. *Huber*, in: v. Mangoldt/ Klein/ Starck, GG I, Art. 19 IV, Rn. 385 f.

Es ist ständige Rechtsprechung des BVerfG,[413] dass die Verfassungsbeschwerde nicht fachgerichtliche Rechtsmittel ersetzt oder ergänzt, sondern letzter und subsidiärer Rechtsbehelf ist. Sie sei kein zusätzlicher Rechtsbehelf zu den fachgerichtlichen Verfahren, der sich diesen ohne weiteres anschließe, sondern ein besonderer verfassungsgerichtlicher Grundrechtsschutz, der zu dem allgemeinen durch Art. 19 IV GG umfassend gewährleisteten Rechtsschutz hinzutrete und stelle daher einen „außerordentlichen Rechtsbehelf" dar. Dies wird teilweise gegen die Einbeziehung der Verfassungsgerichtsbarkeit in Art. 19 IV GG herangezogen,[414] da bereits die Fachgerichtsbarkeit umfassend den Grundrechtsschutz sichere, so dass dem Leistungsrecht des Art. 19 IV GG genügt sei. Die Verfassungsbeschwerde werde nicht von Art. 19 IV GG gefordert und stelle somit einen außerordentlichen Rechtsbehelf dar, der nicht zu dessen Rechtsweg gehöre;[415] die hinsichtlich der Gesetzesverfassungsbeschwerde verbleibende Rechtsschutzlücke sei hinzunehmen. Dies vermag aus zwei Gründen nicht zu überzeugen: Zum einen muss man beachten, dass die Rechtsprechung seit ihrem Beginn das Konkurrenzverhältnis zwischen dem fachgerichtlichen Rechtsschutz und dem der Verfassungsbeschwerde im Blick hat und versucht, dieses durch die Betonung der Funktion der Verfassungsbeschwerde als „außerordentlichem Rechtsbehelf" zu entschärfen. Die eigentliche Problematik liegt in der Abgrenzung zwischen Fach- und Verfassungsgerichtsbarkeit begründet und muss über den Grundsatz der Subsidiarität der Verfassungsbeschwerde, der vor allem die Arbeitsteilung mit der Fachgerichtsbarkeit beschreibt, und über den auf die Verletzung von Grundrechten eingeschränkten Prüfungsumfang gelöst werden.[416] Da aber die Beschränkung auf die Kontrolle spezifischer Grundrechtsverletzungen in der Praxis oft schwierig ist, wird die Außerordentlichkeit der Verfassungsbeschwerde als Hilfsargument herangezogen.

Zum anderen vermag diese Begründung auch sprachlich nicht zu überzeugen, denn sie müsste für die Abgrenzung des „außer-"ordentlichen Rechtsbehelfs ein schlüssiges Kriterium heranziehen, um nicht den Anschein zu erwecken, mit der Betonung des Außergewöhnlichen die Notwendigkeit einer Sonderbehandlung suggerieren zu wollen. Die Verfassungsbeschwerde steht nicht „außerhalb der ordentlichen oder gewöhnlichen Ordnung", denn die Gewährleistung des Art. 19 IV GG gibt nicht vor, dass eine adäquate Rechtswegeröffnung lediglich im

---

[413] BVerfGE 6, 300, 303 f.; 18, 315, 325; 49, 252, 258; 68, 376, 379 f.; 94, 166, 167, 212 ff.; vgl. auch *Löwer*, in: Isensee/ Kirchhof, HStR II, § 56, Rn. 141; *Schmidt-Bleibtreu*, BVerfGG, § 90, Rn. 15, 63; *Rinken*, in: AK-GG, Art. 93, Rn. 38; *Schlaich/ Korioth*, Rn. 194 ff., 200 ff.; *Gusy*, Die Verfassungsbeschwerde, S. 641; *Rozek*, in: DVBl. 1997, 517, 519.

[414] Vgl. zu dieser Meinung *Schmidt-Aßmann*, in: Maunz/ Dürig, Art. 19 Abs. 4, Rn. 175.

[415] Vgl. BVerfGE 94, 166, 213 f.; *Schlaich/ Korioth*, Rn. 196 f., 202.

[416] Vgl. *Schlaich/ Korioth*, Rn. 200 f.

allgemeinen fachgerichtlichen Rechtsweg möglich wäre. Die formalrechtliche Einstufung, als außerhalb aller anderen Gerichtsbarkeiten stehend, soll innerjudikative Rivalitäten entschärfen helfen.[417] Weder die Subsidiarität noch der eingeschränkte Prüfungsumfang machen die Verfassungsbeschwerde in einem Sinne außergewöhnlich, der eine Sonderbehandlung oder den Ausschluss vom Rechtsweg des Art. 19 IV GG erfordern oder rechtfertigen würde oder der gar in der Norm angelegt wäre. Auch andere dem Rechtsweg des Art. 19 IV GG zugehörige Verfahren haben besondere Zulässigkeitsvoraussetzungen.

Dennoch ist eine besondere Stellung des BVerfG und der Verfassungsbeschwerde nicht zu leugnen: Es setzt sich, ungeachtet der bereits fachgerichtlichen Beschäftigung mit dem Verfassungsrecht, nochmals und ausschließlich mit diesem auseinander und legt es aus.[418] Dies kommt in der besonderen und einzigartigen verfahrensrechtlichen Ausgestaltung zum Ausdruck. Es ist die Eigenart des Verfassungsrechts, die dem BVerfG seinen besonderen Charakter gibt.[419] In der „inhaltsarmen" Bezeichnung der Verfassungsbeschwerde als „außerordentlichem" Rechtsbehelf ist die Betonung der herausgehobenen Stellung der Verfassungsbeschwerde im Rechtsschutzsystem und gleichzeitig die Eröffnung eines Handlungsspielraums des BVerfG hinsichtlich einer gegenständlichen und verfahrensrechtlichen Eigenständigkeit zu sehen.[420] Eine Ansiedlung außerhalb des „ordentlichen Systems", das heißt ihren Ausschluss aus dem Rechtsweg des Art. 19 IV GG, hat dies nicht zur Konsequenz, denn viele Rechtsbehelfe sind in ihren Voraussetzungen einzigartig und dienen dennoch im Rahmen des Art. 19 IV GG dem Individualrechtsschutz auch gegen Grundrechtsverletzungen.[421] Eine weitere Besonderheit der Verfassungsbeschwerde ist ihr besonderes Rechtsschutzziel und ihre Subsidiarität sowie ihre Stellung außerhalb des fachgerichtlichen Instanzenzuges.[422] Ist in diesem Zusammenhang die Rede von der Verfassungsbeschwerde als „außerordentlichem Rechtsbehelf", kann dem uneingeschränkt zugestimmt werden. Soweit damit eine Abgrenzung von der Fachgerichtsbarkeit erfolgt, um die Arbeitsbelastung einzudämmen, muss es als Argumentationsersatz angesehen werden, denn durch den „Mythos" des Besonderen und Außergewöhnlichen lässt sich eine Sonderbehandlung leichter einfordern und rechtfertigen. Die Argumentation, die Verfassungsbeschwerde gehöre

---

[417] *Leisner*, Das letzte Wort, S. 129.

[418] BVerfGE 69, 112, 118; *Schlaich/ Korioth*, Rn. 18.

[419] *Stern*, Staatsrecht II, § 44 I 4 b, S. 944.

[420] *Gusy*, Die Verfassungsbeschwerde, S. 645.

[421] *Gusy*, Die Verfassungsbeschwerde, S. 645, 647, 650, 654 ff.

[422] *Löwer*, in: Isensee/ Kirchhof, HStR II, § 56, Rn. 141; *Rozek*, in: DVBl. 1997, 517, 522.

wegen ihrer Eigenschaft als ein außerordentlicher Rechtsbehelf nicht zum Rechtsweg des Art. 19 IV GG, ist nicht überzeugend.[423]

Zusammenfassend ist festzuhalten, dass die Verfassungsbeschwerde zum Rechtsweg des Art. 19 IV GG gehört und daher die Verankerung des Prinzips der angemessenen Verfahrensdauer sowie das der Rechtsschutzeffektivität auch für das Verfahren der Verfassungsbeschwerde in Art. 19 IV GG möglich ist. Ob dies tatsächlich der geeignete Standort ist, wird noch zu diskutieren sein.

B. Die Verankerung in den Justizgrundrechten

Für die Verortung des Rechtsschutzanspruchs, des Effektivitätsprinzips und des Prinzips angemessener Verfahrensdauer werden vereinzelt auch die Justizgrundrechte diskutiert.

I. Art. 101 I 2 GG

Art. 101 I 2 GG garantiert nach seinem Wortlaut die gesetzliche Zuständigkeitsordnung im Bereich der Rechtsprechung: „Niemand darf seinem gesetzlichen Richter entzogen werden." Dies verpflichtet den Staat aber nicht, Gerichte zur Verfügung zu stellen, denn die Norm setzt die Möglichkeit gerichtlichen Rechtsschutzes schon voraus, so dass hieraus kein Anspruch auf Justizgewährung folgen kann.[424] Nach Auffassung des BVerfG[425] verstößt zwar die Nichterledigung einer Sache gegen Art. 101 I 2 GG, die Norm trifft jedoch keine Aussage über die Art und Weise, wie ein Richter ein Verfahren zu führen hat. Nach anderer Meinung kommt eine verzögerte Entscheidung einer fehlenden Entscheidung gleich, so dass daher ein Verstoß gegen Art. 101 I 2 GG vorliegt. Dies steht jedoch der Schutzrichtung des grundrechtsgleichen Rechts entgegen, nach der allein Willkür bei der Zuständigkeitsbestimmung verhindert werden soll;[426] sie will aber nicht vor Verzögerungen einer Sache schützen, die beim zuständigen Richter anhängig ist. Daher ist dieses grundrechtsgleiche Recht nicht geeignet, das Prinzip angemessener Verfahrensdauer zu garantieren.

---

[423] Vgl. zum Steit um den Sonder- oder Doppelstatus des BVerfG in: *Stern*, in: Bonner Kommentar, Art. 93, Rn. 21 ff.

[424] *Papier*, in: Isensee/ Kirchhof, HStR VI, § 153, Rn. 1, 2.

[425] BVerfGE 3, 359, 364; 13, 132, 144.

[426] *Otto*, S. 24.

II. Art. 103 I GG

Auch der Wortlaut des Art. 103 I GG legt nahe, dass er das rechtliche Gehör als solches garantieren will, jedoch nicht die Eröffnung des Verfahrens, denn „*vor Gericht* hat jedermann Anspruch auf rechtliches Gehör."[427] Andernfalls wäre Art. 19 IV GG überflüssig. Daher ist Art. 103 I GG so zu verstehen, dass er die Gestaltung des richterlichen Verfahrens durch das Rechtsschutz gewährende Gericht selbst, nicht aber dessen Eröffnung regeln will. Hierfür spricht auch die geschichtliche Entwicklung des Anspruchs auf rechtliches Gehör.[428] Dies ist entscheidend, wenn man entgegen der h. M. auch die richterliche Tätigkeit als „öffentliche Gewalt" im Sinne von Art. 19 IV GG ansieht, denn dann kann zumindest die richterliche Erstentscheidung die Rechtsschutzgarantie des Art. 19 IV GG aktivieren.[429]

Baur ordnet die Rechtsschutzgarantie dennoch dem Art. 103 I GG zu, da der Wortlaut nicht auf die Gewährung beiderseitigen rechtlichen Gehörs gerichtet sei – nur dies ließe den Schluss auf ein bereits anhängiges Verfahren zu –, sondern von einem Anspruch auf rechtliches Gehör spreche, was ein Recht auf Anrufung des Gerichts einschließe. Die Worte „vor Gericht" werden von ihm so gelesen, dass sie lediglich den Kreis der Verpflichteten einschränken sollen, nicht aber in dem Sinne, dass bereits ein Verfahren anhängig sein muss.[430] Würden diese Worte nämlich fehlen, so hätte der Einzelne einen Anspruch auf Anhörung vor Gesetzgebungs-, Verwaltungs- und Rechtsprechungsorganen.[431] Damit sei klar, dass „vor Gericht" lediglich die Beschränkung des Anhörungsrechts auf gerichtliche Verfahren zum Ausdruck bringen wolle, sich jedoch nicht auf bereits eröffnete Verfahren beziehe. Zudem gehe das BVerfG in ständiger Rechtsprechung davon aus, dass das Recht auf rechtliches Gehör auch das Recht enthalte, Anträge zu stellen. Wenn dies so sei, dann eröffne Art. 103 I GG aber notwendig auch das Verfahren, da eine Antragsstellung auch außerhalb eines Verfahrens möglich sei und ein verfahrenseröffnender Antrag dann zwingend in den Anwendungsbereich dieser Norm falle.[432] Art. 103 I GG eröffne daher für

---

[427] Hervorhebung vom Verfasser.

[428] *Papier*, in: Isensee/ Kirchhof, HStR VI, § 153, Rn. 3 f.; *Schmidt-Aßmann*, in: Maunz/ Dürig, Art. 19 Abs. 4, Rn. 19; *ders.*, in: Maunz/ Dürig, Art. 103 Abs. 1, Rn. 7; *Knemeyer*, in: Isensee/ Kirchhof, HStR VI, § 155, Rn. 26; *Wassermann*, in: AK-GG, Art. 103, Rn. 13; *Dütz*, S. 75 ff.

[429] *Huber*, in: v. Mangoldt/ Klein/ Starck, GG I, Art. 19 Abs. 4, Rn. 371 und Fn. 77 sowie Rn. 444 ff.

[430] *Baur*, in: AcP 153 (1954), S. 393, 396 ff., insb. S. 398 f. Vgl. die Gegenmeinung in *Bruns*, S. 112 ff. m. w. N.

[431] Ähnlich *Frohn*, S. 35 f.

[432] *Frohn*, S. 35.

alle diejenigen Verfahren den Rechtsweg, die nicht schon unter Art. 19 IV GG fallen und sei damit in diesem Verhältnis lex generalis. Nach der oben dargelegten und dem Wortsinn entsprechenden Auslegung des Begriffs der öffentlichen Gewalt in Art. 19 IV GG kann Art. 103 I GG hinsichtlich der Rechtswegeröffnung aber keinerlei Relevanz haben. Im Übrigen vermag diese Ansicht schon aufgrund des natürlichen Wortlautverständnisses der Norm nicht zu überzeugen. Diese zielt darauf, dem Einzelnen in gerichtlichen Verfahren rechtliches Gehör zu garantieren. Jede andere Betonung des Wortlauts interpretiert diesen falsch.

Weiterhin wird vertreten, dass der Anspruch auf rechtliches Gehör in Art. 103 I GG auch einen Anspruch auf rechtliches Gehör innerhalb angemessener Zeit enthalte. Dagegen spricht aber die historische Entwicklung des Begriffs des rechtlichen Gehörs, welcher nur die Rechte der Beteiligten innerhalb eines anhängigen Prozesses umfassen will, nicht aber zeitliche Aspekte im Blick hat.[433] Die Justizgrundrechte sind daher nicht geeignet, das allgemeine Effektivitätsprinzip oder ein Prinzip der angemessenen Verfahrensdauer verfassungsrechtlich zu garantieren.

C. Die Verankerung im Rechtsstaatsprinzip

Die Rechtsprechung und die Literatur entnehmen dem Rechtsstaatsprinzip den Grundsatz der allgemeinen Justizgewährpflicht und den der Effektivität des Rechtsschutzes. So liegt es nahe, auch das Prinzip angemessener Verfahrensdauer dort anzusiedeln. Ob dies möglich ist, soll nachfolgend untersucht werden. In einem Überblick werden der Wirkungsbereich und der Inhalt des Rechtsstaatsprinzips skizziert werden. Angesichts eines fehlenden einheitlichen dogmatischen Prinzips hinter diesem „Phänomen“ und wegen der unterschiedlichen Zuordnung seiner Inhalte muss das Ergebnis fragmentarisch und „unhandlich“[434] bleiben.[435] Vereinzelt wird der Versuch einer allgemeinen Definition unternommen,[436] die aber aufgrund ihrer notwendigen Weite nicht weiterhilft. Ein Blick auf die geschichtliche Entwicklung des Rechtsstaatsprinzips verdeutlicht seine Grundintention.

---

433 *Otto*, S. 22.

434 *Sobota*, S. 19.

435 *Sobota*, S. 4 f., 8 f., 21 f.

436 *Stern*, Staatsrecht I, § 20 III 1, S. 781; vgl. *Sobota*, S. 23.

I. Die Idee des Rechtsstaats

Im 19. Jahrhundert forderte die Bewegung des Liberalismus ein durch Verfassung und Gesetz gebundenes Tätigwerden des Staates, in dem Freiheit und Eigentum des Einzelnen durch die Gesetze und die Gerichte geschützt werden. In der Zeit der Weimarer Republik stellte man zunehmend einem formell verstandenen Rechtsstaat den materiellen zur Seite, in dem auch sachliche Anforderungen an die Staatsaufgaben und an die Gesetzgebung gestellt wurden. Es ging nicht mehr nur um eine abstrakte Gerechtigkeit, sondern die individuelle Freiheit als materielles Leitprinzip sollte im Einzelfall geschützt und gefördert werden.[437] Der Rechtsstaat wird heute als ein Staat gesetzmäßiger Freiheit begriffen, in dem die politischen und gesellschaftlichen Gewalten und ihre Befugnisse, unter Umständen auch im Widerspruch zu ihrer politischen Opportunität, rechtlich geordnet und begrenzt sind.[438] Damit ist letztes Ziel des Rechtsstaats die Verwirklichung der materiellen Gerechtigkeit, was die sachlich gerechte Abwägung der durch die Entscheidung betroffenen Interessen erfordert.[439]

Bereits im 19. Jahrhundert war die enge und untrennbare Verknüpfung der Herrschaft des Rechts mit dessen Durchsetzung durch die rechtsprechende Gewalt essentiell für die Rechtsstaatsidee. *Otto Bähr* formulierte dies 1864: „Damit der ‚Rechtsstaat‘ zur Wahrheit werde, genügt es nicht, daß das öffentliche Recht durch Gesetze bestimmt sei, sondern es muß auch eine Rechtsprechung geben, welche das Recht für den concreten Fall feststellt, und damit für dessen Wiederherstellung, wo es verletzt ist, eine unzweifelhafte Grundlage schafft.“[440] Diese Idee hat im Gewaltenteilungsgrundsatz des Art. 20 II GG in Verbindung mit den Art. 92 ff. GG Niederschlag gefunden; sie verbindet die Streitentscheidung durch den Richter und die Justizgewährung durch die Judikative in Form eines echten Gerichtsschutzanspruchs untrennbar miteinander.[441]

---

[437] *Badura*, Staatsrecht, D 45; *Sommermann*, in: v. Mangoldt/ Klein/ Starck, GG II, Art. 20 Abs. 3, Rn. 222.

[438] *Badura*, Staatsrecht, D 45; *Böckenförde*, in: FS Arndt, S. 57; *Hesse*, Der Rechtsstaat im Verfassungssystem, S. 557 ff.

[439] *Bleckmann*, Staatsrecht II, § 11, Rn. 120.

[440] *Bähr*, S. 192; vgl. auch *Papier*, in: Isensee/ Kirchhof, HStR VI, § 153, Rn. 7; *ders.*, in: NJW 1990, 8, 9.

[441] *Papier*, in: Isensee/ Kirchhof, HStR VI, § 153, Rn. 8; *Schulze-Fielitz*, in: Dreier, GG II, Art. 20 Rn. 36.

II. Das Rechtsstaatsprinzip

Eine griffige Definition des Rechtsstaatsprinzips gibt es nicht; vielmehr fasst dieses als Oberbegriff unterschiedliche Elemente zusammen, die in verschiedenen Verfassungsnormen konkretisiert sind und zusammen „den Rechtsstaat" im Sinne des Grundgesetzes ausmachen. Als solche werden üblicherweise genannt:[442] die grundrechtlichen Freiheits- und Gleichheitsrechte samt den Gesetzesvorbehalten, die Gewaltenteilung, die Unabhängigkeit neutraler Richter, die Herrschaft des demokratischen und ausreichend bestimmten Gesetzes unter Berücksichtigung der ungeschriebenen Prinzipien der Rechtssicherheit und des Vertrauensschutzes, die Rechtsgebundenheit von Verwaltung und Gerichten, die Entschädigung bei staatlichen Eingriffen (Art. 34 GG), der Vorrang von Verfassung und Gesetz (Art. 20 III GG), die Garantie des umfassenden gerichtlichen Rechtsschutzes gegenüber Akten der öffentlichen Gewalt (Art. 19 IV GG) einschließlich des Rechtsschutzes für bürgerlich-rechtliche Streitigkeiten, das Recht auf rechtliches Gehör (Art. 103 GG) und auf den gesetzlichen Richter (Art. 101 GG), die Verfassungsbeschwerde und der Grundsatz der Verhältnismäßigkeit.[443]

1. Die Verankerung des Rechtsstaatsprinzips

In welcher Verfassungsnorm das Rechtsstaatsprinzip positiv verankert ist, wird nicht einheitlich beantwortet. Vielfach wird hierfür Art. 20 GG herangezogen.[444] Nach dem Wortlaut des Art. 20 II, III GG könne hier aber, nach anderer Meinung, nur ein kleiner Teil normiert sein. Lege man Art. 20 III GG über die aus-

---

[442] *Sobota* zählt in ihrer Rekonstruktion des Rechtsstaatsprinzips das Prinzip der Grundrechte und das Rechtsstaatsprinzip zu den von ihr definierten sieben Hauptprinzipien, die in Zusammenhang und gleichwertig nebeneinander stehen (S. 429 ff.). Es handele sich um eine innerlich gespannte Pluralität, die im Einzelfall zur Konkordanz geführt werden müsse (S. 435). Nach der Spezifitätsmaxime repräsentiere jedes der Hauptprinzipien des Grundgesetzes einen besonderen Normzusammenhang, der sich mit keinem anderen ranggleichen Normkomplex überschneide. Im Idealfall würden alle Bestimmungsinhalte der Verfassung nur jeweils einem Hauptprinzip zugeordnet, was Doppelvergaben vermeide (S. 444). Zur vielseitigen Gestalt des Rechtsstaatsprinzips vgl. *Herzog*, in: Maunz/ Dürig, Art. 20, VII. Abschnitt, Rn. 3, 21, 24; *Jarass/ Pieroth*, Art. 20, Rn. 20 f.

[443] Vgl. *Sobota*, S. 44, 201 ff., 253 ff., welche die in der Literatur diskutierten Elemente des Rechtsstaatsprinzips darstellt und auf 142 Merkmale kommt. Vgl. auch *Schulze-Fielitz*, in: Dreier, GG II, Art. 20 Rn. 37 m. w. N.; *Schnapp*, in: v. Münch/ Kunig, GG II, Art. 20, Rn. 24; ähnlich: *Sommermann*, in: v. Mangoldt/ Klein/ Starck, GG II, Art. 20 Abs. 3, Rn. 229; *Jarass/ Pieroth*, GG, Art. 20, Rn. 20; *Maurer*, Staatsrecht I, § 8, Rn. 10 ff.

[444] *Schenke*, in: Bonner Kommentar, Art. 19 Abs. 4, Rn. 72, auch zur Gegenmeinung und insbesondere zum Abhör-Urteil, BVerfGE 30, 1, 24; *Isensee*, in: Isensee/ Kirchhof, HStR V, § 115, Rn. 127 f.; *Kirchhof*, in: Isensee/ Kirchhof, HStR I, § 19, Rn. 73; *Schmidt-Aßmann*, in: Isensee/ Kirchhof, HStR I, § 24, Rn. 90.

drücklich genannte Vorrangstellung von Verfassung und Gesetz hinaus im Lichte der materiellen Grundentscheidungen des Grundgesetzes aus, so werde der Kern der materiellen Rechtsstaatlichkeit eigentlich durch Art. 1 I GG geschützt.[445] Art. 20 III GG bringe nur die Bindung des Gesetzgebers an die verfassungsmäßige Ordnung sowie der vollziehenden Gewalt und Rechtsprechung an Gesetz und Recht zum Ausdruck, nicht aber die Etablierung eines umfassenden Rechtsstaatsprinzips.[446]

2. Das Rechtsstaatsprinzip und die Grundrechte

Ob die Grundrechte Elemente des Rechtsstaatsprinzips sind, ist umstritten. Das BVerfG und ein Teil der Literatur sehen sie im materiell verstandenen Rechtsstaatsprinzip als das hervorstechende äußere Merkmal rechtsstaatlich-liberaler Verfassungen. Die gesamte grundrechtliche Wertordnung samt ihrer Dogmatik wird zum Bestandteil des Rechtsstaatsprinzips und reichert dessen Gehalt stark an.[447] Um eine Überfrachtung zu vermeiden, könnte man nur die Menschenwürde, die Institution der Grundrechte und die Verbürgung von Freiheit und Gleichheit in das Prinzip integrieren.[448] Erst über den Umweg des Art. 1 III GG würden die Grundrechte einbezogen. Die Reduzierung der Gehalte im Rechtsstaatsprinzip soll seine herausgehobene Bedeutung unterstreichen und die Kontur des Begriffs im Verhältnis zu den übrigen Leitideen der Verfassung deutlicher werden lassen. Nachteil ist jedoch die fehlende Präzision im Vergleich zur vollständigen Aufnahme der Grundrechte.[449] Die Gefahr der Überfrachtung des Rechtsstaatsprinzips wird zu Recht gesehen. Dennoch ist an der vollständigen Einbeziehung der Grundrechte festzuhalten, da sie den Kerngehalt der bundesrepublikanischen Rechtskultur ausmachen und dem Rechtsstaat sein unverwechselbares Aussehen geben.

3. Die Justizgewährpflicht und das Rechtsstaatsprinzip

Die Bedeutung der Justizgewährung für den modernen Staat wurde bereits angesprochen. Neben der Rechtsbindung gehört zum Rechtsstaatsprinzip das allgemeine Phänomen der Rechtsgeltung, das die tatsächliche Anerkennung und

---

445 *Sommermann*, in: v. Mangoldt/ Klein/ Starck, GG II, Art. 20 Abs. 3, Rn. 217, 231; *Maurer*, Staatsrecht I, § 8, Rn. 1, 4.

446 Vgl. zum umstrittenen Gehalt des Art. 20 III GG *Jarass/Pieroth*, Art. 20, Rn. 23 ff.

447 *Sobota*, S. 65 f. m. w. N. Zur Problematik der überproportionalen „Sammelintegration" der Grundrechte und nicht nur der Menschenwürde als „oberstem Grundrecht" vgl. *dies.*, S. 66 ff.; *Maurer*, Staatsrecht I, § 8, Rn. 3.

448 *Schmidt-Aßmann*, in: Isensee/ Kirchhof, HStR I, § 24, Rn. 30 ff.; *Sobota*, S. 68 f.

449 *Sobota*, S. 69.

Durchsetzung des Rechts umfasst. Dabei geht es um den Widerspruch zwischen der staatlichen Herrschaft und der Selbstbestimmung des einzelnen Bürgers durch Begrenzung und Kontrolle der Herrschaftsbefugnis.[450] Das Rechtsstaatsprinzip war nach seiner historischen Entwicklung in Deutschland nie durch einen lückenlosen gerichtlichen Rechtsschutz gekennzeichnet und Art. 19 IV GG wäre überflüssig, wenn dieser schon durch das Rechtsstaatsprinzip gewährleistet wäre.[451] Die überwiegende Meinung in der Literatur entnimmt dem Rechtsstaatsprinzip als objektivem Verfassungsgrundssatz und als Kehrseite des staatlichen Gewaltmonopols die allgemeine Justizgewährpflicht. Für den korrespondierenden Rechtsschutzanspruch des Einzelnen ist der dogmatische Ansatz, der allein im Rechtsstaatsprinzip die Anspruchsgrundlage sieht, von dem, der dies nur in Verbindung mit einem materiellen Grundrecht tut, zu unterscheiden. Eine dritte Meinung stützt den Anspruch unmittelbar auf die materiellen Grundrechte.[452] In jüngerer Zeit zieht auch das BVerfG die materiellen Grundrechte regelmäßig mit zur Begründung des Anspruchs heran; im Übrigen stützt es den Justizgewährungsanspruch zum Teil nur auf das Rechtsstaatsprinzip, aber auch auf dieses in Verbindung mit Art. 2 I GG.

Für eine Grundlage des allgemeinen Justizgewähranspruchs allein im objektivrechtlich gewährleisteten Rechtsstaatsprinzip spricht die angeblich andernfalls inakzeptable Beschränkung auf die Grundrechtsträger, falls zu dessen Begründung die Grundrechte herangezogen würden. Neben den anspruchsberechtigten Bürgern hätten öffentlich-rechtliche Träger subjektiver Rechte keinen Anspruch auf Justizgewähr, da diese nach der Rechtsprechung keine Grundrechtsträger sein können; dies sei aber mit dem Rechtsstaatsprinzip unvereinbar.[453] Das von der Rechtsprechung herangezogene Argument, öffentlich-rechtliche Personen

---

[450] *Sobota*, S. 86 ff., insb. S. 88; *Kirchhof, F.*, in: DÖV 1982, S. 397 ff, 398; *Karpen*, in: JA 1992, 70 f. Nach *Haag*, S. 73 f., hat der Rechtsschutz unter Privaten schon immer zum wesentlichen Bestandteil des Rechtsstaats gehört. Dies belege der Umstand, dass es heute in Europa noch Rechtsordnungen gebe, die einen Rechtsschutz gegen die öffentliche Gewalt nicht in ihrer Verfassung verankert haben und trotzdem als Rechtsstaat bezeichnet werden. Der genannte zivilrechtliche Rechtsschutz wurde mit in das Grundgesetz übernommen und bedurfte, im Gegensatz zum nicht historisch überkommenen Rechtsschutz gegen die öffentliche Gewalt, keiner ausdrücklichen Gewährleistung.

[451] *Schenke*, in: Bonner Kommentar, Art. 19 Abs. 4, Rn. 72, 75 f.

[452] *Huber*, in: v. Mangoldt/ Klein/ Starck, GG I, Art. 19 Abs. 4, Rn. 363; *Schlette*, S. 23; BVerfGE 54, 277, 291; 85, 337, 345; 88, 118, 123; BVerfG, in: NJW 1997, 2811, 2812.

[453] *Ramsauer*, in: AK-GG, Art. 19 Abs. 4, Rn. 27; a. A. *Schenke*, in: Bonner Kommentar, Art. 19 Abs. 4, Rn. 72 und *Huber*, in: v. Mangoldt/ Klein/ Starck, GG I, Art. 19 Abs. 4, Rn. 366; anders *Schmidt-Aßmann*, in: Maunz/ Dürig, Art. 19 Abs. 4, Rn. 16 (Fn. 38 m. w. N.), welcher der Ansicht ist, dass Basis der Justizgewährung nicht einzelne Vorschriften des Grundgesetzes sind, sondern das Rechtsstaatsprinzip als solches.

seien nur eine besondere Erscheinungsform des Staates, der aber nicht zugleich Grundrechtsverpflichteter und -berechtigter sein könne (sog. Konfusionsargument), stimmt nur bedingt. Auch die Entstehungsgeschichte lässt erkennen, dass seine Grundrechtsberechtigung nicht grundsätzlich verneint werden sollte.[454] Juristische Personen des öffentlichen Rechts sind ausnahmsweise Grundrechtsberechtigte, wenn sie unmittelbar einem durch Grundrechte geschützten Lebensbereich zugeordnet sind und als „Sachwalter" des Bürgers bei der Wahrnehmung von dessen Grundrechten auftreten.[455] So ist zum Beispiel bei Rundfunkanstalten deren Grundrechtsberechtigung und Grundrechtsbindung gegenüber dem Bürger anerkannt.[456] Nach richtiger Ansicht sind juristische Personen des öffentlichen Rechts daher nicht grundsätzlich von der Grundrechtsträgerschaft ausgeschlossen, zumal Art. 19 III GG nicht zwischen privatrechtlichen und öffentlich-rechtlichen juristischen Personen unterscheidet.[457] Die deutsche und ausländische Verfassungstradition zeigt, dass Art. 19 III GG die Grundrechtsfähigkeit juristischer Personen nicht erst positiv begründet und er daher nicht als eng auszulegende Ausnahmevorschrift angesehen werden muss.[458] Die Grundrechtsberechtigung einer juristischen Person des öffentlichen Rechts ergibt sich aus und in dem ihr durch staatlichen Organisationsakt zugewiesenen Funktions- und Aufgabenbereich. Um den Justizgewährleistungsanspruch zu aktivieren, muss das jeweilige Verhalten in den Schutzbereich des entsprechenden Grundrechts fallen.[459] Damit ist es aber auch für juristische Personen des öffentlichen Rechts möglich, den allgemeinen Justizgewährleistungsanspruch

---

[454] *Bleckmann*, Staatsrecht II, § 9, Rn. 33.

[455] So z. B. Universitäten in Art. 5 III 1 GG, Rundfunkanstalten in Art. 5 I 2 GG, vgl. *Hesse*, Grundzüge, Rn. 286; *Badura*, Staatsrecht, C 13; BVerfGE 61, 82, 100 ff. fasst die Rechtsprechung zusammen und BVerfGE 70, 1, 15; 75, 192, 195; 78, 101, 102 führen dies fort. Vgl. auch *v. Mutius*, in: Bonner Kommentar, Art. 19 Abs. 3, Rn. 32, 78 ff.; *Schmidt-Aßmann*, in: Maunz/ Dürig, Art. 19 Abs. 3, Rn. 42, 43; *Krebs*, in: v. Münch/ Kunig, GG I, Art. 19, Rn. 41, 51; *Jarass*, in: Jarass/ Pieroth, Art. 19, Rn. 29; *Pieroth/ Schlink*, Grundrechte, Rn. 154; *Papier*, in: Isensee/ Kirchhof, HStR VI, § 154, Rn. 12. Die Kerngehalte des allgemeinen Justizgewähranspruchs und des Art. 19 IV GG sind, abgesehen von der Grundrechtseigenschaft, nach der Rechtsprechung des BVerfG identisch, vgl. BVerfGE 107, 395, 403.

[456] *Pieroth/ Schlink*, Grundrechte, Rn. 160; *Bleckmann*, Staatsrecht II, § 9, Rn. 35; v. Doemming/ Fuesslein/ Matz, in: JöR N. F. 1 (1951), S. 182 f.; BVerfGE 14, 121, 130; *Broß*, in: VerwArch 77 (1986), S. 65, 72 f.; *v. Mutius*, in: Jura 1983, 30, 38 ff.; *Stern*, Staatsrecht III/1, § 71 VII, S. 1149.

[457] *Bleckmann*, Staatsrecht II, § 9, Rn. 32.

[458] *Bleckmann*, Staatsrecht II, § 9, Rn. 16 m. w. N.; vgl. auch Bethge, in: AöR 104 (1979), S. 102.

[459] *Pieroth/ Schlink*, Grundrechte, Rn. 161; *v. Mutius*, in: Bonner Kommentar, Art. 19 Abs. 3, Rn. 43 f., 69 f., 105, 111 ff.

aus dem Rechtsstaatsprinzip in Verbindung mit dem jeweils für den wahrgenommenen Funktions- und Aufgabenbereich einschlägigen Grundrecht abzuleiten. Es handelt sich wie bei Art. 19 IV GG um einen grundrechtlich abgesicherten Justizgewährleistungsanspruch.[460] Nach heute überwiegender Meinung in Literatur und Rechtsprechung[461] beinhaltet das Rechtsstaatsprinzip in Verbindung mit einzelnen materiellen Grundrechten den allgemeinen Justizgewährleistungsanspruch. Obwohl nach hier vertretener Ansicht die materiellen Grundrechte schon Bestandteil des Rechtsstaatsprinzips sind, ist die nochmalige Bezugnahme auf das konkret einschlägige materielle Recht zur Begründung eines Rechtsschutzanspruchs notwendig. So wird im Einzelfall dessen Gehalt individualisiert und konkretisiert.

4. Das summative, integrale und integrative Rechtsstaatsprinzip

Die materiellen Grundrechte wie der allgemeine Justizgewährungsanspruch sind Elemente des Rechtsstaatsprinzips. Das Prinzip angemessener Verfahrensdauer kann man als eine Brücke zwischen dem materiellen Grundrecht und dem Rechtsdurchsetzungsanspruch verstehen, so dass auch dieses hier anzusiedeln ist. Das Rechtsstaatsprinzip und das Prinzip angemessener Verfahrensdauer stehen im Verhältnis von Ober- zu Unterprinzip, doch ist dieses damit noch nicht vollständig erklärt. Für die Verankerung des Prinzips angemessener Verfahrensdauer im Rechtsstaatsprinzip ist entscheidend, ob letzteres Ausdruck einer Sammelbezeichnung für die genannten Einzelelemente ist („summatives Rechtsstaatsverständnis“[462]) oder ob es sich um ein eigenes Verfassungsprinzip mit selbstständigem und unabhängigem Inhalt handelt („integrales Rechtsstaatsverständnis“[463]).[464]

[460] Zumindest nach der Rechtsprechung des BVerfG verbleiben jedoch juristische Personen des öffentlichen Rechts, die nicht grundrechtsfähig sind, wie zum Beispiel Sozialversicherungsträger, Rentenversicherungsanstalten (BVerfGE 21, 362, 368), eine Allgemeine Ortskrankenkasse (BVerfGE 39, 302, 312) oder berufsständische Zwangsorganisationen (Kammern) (BVerfGE 68, 193, 213). Ob dies gerechtfertigt ist, soll hier dahinstehen. Vgl. auch *Rüfner*, in: Isensee/ Kirchhof, HStR V, § 116, Rn. 77 ff. m. w. N. auch zur Gegenmeinung. Vgl. zudem *Stern*, Staatsrecht III/1, § 71 III 5, S. 1114 f.; § 71 VII 5 b, S. 1162 ff.; *v. Mutius*, in: Bonner Kommentar, Art. 19 Abs. 3, Rn. 141; *Dürig*, in: Maunz/ Dürig, Art. 19 Abs. 3, Rn. 51.

[461] *Stern*, Staatsrecht I, S. 838 ff.; BVerfGE 54, 277, 291.

[462] In diesem Sinne *Kunig*, Das Rechtsstaatsprinzip, S. 89 ff, 109 f., 457 ff.

[463] *Schmidt-Aßmann*, in: Isensee/ Kirchhof, HStR I, § 24, Rn. 7 ff.

[464] *Frankenberg*, in: AK-GG, Art. 20 I-III, Rn. 21.

Teilweise wird ein Rückgriff auf „das Rechtsstaatsprinzip“ im Bereich der Einzelelemente grundsätzlich für unnötig und unzulässig erachtet.[465] Aus dem allgemeinen Prinzip ließen sich aber konkrete Folgen ableiten, wobei „wegen der Weite und Unbestimmtheit des Rechtsstaatsprinzips mit Behutsamkeit vorzugehen“[466] sei; das Prinzip enthalte keine in allen Einzelheiten eindeutig bestimmten Gebote oder Verbote.[467] Nach der gegenteiligen Auffassung lassen sich aus „dem Rechtsstaatsprinzip“ nicht einzelne Prinzipien herleiten, denn der Rechtsstaat des Grundgesetzes sei der Inbegriff der normativ belegbaren verfassungsrechtlichen Einzelprinzipien.[468] Ähnliches wird kritisiert, wenn der Praxis vorgeworfen wird, dass sie das, was sie als richtig und gerecht ansehe, pauschal mit „dem Rechtsstaatsprinzip“ begründet. Die Unbestimmtheit dieses Rechtsprinzips verbiete seine Auffüllung mit überpositiven Gehalten, denn die Anforderungen des materiellen Rechtsstaats müssten aus der Verfassung selbst abgeleitet werden; andernfalls könne die Figur des materiellen Rechtsstaats zum Einfallstor beliebiger Vorstellungen werden.[469] Diese Ansicht wehrt sich dagegen, dass zunächst aus den Einzelprinzipien ein allgemeines Rechtsstaatsprinzip synthetisiert wird, um anschließend aus diesem neue Prinzipien zu analysieren, die jedoch nicht identisch mit einem der Erstgenannten sind. Eine Ablösung der genannten Einzelprinzipien von ihren verfassungsrechtlichen Normierungen zugunsten eines „integralen Rechtsstaatsprinzips“ sollte vermieden werden, da ihre unmittelbare Anbindung an ihre dogmatischen Wurzeln den Vorteil größerer Klarheit bietet; für ein neues dogmatisches Konstrukt besteht zudem insoweit keine Notwendigkeit. Für das Prinzip angemessener Verfahrensdauer müsste dann jedoch auf das jeweils zugrunde liegende einzelne materielle Recht und das dort anzusiedelnde Erfordernis der angemessenen Verfahrensdauer zurückgegriffen werden. Eine abstrakte Zusammenfassung dieses verfahrensrechtlichen Gehalts auf der Ebene des Rechtsstaatsprinzips erscheint aber zur Vereinfachung angebracht, um ihn besser handhaben zu können. Dies entspricht einem begrenzten „integralen Rechtsstaatsprinzip“ und ist der allgemeinen Justizgewährpflicht des Staates vergleichbar. Auch sie wird als Element des Rechtsstaatsprinzips nicht auf einzelne Normen gestützt, sondern im Rechtsstaatsprinzip als solchem verankert, da in diesem die Grundrechte und die gerichtsbezogenen Vorschriften enthalten sind.[470] Mit der Verankerung des Prinzips angemessener Verfahrensdauer im Rechtsstaatsprinzip werden summatives und

---

[465] BVerfGE 7, 89, 92 f.; 45, 187, 246; 52, 131, 144 f.

[466] BVerfGE 57, 250, 276; 70, 297, 308.

[467] BVerfGE 52, 131, 144; 74, 129, 152; 90, 60, 86.

[468] *Herzog*, in: Maunz/ Dürig, Art. 20, VII. Abschnitt, Rn. 24.

[469] *Jarass/ Pieroth*, Art. 20, Rn. 21 f.

[470] *Sobota*, S. 189; *Schmidt-Aßmann*, in: Isensee/ Kirchhof, HStR I, § 24, Rn. 71.

integrales Prinzip miteinander kombiniert. Der Begriff des integralen Rechtsstaatsprinzips betont dessen Eigenständigkeit, während es hier darum geht, in die Summe der Einzelprinzipien (summatives Rechtsstaatsprinzip) einen darüber hinausgehenden eigenständigen Gehalt zu integrieren und damit Ersteres anzureichern und zu ergänzen.[471] Dies entspricht einem „integrativen Rechtsstaatsprinzip". Dieses ist Auslegungsrichtlinie für die gesamte Rechtsordnung und immer dann unmittelbar anwendbar, wenn und soweit im Einzelfall eine ausdrücklich normierte Regelung fehlt (subsidiäre Anwendung des Rechtsstaatsprinzips).[472] Ausgehend von einem solchen integrativen Rechtsstaatsverständnis ist eine Verankerung des Rechtsstaatsprinzips in einer einzigen Grundgesetznorm nicht sinnvoll. Abgesehen davon ist es auch nicht notwendig, das Rechtsprinzip in einer konkreten Norm zu verorten, da die einzelnen herangezogenen Unterprinzipien, soweit möglich, an die konkret einschlägigen Normierungen anknüpfen müssen und damit die Gehalte unmittelbar aus der einschlägigen Verfassungsnorm abgeleitet und mit ihr begründet werden.

D. Die Verankerung in den materiellen Grundrechten

In Literatur und Rechtsprechung ist seit den 1970er Jahren die Rede von der Bedeutung nahezu aller materiellen Grundrechte für Organisation und Verfahren und der Verankerung des grundrechtlichen Anspruchs auf „effektiven Rechtsschutz" in Art. 19 IV GG als auch in den materiellen Grundrechten selbst.[473] Zuvor war der Gedanke eines Zusammenhangs zwischen den materiellen Grundrechten und dem prozessualen Verfahren der Rechtsprechung und der Wissenschaft eher fremd: Erstere gehörten zum materiellen Recht, während Letzteres im technisch verstandenen organisatorischen Verfassungsrecht angesiedelt wurde; beide wiesen nur sehr geringe Verbindungen untereinander auf.[474] Die „Aktivierung" der Verfahrenskomponente der materiellen Grundrechte war schließlich wegen der einschränkenden Rechtsprechung des BVerfG zu Art. 19 IV GG und dessen normierten Grenzen notwendig geworden.[475] Die Aufdeckung der Verfahrensrelevanz von Grundrechten hat grundlegende dogmatische Probleme hervorgerufen,[476] wie zum Beispiel diejenigen des Verhältnisses der materiellen

---

[471] Vgl. hierzu *Maurer*, Staatsrecht I, § 8, Rn. 3.

[472] *Maurer*, Staatsrecht I, § 8, Rn. 3; *Stern*, Staatsrecht I, § 20 II-IV, S. 778 ff.; *Schmidt-Aßmann*, in: Isensee/ Kirchhof, HStR I, § 24, Rn. 7 ff., S. 990 ff.

[473] Vgl. die Darstellung der Entwicklung in der Literatur *Stern*, Staatsrecht III/1, § 69 V 1, 2, S. 953 ff. m. w. N.; *Stern*, in: Isensee/ Kirchhof, HStR V, § 109, Rn. 61; *Haag*, S. 79.

[474] *Stern*, Staatsrecht III/1, § 69 V 1, S. 953 ff.

[475] *Haag*, S. 79.

[476] *Haag*, S. 82.

Grundrechte zu Art. 19 IV GG und zum Rechtsstaatsprinzip oder die Rolle der materiellen Grundrechte im Zivilprozess. Tatsächlich kann man die Frage stellen, ob die Rechtsprechung des BVerfG die verfahrensrechtliche Dimension der Grundrechte „aus der Not heraus" neu entworfen hat, um den selbst gesteckten Grenzen im Rahmen des Art. 19 IV GG auszuweichen, oder ob es eine den materiellen Grundrechten an und für sich immanente Dimension aufgedeckt hat.

I. Die verfahrensrechtliche Komponente der materiellen Grundrechte

Von großer Bedeutung für diese Entwicklung waren die Entscheidung des BVerfG zum Deichordnungsgesetz[477] und die Abhandlung *Häberles* über einen „status activus processualis"[478], welche die Wirkungen eines materiellen Grundrechts für das (prozessuale) Verfahren erstmals herausstellten. In der Entscheidung zum Deichordnungsgesetz hat das BVerfG ausgeführt, dass der Anspruch auf effektiven Rechtsschutz schon Ausfluss der materiellen Grundrechte selbst sei, die nicht nur materielle Rechtspositionen begründeten, sondern als weitere formelle verfahrensrechtliche Komponente ihre eigene Verwirklichung durch Rechtsschutz garantierten.[479] Der Eigentumsgarantie des Art. 14 GG komme in erster Linie die Aufgabe zu, den Bestand des Eigentums in der Hand des Eigentümers zu sichern. Die Entschädigungspflicht sei nur ein begrenztes Hindernis für Enteignungen, so dass in der Anordnung der Enteignung der entscheidende, das Eigentum - und damit das Grundrecht - treffende Vorgang liege. Der Feststellung der Rechtmäßigkeit der Enteignung komme daher eine maßgebliche Bedeutung zu, die Entschädigungspflicht sei nur selbstverständliche Folge. Nach der grundgesetzlichen Konzeption sei hiernach ein effektiver - den Bestand des Eigentums sichernder - Rechtsschutz ein wesentliches Element des Grundrechts selbst.[480] Nicht nur aus Art. 19 IV GG, sondern bereits aus dem Grundrecht des Art. 14 I 1 GG ergebe sich also eine Garantie gerichtlicher Kontrolle. In weiteren und andere Grundrechte betreffenden Entscheidungen wiederholte das Gericht diese Ansicht.[481] Das früher in einem Komplementärverhältnis stehende materielle und prozessuale Recht und deren strikte Trennung wird hier neu bestimmt, indem man den materiellen Grundrechten eine weitere „Dimension" zuerkennt.[482] Die klassischen Grundrechte mit ihrer Abwehr- und Schrankenfunk-

[477] BVerfGE 24, 367 - Hamburgisches Gesetz zur Ordnung deichrechtlicher Verhältnisse.

[478] *Häberle*, in: VVDStRL 30 (1972), S. 43, 86 ff.

[479] BVerfGE 24, 367, Leitsatz 5.

[480] BVerfGE 24, 367, 400 ff.

[481] Für Art. 12 GG: BVerfGE 39, 276, 294; 41, 251, 265, 44, 105, 120. Für Art. 16 GG: BVerfGE 52, 391, 407. Für Art. 2 II GG: BVerfGE 53, 30, 57, 65. Vgl. auch *Haag*, S. 80 f.

[482] *Schmidt-Aßmann*, in: Maunz/ Dürig, Art. 19 Abs. 4, Rn. 21; *Bethge*, in: NJW 1982, 1, 5;

tion werden, angesichts veränderter gesellschaftlicher Bedingungen, unter denen die Gewährleistung eines staatsfreien Bereichs allein nicht mehr zur Effektuierung des Grundrechtsschutzes ausreicht (status negativus), um eine neue „Funktion" ergänzt. Die Freiheit des Bürgers ist unter modernen Verhältnissen nicht allein eine Frage des Freiseins von staatlichen Eingriffen, sondern die freie und autonome Lebensgestaltung hängt von Voraussetzungen ab, über die der Einzelne nur teilweise oder gar nicht mehr verfügt. Daher muss hier der planend lenkende, gestaltende und soziale Staat diese Voraussetzungen schaffen und hat insofern eine Handlungspflicht, die die Grundrechte als subjektive Abwehrrechte allein nicht gewährleisten.[483] *Bethge* spricht von einer „verfahrensrechtlichen Aufladung der materiellen Grundrechte"[484] und von einem „von Art. 19 IV GG emanzipierten grundrechtsimmanenten Rechtsschutzanspruch"[485]. Die materiellen (Grund-)Rechte bedürfen der Durchsetzung mittels eines rechtsstaatlichen Verfahrens und sie setzen Maßstäbe für eine effektive Verfahrensgestaltung; sie selbst können das Verfahren beeinflussen, wenn es sich zum Nachteil des konkret betroffenen Grundrechts auswirkt.[486] Verfahren sind im modernen Staat unter Umständen das einzige Mittel, die menschliche Freiheit tatsächlich zu sichern und daher als Mittel des Grundrechtsschutzes grundrechtlich gefordert. Sie sind somit eine notwendige Voraussetzung und Bedingung der Wirksamkeit vieler Grundrechte.[487] Aus den materiellen Freiheitsrechten werden bestimmte Verfahrensgrundsätze abgeleitet, die über die ausdrücklich normierten Verfahrensgrundrechte hinausgehen.[488] *Häberle* nennt die durch diese Interpretation erlangte Grundrechtsposition „status activus processualis"[489]. Die verfahrensorientierte Grundrechtsinterpretation ist wesentlich älter als die sich um die verfahrensrechtliche Komponente rankende Rechtsprechung des BVerfG, die vor allem die effektive Rechtsdurchsetzung durch den Richter ins Licht gerückt hat.[490]

Lorenz, in: NJW 1977, 865, 867 f.

483 *Hesse*, in: EuGRZ 1978, 427, 430.

484 *Bethge*, in: NJW 1982, 1, 5.

485 *Bethge*, in: NJW 1982, 1, 6. Er spricht auch von einem „umfassende[n] prozessuale[n] Rechtsschutz schon als bestärkend-kumulative Komponente der materiellen Grundrechtsverbürgung".

486 BVerfGE 24, 367.

487 BVerfGE 63, 131, 143; 65, 76, 94; 69, 315, 355; 73, 280, 296; *Alexy*, Theorie der Grundrechte, S. 428 ff., 446; *Dreier*, in: Jura 1994, 505, 512; *Denninger*, in Isensee/ Kirchhof, HStR V, § 113, Rn. 8 ff.; *Hesse*, Grundzüge, Rn. 359 f.; *Stern*, Staatsrecht III/1, § 69 V 3, S. 956 ff.

488 *Grimm*, in: NVwZ 1985, 865.

489 *Häberle*, in: VVDStRL 30 (1972), S. 86 ff.

490 *Denninger*, in: Isensee/ Kirchhof, HStR V, § 113, Rn. 3 ff. Vgl. bereits *Jellinek* 1892/ 1905, in: System der subjektiven öffentlichen Rechte, S. 105, 124, 125.

Das Sondervotum der Richter *Simon* und *Heußner* im Mülheim-Kärlich-Beschluss[491] hat den Zusammenhang zwischen Grundrechten und Verfahren erstmals klar aufgedeckt und stellte fest, „daß Grundrechtsschutz weitgehend auch durch die Gestaltung von Verfahren zu bewirken ist und dass die Grundrechte demgemäß nicht nur das gesamte materielle, sondern auch das Verfahrensrecht beeinflussen, soweit dieses für einen effektiven Grundrechtsschutz von Bedeutung ist“ [492]. Im Asylrechtsbeschluss[493] hat das BVerfG diese Beziehung auch für das verwaltungsgerichtliche Verfahren anerkannt und die Funktion der Grundrechte für das Verfahren deutlich angesprochen. Der grundrechtliche Anspruch auf effektiven Rechtsschutz wird in der Rechtsprechung des BVerfG zu einem Gebot, das seine Grundlage in den materiellen Grundrechten, in Art. 19 IV GG und im Rechtsstaatsprinzip hat und mit *Haag* als „Super-Verfahrensgrundprinzip“[494] bezeichnet werden könnte, obwohl damit inhaltlich für den Einzelfall nichts gewonnen ist.

Die Erweiterung des Gehalts der materiellen Grundrechte wird in der Literatur seit Beginn dieser Rechtsprechung kritisiert. Dabei fällt auf, dass sich die Kritik nur selten mit der Grundrechtsdogmatik und der Möglichkeit einer Verankerung eines solchen verfahrensrechtlichen Aspekts im einzelnen Grundrecht auseinandersetzt. Vielmehr geht es fast ausschließlich um das Konkurrenzverhältnis zwischen den materiellen Grundrechten und Art. 19 IV GG sowie um die Kritik am Anlass zu dieser Rechtsprechung.[495] Es werden aber auch Bedenken gegen eine leistungs- oder teilhaberechtliche Überfrachtung der Grundrechte geäußert, die durch die unmittelbaren Rechtsschutzansprüche aus den materiellen Grundrechten folge. Diese erforderten eine Gestaltung, Auslegung und Anwendung des Verfahrensrechts, die dem betroffenen Grundrecht tatsächliche Wirksamkeit verschaffe. Diesen Grundrechten wachse danach partiell eine leistungsrechtliche Komponente zu, das heißt ein positives Recht auf Grundrechtsdurchsetzung durch die Träger öffentlicher Gewalt kraft Verfahrensgestaltung. Damit könne unter Umständen das Grundrecht seine als Freiheits- und Abwehrrecht charakteristische Verbindlichkeit, Unmittelbarkeit und Stringenz einbüßen.[496]

---

[491] BVerfGE 53, 30, 57. *Stern* weist darauf hin, dass es sehr viel ältere Ansätze gibt, die das Verhältnis zwischen Grundrechten und Verfahren allerdings nicht klar beschreiben, vgl. *ders.*, Staatsrecht III/1, § 69 V 3, S. 957.

[492] BVerfGE 53, 30, 65 f.

[493] BVerfGE 56, 216.

[494] *Haag*, S. 20.

[495] Vgl. auch den Hinweis auf die Defizite der Begründung bei *Stern*, Staatsrecht III/1, § 69 V 6, S. 969 f.

[496] *Papier*, in: Isensee/ Kirchhof, HStR VI, § 154, Rn. 14 f.

So berechtigt es ist, in der fehlerhaften Interpretation des Begriffs der öffentlichen Gewalt des Art. 19 IV GG die Ursache für die „Geburtsstunde dieser Neuinterpretation der materiellen Grundrechte“ in ihrer Rolle als formelle Verfahrenskomponente zu sehen,[497] so interessant und relevant bleibt diese Diskussion gerade auch für Verfahren, die außerhalb des formellen Hauptgrundrechts anzusiedeln sind. Der Gefahr, die Bedeutung des Art. 19 IV GG zu überspielen,[498] ist im Rahmen der Klärung des Konkurrenzverhältnisses zu den materiellen Grundrechten zu begegnen. Dies wird nicht berücksichtigt, wenn die verfahrensrechtliche Komponente der Grundrechte mit dem Argument abgelehnt wird, dass die gerichtliche Durchsetzbarkeit der Rechte in Art. 19 IV GG geregelt sei. Die Systematik des Grundgesetzes mache eine Gerichtsschutzgarantie in den materiellen Grundrechten entbehrlich, da es sonst des Art. 19 IV GG nicht bedurft hätte, der nicht nur Vorausgegangenes wiederhole.[499] Eine eigene Bedeutung habe der Grundrechtsschutz durch Verfahren nur außerhalb der Gewährleistung des Art. 19 IV GG.[500] Die noch weitergehende Ablehnung einer verfahrensrechtlichen Komponente, weil es einer solchen in gewissen Bereichen nicht bedürfe, stellt die Argumentation auf den Kopf; dies schließt die Vorstellung aus, dass es unter Umständen seit jeher, neben dem normierten Art. 19 IV GG, auch eine verfahrensrechtliche Komponente der Grundrechte gab, die lediglich noch nicht aufgedeckt war. Gerade vor den historischen Erfahrungen der Weimarer Republik und der nationalsozialistischen Herrschaft kommt Art. 19 IV GG die Betonung der subjektiven Dimension des Gerichtsschutzes als Grundrecht bei Verletzungen durch die öffentliche Gewalt zu, und er hat die wichtige Klarstellungsfunktion, dass subjektive Rechte vor Gericht durchsetzbar sind. Der „Selbstherrlichkeit“ der Verwaltung sollte Einhalt geboten werden[501] und der individuelle Rechtsschutz als Ausdruck der Menschenwürde sollte mit der Einführung des Art. 19 IV GG unterstrichen und durch ein Grundrecht gesichert werden. Diese Funktion büßt Art. 19 IV GG aber, auch angesichts der Ableitung von verfahrensrechtlichen Aspekten aus den materiellen Grundrechten selbst, keinesfalls ein. Selbst wenn man davon ausginge, dass Art. 19 IV GG nur Vorausgegangenes wiederholt, so wäre dies damit zu rechtfertigen, dass er den Gehalt der materiellen Grundrechte klar und deutlich zusammenfasst und damit die Gewährleistung des Grundgesetzes heraus- und klarstellt.

---

[497] *Haag*, S. 82 ff., 87, 90 f.

[498] *Haag*, S. 90 f.

[499] *Arndt*, S. 109.

[500] *Ibler*, in: Friauf/ Höfling, GG I, Art. 19 IV, Rn. 366.

[501] BVerfGE 10, 264, 267 f.; 35, 263, 274.

Zu berücksichtigen ist jedoch, dass zum Zeitpunkt der Einführung des Art. 19 IV GG die verfahrensrechtliche Dimension der materiellen Grundrechte noch nicht entwickelt war, so dass – in Unkenntnis dieser tatsächlich gegebenen Komponente der Grundrechte – nichts Vorausgegangenes zusammengefasst, sondern Neues geschaffen wurde. Dies lässt sich jedoch nicht als Argument gegen die Aufdeckung der verfahrensrechtlichen Dimension in den materiellen Grundrechten anführen, denn ein Verfassungswandel in der Zeit ist legitim und zu berücksichtigen. Insoweit ist auch die Rolle des Art. 19 IV GG zu überdenken und gegebenenfalls neu zu formulieren. Zudem ist – wie noch darzulegen sein wird – die Rolle des Art. 19 IV GG durch das Herausarbeiten der Bedeutung der materiellen Grundrechte auch für das einfache Verfahren nicht entwertet, sondern letztlich noch unterstrichen, da nur so eine vereinheitlichende Klammer und damit ein klarer verfassungsrechtlicher Standort vorhanden ist. Die Verortung des effektiven Rechtsschutzes in den Grundrechten bestätigt, dass diese Rechte wenig wert wären, würden sie nicht auch die Befugnis umfassen, Eingriffe gerichtlich abzuwehren. Um ihre Funktion in der Wirklichkeit erfüllen zu können, brauchen sie Verfahrensregelungen, die diese effektuieren, indem sie dem substantiellen Gehalt zur Wirkung verhelfen.[502]

Weiterhin wird eingewendet, dass ein aus den einzelnen materiellen Grundrechten abgeleiteter Gerichtsschutz die Gefahr in sich berge, den Grundrechtsschutz zu schwächen, da die Entwicklung einer Vielzahl von Spezialgarantien drohe, unter denen die Funktionsfähigkeit der Rechtspflege leide. Die Schrankenvorbehalte der einzelnen Grundrechte könnten möglicherweise zur Einschränkung des Gerichtsschutzes genutzt werden.[503] Andere weisen darauf hin, dass die grundrechtsunmittelbaren Ansprüche auf effektiven Rechtsschutz mit der allgemeinen Rechtsschutzgewährleistung des Art. 19 IV GG nicht hinreichend abgestimmt seien, denn Art. 19 IV GG eröffne nicht nur den Rechtsweg, sondern garantiere die wirksame Gestaltung des Rechtsschutzverfahrens. Im Bereich des Art. 19 IV GG sei kein Bedarf für die Entwicklung eines grundrechtsunmittelbaren Rechtsschutzanspruchs. Die Heranziehung der speziellen materiellen Grundrechte lasse die allgemeine Geltung des Art. 19 IV GG und seiner gleichmäßig für alle Grundrechtspositionen wirkenden Rechtsschutzstandards zugunsten einer Zersplitterung der verfahrensrechtlichen Anforderungen und Garantien in den Hintergrund treten. Eine verfahrensspezifische Gewährleistungsfunktion der materiellen Grundrechte komme nach einer weit verbreiteten Literaturansicht

---

[502] Vgl. sehr eingehend *Hesse*, in: EuGRZ 1978, 427.

[503] BVerfGE 60, 253, 297; *Schmidt-Aßmann*, in: Maunz/ Dürig, Art. 19 Abs. 4, Rn. 23; *Huber*, in: v. Mangoldt/ Klein/ Starck, GG I, Art. 19 IV, Rn. 374; *Papier*, in: Isensee/ Kirchhof, HStR VI, § 154, Rn. 15.

also nur außerhalb des Bereichs des Art. 19 IV GG in Betracht.[504] Gleichwohl bleiben die Grundrechte bei der Gewährung von Gerichtsschutz von großer Bedeutung, selbst wenn sie keine eigene Grundlage für den Gerichtsschutzanspruch darstellen sollten. So geben sie z. B. vor, wie intensiv kontrolliert werden muss,[505] oder sie zwingen zur Zulassung der Fortsetzungsfeststellungsklage, weil ein Grundrecht wesentlich geschmälert wurde.[506]

II. Die dogmatische Verankerung des Prinzips angemessener Verfahrensdauer in den materiellen Grundrechten

Ein möglicher Ansatz für die Verankerung des zeitgerechten Rechtsschutzes ist die Anknüpfung an die bereits mehrfach genannte „verfahrensrechtliche Komponente“ der Grundrechte. Hierbei geht es um die Frage der Grundrechtsverwirklichung und Grundrechtssicherung durch Organisation und Verfahren sowie um die Grundrechte als Verfahrensnormen und Organisationsmaximen.[507] Die materiellen Grundrechtsgehalte werden verfahrensrechtlich aktiviert und begründen einen grundrechtlichen Anspruch auf Teilhabe an staatlichen Entscheidungsprozessen.[508] Die vielfältigen Wirkungen, die aus der verfahrensrechtlichen Interpretation der Grundrechte abgeleitet werden, erfolgen meist ohne eine dogmatische Einordnung in eine Grundrechtsfunktion. Rechtsprechung und BVerfG sprechen immer nur von „den Grundrechten“, ohne konkreter zu werden. Erschwert wird eine solche Zuordnung durch die unklare Verwendung der Begrifflichkeiten und die nicht einheitliche Dogmatik.[509] So sollen nachfolgend, im Bestreben einer eindeutigen Einordnung, die Grundrechtsarten und -funktionen skizziert werden, ohne dass es möglich wäre, eine geschlossene Einteilung des gesamten Grundrechtsstoffes vorzunehmen und die Grundrechte in allen Einzelheiten zu erfassen. Wichtig erscheint es von vornherein klarzustellen, dass vorliegend nur die „verfahrensrechtliche Komponente“ der materiellen Grundrechte für das gerichtliche Verfahren diskutiert wird, mithin also das sonstige Verfahrens- und Organisationsrecht nicht behandelt werden. Es geht hier

[504] *Papier*, in: Isensee/ Kirchhof, HStR VI, § 154, Rn. 15 f.; *Ibler*, in: Friauf/ Höfling, GG I, Art. 19 IV, Rn. 366; unklar *Krüger/ Sachs*, in: Sachs, Art. 19, Rn. 131, 132; *Schulze-Fielitz*, in: Dreier, GG I, Art. 19 Abs. 4, Rn. 112.

[505] BVerfGE 103, 142, 158.

[506] *Ibler*, in: Friauf/ Höfling, GG I, Art. 19 IV, Rn. 367.

[507] *Bethge*, in: NJW 1982, 1, 2.

[508] *Bethge*, in: NJW 1982, 1, 3.

[509] Vgl. auch *Stern*, in: Isensee/ Kirchhof, HStR V, § 109, Rn. 1.

um die Anforderungen, die sich aus den Grundrechtsbestimmungen für die Verfahrensgestaltung in zeitlicher Hinsicht ergeben.[510]

1. Grundrechtsfunktionen, Grundrechtsarten und Grundrechtstheorien

Neben dem Begriff der Grundrechtsfunktionen ist auch die Rede von den Grundrechtstheorien und den Grundrechtsarten.

a) Die Grundrechtsfunktionen, Grundrechtsarten und Grundrechtstheorien

Die Grundrechtsfunktionen[511] beschreiben die verschiedenen Wirkungen der Grundrechte (Ziele) im Verhältnis zwischen Bürger und Staat. Ausgehend von der allgemein anerkannten Subjektivität[512] der Grundrechte lassen sich vier Grundrechtsfunktionen, die auf eine leicht modifizierte Einteilung der Grundrechte durch *Jellinek* zurückgehen,[513] unterscheiden: der status negativus, der status positivus, der status activus[514] und der status relativus[515]. Die „Grundrechtsart" bringt die dominante Funktion eines Grundrechts zum Ausdruck. So werden als Abwehrgrundrechte die Grundrechte bezeichnet, bei denen die Abwehrfunktion im Vordergrund steht; entsprechend gibt es auch Leistungs- und Gleichheitsgrundrechte.[516] Die Grundrechte sind grundsätzlich „mehrfunktional" und haben neben der Hauptfunktion weitere nachgeordnete Funktionen.[517] Die

---

[510] Vgl. *Stern*, Staatsrecht III/1, § 69 V 4, S. 959 ff.; § 69 V 7, S. 974, 976 f. zur notwendigen Strukturierung der Diskussion.

[511] Vgl. zur Abgrenzung von den Grundrechtstheorien *Stern*, in: Isensee/ Kirchhof, HStR V, § 109, Rn. 22 ff.

[512] Vgl. zur historischen und dogmatischen Entwicklung *Stern*, Staatsrecht III/1, § 64 II 1, 2, S. 508 ff., 530 ff.

[513] *Jellinek*, System der subjektiven öffentlichen Rechte, S. 87, 94 ff. 114 ff., 136 ff.; *ders.*, Allgemeine Staatslehre, S. 419 ff. Vgl. auch *Stern*, Staatsrecht III/1, § 64 II 6a, S. 427 ff.

[514] *Jarass*, in: AöR 120 (1995), S. 345, 357, vgl. zu den Mitwirkungsrechten *Stern*, in: Isensee/ Kirchhof, HStR V, § 109 Rn. 42, 48 und Rn. 49 zu den Prozessgrundrechten, die er in die Nähe der Mitwirkungsrechte stellt.

[515] *Jarass*, in: AöR 120 (1995), S. 345, 348; *Jarass/ Pieroth*, Vorb. 6 vor Art. 1.

[516] *Jarass*, in: AöR 120 (1995), S. 345, 354 ff., 356 f.; *Jarass/ Pieroth*, Vorb. 1 vor Art. 1. Die eigenständige Bedeutung der „Grundrechtsarten" im Vergleich zu den „Grundrechtsfunktionen" liegt darin, dass hier die Grundrechte mit dominanter Schutzfunktion von der Grundrechtsart der Leistungsrechte erfasst werden, da nur auf das Verhältnis Bürger-Staat abzustellen ist und Dreieckskonstellationen keine Rolle spielen.

[517] *Jarass*, in: AöR 120 (1995), S. 345, 347; *Jarass/ Pieroth*, Vorb. 2 vor Art. 1; *Bleckmann*, Staatsrecht II, § 11, Rn. 1. Vgl. zur geschichtlichen Entwicklung *Stern*, Staatsrecht III/1, § 64 III 1, S. 456; § 65 V 1, S. 587 und *ders.*, in: Isensee/ Kirchhof, HStR V, § 109, Rn. 14; *Starck*, in: v. Mangoldt/ Klein/ Starck, GG I, Art. 1 Abs. 3, Rn. 171; *Badura*, Staatsrecht, C 16 ff.; *Hesse*, in: HbVerfR, § 5, Rn. 13 f.; 15 f.; 17 ff.; *ders.*, Grundzüge, Rn. 287 ff. Vgl. die Dar-

Mehrheit der Grundrechte sind primär „Abwehrrechte des Bürgers gegen den Staat" und sollen die Freiheit des Einzelnen vor Eingriffen durch die öffentliche Gewalt schützen.[518] Vereinzelt steht die Leistungsfunktion im Vordergrund, so zum Beispiel bei Art. 19 IV GG.[519] Einzelne Grundrechte verpflichten den Staat, die Aktivitäten und Güter der Grundrechtsinhaber durch gezielte Maßnahmen vor Behinderungen durch Dritte zu schützen und eine Mindestposition zu sichern, so zum Beispiel Art. 1 I GG, die Wissenschaftsfreiheit oder die Berufsfreiheit. Diese Schutzfunktion hat Ähnlichkeiten mit der Leistungsfunktion, unterscheidet sich aber von dieser durch ihren Bezug auf das Verhältnis des Grundrechtsträgers zu einem anderen Bürger. In dieser Dreieckskonstellation droht eine Gefahr von Privaten, während die Leistungsfunktion das Verhältnis Staat-Grundrechtsberechtigter im Blick hat.[520]

Unter einer Grundrechtstheorie[521] versteht man eine systematisch orientierte Auffassung über den allgemeinen Charakter, die normative Zielrichtung und die inhaltliche Reichweite der Grundrechte.[522] Die frühere Diskussion um die Grundrechtstheorien scheint heute durch den Begriff der „Grundrechtsfunktionen" ersetzt zu werden, wobei die Begrifflichkeiten nicht immer deckungsgleich sind.[523]

---

stellung des Streits um die Grundrechtsfunktionen in den 1970er Jahren bei *Denninger*, in: Isensee/ Kirchhof, HStR V, § 113, Rn. 1.

[518] BVerfGE 7, 198, 204; 50, 290, 336 f.; 68, 193, 205; *Jarass*, in: AöR 120 (1995), S. 345, 348 f.; *Jarass/ Pieroth*, Vorb. 1, 5 f. vor Art. 1; *Stern*, in: Staatsrecht III/1, § 65 IV 4, S. 571 ff.; § 66 II, S. 622; *Hesse*, Grundzüge, Rn. 287; *Bleckmann*, Staatsrecht II, § 11, Rn. 6 ff.

[519] Zur Unterscheidung zwischen originären und derivativen Leistungsrechten und der Teilhabefunktion als einem Unterfall der Leistungsfunktion, vgl. *Jarass*, in: AöR 120 (1995), S. 345, 350; *Alexy*, Theorie der Grundrechte, S. 395 ff.; *Jarass/ Pieroth*, Vorb. 7 vor Art. 1; *Bleckmann*, Staatsrecht II, § 11, Rn. 24 ff.; *Stern*, in: Isensee/ Kirchhof, HStR V, § 109, Rn. 46; *Murswiek*, in: Isensee/ Kirchhof, HStR V, § 112, Rn. 5 ff.

[520] *Jarass*, in: AöR 120 (1995), S. 345, 351 f.; *Jarass/ Pieroth*, Vorb. 8 vor Art. 1; *Isensee*, in: Isensee/ Kirchhof, HStR V, § 111, Rn. 1; *Murswiek*, in: Isensee/ Kirchhof, HStR V, § 112, Rn. 20. Vgl. zur mittelbaren Drittwirkung und Ausstrahlungswirkung der Grundrechte als Sonderfall der Schutzfunktion: *Jarass*, in: AöR 120 (1995), S. 345, 352 f.; *Jarass/ Pieroth*, Vorb. 9 vor Art. 1; *Bleckmann*, Staatsrecht II, § 11.

[521] Unter der „Dogmatik" eines Rechtsgebiets wird die Lehre über den Umgang mit dessen Regelungen bei der Rechtsanwendung verstanden. Nach *Jarass*, in: AöR 120 (1995), S. 345, 346 (Fn. 2), entspricht dies dem Begriff der „Grundrechtstheorie", welcher aber auch philosophische, politische und rechtsvergleichende Vorfragen erfasst und gegenüber der „Dogmatik" weniger anwendungsorientiert ist. Vgl. auch *Müller*, Juristische Methodik, S. 239 ff.; *Böckenförde*, in: NJW 1974, 1529.

[522] Vgl. zu den heute unterschiedenen Theorien *Böckenförde*, in: NJW 1974, 1529 f.; *Pieroth/ Schlink*, Staatsrecht II, Rn. 86; *Stern*, in: Isensee/ Kirchhof, HStR V, § 109, Rn. 22 ff.

[523] *Stern*, in: Isensee/ Kirchhof, HStR V, § 109, Rn. 27.

b) Objektiv-rechtliche Wertentscheidungen und Grundrechtsgehalte

Die dargestellten Grundrechtsfunktionen sind subjektive Rechte der Grundrechtsadressaten. Die Grundrechtsgehalte enthalten aber auch eine „objektiv-rechtliche Wertentscheidung der Verfassung, die für alle Bereiche der Rechtsordnung gelten und Richtlinien für Gesetzgebung, Verwaltung und Rechtsprechung geben“[524]. Dieser objektiv-rechtliche Gehalt kann aber – anders als die meisten subjektiv-rechtlichen Inhalte – nicht präzise umschrieben werden; er stellt keine eigene Grundrechtsfunktion im obigen Sinne dar.[525] Ihm werden Werte und Rechtsgüter entnommen, die in jede Richtung, also absolut, geschützt sind. In einer Art Generalisierung der Norm wird der Inhalt des Grundrechts aus dem Kontext der zufälligen konkreten verfassungsrechtlichen Ausgestaltung herausgelöst und abstrahiert.[526] Das Schrifttum leitet aus den objektiv-rechtlichen Gehalten vier „Wirkungen“ ab, nämlich ihre Ausstrahlungswirkung auf die gesamte Rechtsordnung, ihre Schutzgehalte für grundrechtlich gesicherte Rechtsgüter, Organisations- und Verfahrensgehalte und die subjektiv-rechtliche Bedeutung objektiv-rechtlicher Gehalte.[527]

2. Dogmatische Einordnung der verfahrensrechtlichen Komponente

Bei der Aufnahme der Grundrechte in das Grundgesetz waren diese in erster Linie als Abwehrrechte konzipiert, so dass fraglich ist, ob den Grundrechten neue „Funktionen“ zugeschrieben werden können oder ob sie nur in ihrem ursprünglichen Umfang fortbestehen. Ihr oberstes Ziel, zentral formuliert in der Garantie der Menschenwürde (Art. 1 I GG), ist die Ermöglichung freier und selbstverantwortlicher Lebensgestaltung des einzelnen Menschen. Dieses Ziel besteht unverändert fort und muss, unter veränderten (gesellschaftlichen) Bedingungen und unter entsprechend veränderter Gefährdung der grundrechtlichen Freiheit, nach neuen Antworten und Wegen der Realisierung suchen.[528] Das gerichtliche Verfahren ist insoweit von großer Relevanz und die Grundrechte als Verfahrensgarantien sind die Antwort auf die Freiheitsrelevanz des Verfahrens selbst.[529] Die Grundrechte werden durch das Verfahren prozessual konkreti-

---

[524] BVerfGE 7, 198, 204; 49, 89, 141; 56, 54, 73; 73, 261, 269; vgl. *Stern*, in: Isensee/ Kirchhof, HStR V, § 109, Rn. 17 ff., 50, 55; *ders.*, Staatsrecht III/1, § 69 II 4, S. 918 f.; *Jarass/ Pieroth*, Vorb. 3 vor Art. 1; *Jarass*, Die Grundrechte, S. 37.

[525] *Bleckmann*, Staatsrecht II, § 11, Rn. 153.

[526] *Bleckmann*, Staatsrecht II, § 11, Rn. 154.

[527] *Stern*, Staatsrecht III/1, § 69 II 5, S. 921 ff.; *ders.*, in: Isensee/ Kirchhof, HStR V, § 109, Rn. 57, 58 ff.; *Jeand'Heur*, in: JZ 1995, 161 ff.

[528] *Häberle*, in: VVDStRL 30 (1972), S. 70.

[529] *Grimm*, in: NVwZ 1985, 865, 867; *Häberle*, in: VVDStRL 30 (1972) S. 43; *Hesse*, in:

siert.[530] Dies erfordert eine „grundrechtssichernde Geltungsfortbildung" durch eine „offene" Dogmatik, die sich bei gleich bleibendem Text wandelt.[531] Nachfolgend wird untersucht, wie eine solche neue Dogmatik aussehen könnte. Es soll dabei nur um Verfahrensrechte im Zusammenhang mit dem Recht auf effektiven Rechtsschutz und dem Recht auf angemessene Verfahrensdauer gehen, die beide an die Gerichte adressiert sind.[532]

Aufgrund des sehr engen Zusammenhangs zwischen materiellem Recht und Verfahren erscheint es auf den ersten Blick konsequent, wenn man im Aspekt des Verfahrens eine eigene Grundrechtsfunktion sieht. Gleichzeitig ist es auch grundsätzlich denkbar, dass die Grundrechte nach ihrem Inhalt und ihrem Ziel durch die Abwehr von zu langen Verfahren (status negativus) oder durch die Gewähr zügiger Gerichtsverfahren (status positivus) Einfluss auf die Dauer von Verfahren nehmen.[533] Für die Zuordnung zum status negativus spricht, dass in seinem Bereich der verfahrensrechtliche Gehalt der Grundrechte die Nichtbeseitigung von rechtlichen Positionen (in zeitlicher Hinsicht) schützen und garantieren soll. Denkbar ist aber genauso, die Rechte auf Verfahren dem status positivus zuzuordnen, da es vielfach um die Sicherung bestehender Rechte durch positives Tun geht (Normsetzung). Insoweit kommt aber nach *Alexy* auch eine zweigleisige Zuweisung zum negativen Status für die Sicherung bestehender Verfahrensrechte und zum positiven Status für zu schaffende Verfahrensrechte in Frage.[534] Die besseren Argumente sprächen aber für eine umfassende Verankerung der Verfahrensrechte im positiven Status, denn Rechte auf Verfahrenspositionen seien Rechte auf Schaffung einer Position, was einer positiven Handlung bedürfe. Es sei aber rein zufällig, ob diese erforderliche Handlung bereits ausgeführt sei oder nicht. Folglich handele es sich entweder um ein Recht auf Schaffung der Position oder um ein Recht auf Verhinderung ihrer Beseitigung, das dem Recht auf ihre Schaffung notwendig nachfolge. Sowohl in den Normsetzungs- und Normaufhebungsakten als auch im In-Geltung-Halten von existierenden verfahrensmäßigen Normen seien positive Handlungen des Gesetzgebers zu sehen. *Stern* weist daher zu recht darauf hin, dass beim Ableiten von subjektiven Rechten aus objektiv-rechtlichen Grundrechtsgehalten die Grenzlinie zwischen Teilhabe durch Verfahren und Teilhabe durch Leistung außerordentlich

---

EuGRZ 1978, 427, 431, 434; *Lorenz*, in: NJW 1977, 865; *Bethge*, in: NJW 1982, 1.

[530] *Häberle*, in: VVDStRL 30 (1972), S. 87; vgl. auch *Starck*, in: JuS 1981, 237.

[531] *Häberle*, in: VVDStRL 30 (1972), S. 69.

[532] Vgl. zur begrifflichen Differenzierung der „Grundrechtsverwirklichung und -sicherung durch Organisation und Verfahren": *Alexy*, Theorie der Grundrechte, S. 430 ff.

[533] *Kloepfer*, in: JZ 1979, 209, 212, 214. Die Idee einer verfahrensrechtlichen Wirkung der Grundrechte in deren Dimension als Teilhaberecht ist umstritten, vgl. *Rupp*, in: AöR 101 (1976), S. 161, 176 ff., 183 ff.; *Redeker*, in: NJW 1980, 1593.

[534] *Alexy*, Theorie der Grundrechte, S. 435 f.

„dünnwandig" ist.[535] Die Zuordnung zur Teilhabe durch Verfahren ist deshalb richtig, weil die Teilhabe durch Leistung primär den materiellen Inhalt eines Grundrechts in leistungsrechtlicher Hinsicht umfasst und nicht den verfahrensrechtlichen. Daneben ist auch die Zuordnung der Verfahrensrechte zum aktiven Status möglich, wie sie *Häberle* für den status activus processualis vorgenommen hat;[536] bei den Verfahrensrechten gehe es um Kompetenzen, die das Kennzeichen des aktiven Status seien. Soweit aber Rechte gegenüber dem Gesetzgeber betroffen seien, handele es sich um „Rechte auf Kompetenzen", die dem positiven Status zuzuordnen seien. Lediglich der Gegenstand dieser Rechte gehöre zum aktiven Status. Daher sei eine einheitliche Zuordnung unter diesen Status nicht möglich.[537] Weiterhin könne man die Verfahrensrechte auch den Rechten auf Schutz zuordnen, da sie in erster Linie dem Schutz bestehender Rechtspositionen gegenüber dem Staat und gegenüber Dritten dienten.[538]

Diese Ausführungen machen deutlich, dass die Verfahrensrechte für jede einzelne der „klassischen" Grundrechtsfunktionen gleichermaßen von Bedeutung sind und mit jeder von ihnen in Zusammenhang stehen. Dies liegt an der Rolle des Verfahrens selbst, das der Verwirklichung des materiellen Rechts und seinen einzelnen Zielen (Funktionen) dient. Greift der Staat in den Schutzbereich eines Grundrechts ein, so bedarf es eines (Rechtsschutz-)Verfahrens zur Abwehr dieser Verletzung. Ein Anspruch auf positives Handeln des Staates muss prozessual durchgesetzt werden können, wie auch die Gleichbehandlung eines Berechtigten mit vergleichbaren Fällen. Egal welches Ziel mit der Grundrechtsgewährleistung im konkreten Fall verfolgt wird, das Verfahren ist immer das Werkzeug zur Realisierung der theoretischen Grundrechtsgehalte.[539]

Wenn es nun darum geht, die Verfahrensrechte einheitlich einer Grundrechtsfunktion zuzuordnen, so scheidet von vornherein der status activus angesichts seines eingeschränkten Funktionsbereichs aus, da er nicht alle verfahrensrechtlichen Kompetenzen erfassen kann. Betrachtet man die Zuordnung entweder zum

---

[535] *Stern*, Staatsrecht III/1, § 69 V 7, S. 977 ff. m. w. N.

[536] *Häberle*, in: VVDStRL 30 (1972), S. 43, 81: Der status activus processualis ist der Inbegriff aller Normen und Formen, die die Verfahrensbeteiligung des durch den Leistungsstaat in seinen Grundrechten Betroffenen regeln.

[537] *Alexy*, Theorie der Grundrechte, S. 436 ff.

[538] *Alexy*, Theorie der Grundrechte, S. 446.

[539] BVerfGE 42, 64, 73; vgl. auch BVerfGE 46, 325, 333; 49, 220, 226; 52, 131, 153; *Alexy*, Theorie der Grundrechte, S. 444; *Lorenz*, in: AöR 105 (1980), S. 638 f. formuliert: „Demgemäß beurteilt sich die Effektivität des Rechtsschutzes nach dem Maß der Verwirklichung nicht der Rechtsschutzgarantie, sondern des betroffenen und durchzusetzenden (Grund-) Rechts: Effektiver Rechtsschutz bedeutet damit Effektivität des materiellen Rechts durch Rechtsschutz."

status negativus oder zum status positivus, so fällt eine Entscheidung schwer. Einer Verankerung im status positivus, wie sie *Alexy* befürwortet, kann nur eingeschränkt zugestimmt werden, da diese Sichtweise zu stark die notwendige Aktivität des Staates und damit das Verfahrensrecht als solches in den Vordergrund stellt. Es scheint sinnvoller, die einzelnen Grundrechtsfunktionen als Ausgangspunkt zu nehmen und deren Ziele zu betonen. Mit diesem Blick soll der „dienenden Funktion“[540] des Verfahrens als Mittel zur materiellen Zielerreichung Rechnung getragen werden. Die „helfende Stellung“ der verfahrensrechtlichen Position, die selbstverständlich eine staatliche Handlung erfordert, sollte dabei nicht das maßgebliche Kriterium für die Einteilung in eine einzelne Grundrechtsfunktion sein. Aber auch die Qualifikation des verfahrensrechtlichen Aspekts der Grundrechte als eine eigene Funktion passt deshalb nicht, weil mit den „klassischen“ Grundrechtsfunktionen die materielle Wirkung der Grundrechte auf das Rechtsverhältnis zwischen Bürger und Staat beschrieben wird. Dahingegen beschreibt der verfahrensrechtliche Aspekt der Grundrechte das Angewiesensein des Grundrechtsberechtigten auf ein prozessuales Verfahren und betrifft damit nicht materielle Gehalte des Grundrechts, sondern deren Durchsetzung als einen formalen Aspekt.

Jarass merkt daher zu Recht an, dass es sich beim Verfahren nicht um eine eigene Grundrechtsfunktion handelt, welche die oben genannte Einteilung als weitere Kategorie ergänzt, sondern dass dies eine eigene „verfahrens- und organisationsrechtliche Dimension“ der Grundrechte sei, die im Rahmen aller Grundrechtsfunktionen auftrete. Diese verfahrens- und organisationsrechtlichen Vorgaben lägen quer zu den eigenständigen Grundrechtsfunktionen, so dass man zur besseren Unterscheidung von einer „Grundrechtsdimension“ sprechen solle.[541] Die „verfahrensrechtliche Dimension“ beschreibt die Wirkung der mate-

---

[540] *Maurer*, Rechtsstaatliches Prozessrecht, S. 467: Das Prozessrecht diene der Durchsetzung des materiellen Rechts und müsse sich daher an den Strukturen und Gegebenheiten des materiellen Rechts orientieren.

[541] *Jarass*, in: AöR 120 (1995), S. 345, 353; *Jarass/ Pieroth*, Vorb. 11 ff. vor Art. 1. Ähnlich auch *Murswiek*, in: Isensee/ Kirchhof, HStR V, § 112, Rn. 19: Es sei nicht zwingend, mit *Jarass* eine quer liegende verfahrens- und organisationsrechtliche Dimension anzunehmen; Vieles lasse sich aber mit dieser schlüssig erklären. Diese „Dimension“ könne für verschiedene Grundrechtsfunktionen relevant sein; die Annahme einer eigenen Grundrechtsfunktion liege fern. Vgl. auch die quer zu den Grundrechtsfunktionen liegende Figur der „rechtlichen Ausgestaltung“ vor allem im Bereich der Leistungs- und Schutzfunktion. Diese „Ausgestaltungen“ stellen keine Grundrechtsbeeinträchtigung dar und haben eine ähnliche Wirkung wie die Figuren des Gesetzesvorbehalts und des kollidierenden Verfassungsrechts, die aber auf anderem Weg zur Rechtfertigung von Grundrechtsbeeinträchtigungen führen. Hierzu *Jarass*, in: AöR 120 (1995), S. 345, 353 f., 367 ff.; *Jarass/ Pieroth*, Vorb. 25 vor Art. 1; *Pieroth/ Schlink*, Grundrechte, Rn. 226; *Isensee*, in: Isensee/ Kirchhof, HStR V, § 111, Rn. 51.

riellen Grundrechte auf das Verfahren der (prozessualen) Realisierung ihrer materiellen Gehalte. Sie betrifft nicht das subjektiv-materiell geprägte Rechtsverhältnis zwischen Bürger und Staat, sondern die objektiv-formelle Dimension des Verfahrens, tritt aber in ersterem in Erscheinung. Dieser strukturelle Unterschied würde die verfahrensrechtliche Komponente der Grundrechte als eine eigene „Funktion" zu einem Fremdkörper in dieser Kategorie machen.

Wenn man die Verfahrensrechtskomponente der Grundrechte als „quer liegende Dimension" beschreibt, schließt sich jedoch die Frage an, ob und ggf. wie sich diese Dimension von der objektiv-rechtlichen Dimension der Grundrechte unterscheidet oder ob sie eine ihrer Unterkategorien darstellt. Dies wird relevant, wenn man mit der Rechtsprechung des BVerfG davon ausgeht, dass der Justizgewähranspruch außerhalb des Art. 19 IV GG aus dem Rechtsstaatsprinzip in Verbindung mit einem materiellen Grundrecht folgt. In diesem Fall macht erst das materielle Grundrecht aus der Justizgewährungspflicht des Rechtsstaatsprinzips einen subjektiven Justizgewährungsanspruch. Dann kann es sich aber bei der verfahrensrechtlichen Komponente nicht um eine rein objektive handeln, weil eine solche schon im Rechtsstaatsprinzip zusammengefasst ist und es zudem an einem „subjektivierenden Element" fehlte, das den eigentlichen Anspruch begründet. Eine nahe liegende Möglichkeit wäre, diese subjektiven verfahrensrechtlichen Elemente in der jeweiligen Funktion zu belassen, was jedoch zur Unübersichtlichkeit führte und den Nachteil der Überfrachtung hätte. Zudem sind die genannten Elemente für jede Funktion ähnlich oder gleich, so dass sich die Zusammenfassung zu einer quer liegenden und einheitlichen Dimension anbietet. Für die Einordnung dieser quer liegenden Dimension stehen nun mehrere Möglichkeiten zur Verfügung. Ausgehend von einer Zweiteilung des Grundrechts in einen objektiv-rechtlichen und einen subjektiv-rechtlichen Teil, kommt die Zuordnung der Verfahrensdimension grundsätzlich zu beiden in Betracht.

Für die Einordnung in die objektiv-rechtliche Dimension spricht, neben der dortigen Verankerung der Verfahrenskomponente in der Literatur, die auf den ersten Blick eher objektive Natur der verfahrensrechtlichen Seite der Grundrechte. Würde man diesen Aspekt der Grundrechte aber tatsächlich dort ansiedeln, so wäre nicht zu erklären, wie das objektive Rechtsstaatsprinzip in Verbindung mit einem materiellen Grundrecht einen subjektiven Justizgewährleistungsanspruch ergibt, denn die objektive Verfahrensdimension der Grundrechte wäre nicht in der Lage, das objektive Rechtsstaatsprinzip zu „subjektivieren". Die verfahrensrechtliche Dimension eines Grundrechts muss daher notwendig ein subjektives Element enthalten, das einen subjektiven Anspruch auf Verfahren, auf effektives Verfahren und auf angemessene Verfahrensdauer begründet; gleichzeitig muss es allen subjektiv-materiellen Funktionen dienen und gemeinsam sein. Denkbar ist lediglich, dass die objektive verfahrensrechtliche Komponente im Einzelfall über die einschlägige subjektiv-rechtliche Funktion des Grundrechts „subjektiviert" wird. Dies hätte aber den Nachteil, dass der subjektive Verfahrensanteil als solcher nicht greifbar wäre und nicht einheitlich für alle Funktionen dargestellt werden könnte. Daher scheint die Einordnung der verfahrensrechtlichen Dimension in die subjektiv-rechtliche Seite sinnvoller. Dies betont die große Nähe zu den einzelnen Funktionen und die dienende Stellung des Verfahrens für die einzelne materielle Funktion, denn der Anspruch auf ein Verfahren ist ein Anspruch auf die Durchsetzung des materiellen Rechts selbst. Dieser entspringt aber notwendig der einzelnen Funktion des Grundrechts, da in ihr dessen bezweckte Wirkung, das Ziel des Grundrechts und damit der materielle Gehalt steckt. Aber auch aus einem anderen Grund ist eine Verankerung der verfahrensrechtlichen Komponente in der subjektiv-rechtlichen Grundrechtsseite erforderlich: Der anspruchsberechtigte Bürger hat ein Recht, vom Staat ein materielles und ein verfahrensbezogenes Tun oder Unterlassen zu fordern. Beide Situationen zeichnen sich durch die Zwei-Personen-Konstellation des Anspruchsverhältnisses aus, in dem jeweils der Bürger dem Staat gegenübersteht. Oben wurde aber bereits dargestellt, dass sich die objektiven Grundrechtsdimensionen nicht durch ein Zweipersonenverhältnis beschreiben lassen. Damit kommt die Einordnung der verfahrensrechtlichen Komponente der Grundrechte allein auf der objektiv-rechtlichen Seite nicht in Frage, da der verfahrensrechtliche Aspekt, zumindest soweit er die Anspruchsposition des Bürgers beschreibt, durch ein Anspruchsverhältnis definierbar sein muss.[542] Von dieser subjektiven Verfahrensdimension der Grundrechte ist aber eine objektive Verfahrensdimension zu unterscheiden, die der objektiv-rechtlichen Dimension der Grundrechte zuzuordnen ist. Innerhalb dieser verfahrensrechtlichen Dimension ist wiederum zwischen einem allgemeinen und einem besonderen Rechtsschutzstandard zu differenzieren. Der besondere umfasst die grundrechtsspezifischen Verfahrensgehalte, die das einzelne Grundrecht auszeichnen und dessen Einzigartigkeit ausmachen. Der allgemeine Rechtsschutzstandard beinhaltet den Anteil, der auch im Rechtsstaatsprinzip und dem Art. 19 IV GG angesiedelt wird. Dabei ist jedoch zu beachten, dass es sich hierbei nur um einen Ausschnitt handeln kann, da das materielle Grundrecht überfordert wäre, müsste es den vollen allgemeinen Rechtsschutzstandard aufnehmen. Viele von diesen Gehalten sind außerhalb der materiellen Grundrechte in der Verfassung angelegt und werden im Rechtsstaatsprinzip zusammengefasst bzw. über eine Zusammenschau dort zu einem eigenen Grundsatz verbunden.

---

[542] *Jarass*, Die Grundrechte, S. 46, zweifelt, ob die verfahrensrechtlichen Vorgaben der Grundrechte als spezifische Teilgruppe der objektiven Grundrechtsgehalte angesehen werden können. Er sieht in ihnen eine „übergreifende Kategorie [...], die als Hilfsfunktion die Hauptfunktionen im Abwehrbereich und im Schutzbereich stützt."

Man kann daher zusammenfassend folgendes dogmatisches Bild der materiellen Grundrechte und ihrer verfahrensrechtlichen Aspekte entwerfen: Ausgangspunkt ist die Unterscheidung einer subjektiv-rechtlichen Seite und einer objektiv-rechtlichen Dimension des materiellen Grundrechts. Auf der subjektiv-rechtlichen Seite liegt quer zu den einzelnen Grundrechtsfunktionen (Abwehr-, Leistungs-, Gleichheitsfunktion u. a.) die aus den einzelnen Funktionen abgeleitete subjektive verfahrensrechtliche Dimension des Grundrechts. Hiervon zu unterscheiden ist die objektive verfahrensrechtliche Dimension des Grundrechts, die ebenfalls quer zu den einzelnen Funktionen und parallel zur subjektiven verfahrensrechtlichen Dimension liegt; sie ist Teil der objektiv-rechtlichen Dimension des Grundrechts. Innerhalb der objektiven verfahrensrechtlichen Dimension lassen sich der allgemeine und der besondere Rechtsschutzstandard unterscheiden, wobei ersterer ein Ausschnitt des allgemeinen Rechtsschutzstandards des Rechtsstaatsprinzips und des Art. 19 IV GG ist.

7. KAPITEL: DAS VERHÄLTNIS DER EINZELNEN ANKERPLÄTZE ZUEINANDER

Der Justizgewährleistungsanspruch, das Effektivitätsprinzip und das Prinzip der angemessenen Verfahrensdauer lassen sich in Art. 19 IV GG, im Rechtsstaatsprinzip und in den materiellen Grundrechten dogmatisch verankern. In vielen Fällen sind mehrere dieser Ankerplätze parallel einschlägig, so dass ihr Verhältnis zueinander geklärt werden muss, um Konkurrenzprobleme zu vermeiden.

A. DAS VERHÄLTNIS VON ALLGEMEINEM RECHTSSTAATSPRINZIP ZU ART. 19 IV GG

Zunächst soll auf das Verhältnis von allgemeinem Rechtsstaatsprinzip und Art. 19 IV GG eingegangen werden.

I. Die Auffassung des BVerfG

Das BVerfG spricht das Verhältnis von allgemeinem Rechtsstaatsprinzip und Art. 19 IV GG im Zusammenhang mit dem dort verorteten Effektivitätsprinzip nicht oft an, sondern nimmt in den allermeisten Fällen direkt Bezug auf eine der beiden einschlägigen Quellen. Daneben wird in einigen älteren Entscheidungen, erstmals in der abweichenden Meinung des Urteils vom 15.12.1970[543], dieses Verhältnis erwähnt, ohne dass die dogmatische Konzeption völlig klar wird. So führt das Gericht in seinem Beschluss vom 18.7.1973, nachdem die Verletzung der Grundrechte aus Art. 2 I GG in Verbindung mit dem Rechtsstaatsprinzip und Art. 19 IV GG festgestellt wurde,[544] aus, dass die „sich bereits aus dem Rechtsstaatsprinzip ergebende allgemeine Forderung nach einem angemessenen Rechtsschutz gegen Rechtsverletzungen durch die öffentliche Gewalt [...] durch die positive Verfassungsnorm des Art. 19 Abs. 4 GG erfüllt“ wird.[545] Zunächst scheint es, als ob für Rechtsverletzungen durch die öffentliche Gewalt das allgemeine Rechtsstaatsprinzip in Verbindung mit Art. 2 I GG und Art. 19 IV GG parallel anwendbar und verletzt sind, dann jedoch sieht das Gericht den Art. 19 IV GG als „erfüllt“ an. Damit kann ein Verhältnis des Rechtsstaatsprinzips zu Art. 19 IV GG als von lex generalis zu lex specialis, aber auch ein Ergänzungsverhältnis gemeint sein. In einer anderen Entscheidung „konkretisiert“

[543] BVerfGE 30, 1, 41.

[544] BVerfGE 35, 382, 399.

[545] BVerfGE 35, 382, 401.

Art. 19 IV GG das rechtsstaatliche Prinzip individuellen Rechtsschutzes.[546] Deren Verhältnis zueinander erklärt jedoch auch dies nicht. Dahingegen stellt das Gericht in einem Beschluss vom 9.1.1991 klar, dass das Recht auf ein faires Verfahren aus Art. 2 I GG in Verbindung mit Art. 20 III GG, neben dem in Art. 19 IV GG verankerten effektiven Rechtsschutz als Prüfungsmaßstab ausscheide. An diesem Gebot seien nur solche Beschränkungen zu messen, die von den speziellen Gewährleistungen des Grundgesetzes nicht erfasst würden.[547] Art. 19 IV GG ist hier also lex specialis. Oftmals grenzt das BVerfG auch nur die Anwendungsbereiche voneinander ab, wenn es von einem „Grundrecht auf Gewährung wirkungsvollen Rechtsschutzes, das in zivilrechtlichen Streitigkeiten durch Art. 2 Abs. 1 GG in Verbindung mit dem Rechtsstaatsprinzip verbürgt wird“ spricht und die Rechtsschutzgarantie für den Bereich des öffentlichen Rechts aus Art. 19 IV GG ableitet.[548]

Die Plenarentscheidung des BVerfG vom 30.4.2003 geht sehr klar auf das Verhältnis der beiden Rechtsgrundlagen ein: Die Garantie des effektiven Rechtsschutzes sei ein wesentlicher Bestandteil des Rechtsstaates; das Grundgesetz garantiere Rechtsschutz nicht nur in Art. 19 IV GG, sondern auch im Rahmen des allgemeinen Justizgewährleistungsanspruchs, welcher Bestandteil des Rechtsstaatsprinzips in Verbindung mit den Grundrechten, insbesondere des Art. 2 I GG sei. „Im rechtsstaatlichen Kerngehalt unterscheiden sich der allgemeine Justizgewährungsanspruch und als dessen Spezialregelung die Rechtsweggarantie des Art. 19 IV GG nicht. Unterschiede bestehen hinsichtlich der Anwendungsbereiche.“[549] Weiter wird ausgeführt, dass Art. 19 IV GG für zivilrechtliche Streitigkeiten nicht anwendbar sei und stattdessen der allgemeine Rechtsgewährungsanspruch greife, der aber auch in anderen Fällen, in denen Art. 19 IV GG ein Rechtsschutzdefizit hinterlasse, das rechtsstaatlich geforderte Verfahren garantiere.[550] Damit versteht das BVerfG das Verhältnis des allgemeinen Rechtsstaatsprinzips zu Art. 19 IV GG im Sinne von lex generalis zu lex specialis.

---

[546] BVerfGE 94, 49, 104.

[547] BVerfGE 83, 182, 194.

[548] BVerfGE 88, 118, 123; vgl. auch BVerfGE 54, 277, 291; 74, 228, 234; 80, 103, 107; 82, 126, 155; 84, 366, 369; 85, 337, 345; 93, 99, 107; 101, 275, 294 f.; BVerfG, in: NJW 1997, 2811 f.; NJW 2000, 797; NJW 2002, 253, die die Ableitung der Rechtsschutzgarantie und des Effektivitätsprinzips für zivilrechtliche Streitigkeiten aus dem Rechtsstaatsprinzip klarstellen. Für die angemessene Beschleunigung des Strafverfahrens vgl. BVerfGE 63, 45, 68 f.; BVerfG, in: NJW 2003, 2225 f.; BVerfG, in: EuGRZ 2003, 307, 311.

[549] BVerfGE 107, 395, 403.

[550] BVerfGE 107, 395, 406 f.

II. Die Meinungen in der Literatur

Auch die Literatur geht überwiegend[551] von Art. 19 IV GG als spezieller Regelung des allgemeinen Rechtsstaatsprinzips mit einem engen Anwendungsbereich aus. Dies ist darauf zurückzuführen, dass Art. 19 IV GG schon vor dem Aufkommen des Begriffs vom effektiven Rechtsschutz als Ausfluss und Konkretisierung des Rechtsstaatsprinzips angesehen wurde.[552] Keine Einigkeit besteht darüber, ob die grundgesetzliche Normierung das allgemeine Rechtsstaatsprinzip lediglich ergänzt oder ob sie alle dessen Gehalte in sich aufnimmt und als echte lex specialis besteht. Dies findet Ausdruck in der inhaltlichen Unterscheidung zwischen allgemeinem und besonderem Rechtsschutzstandard. Der allgemeine Rechtsschutzstandard[553] erfasst die Elemente des Rechtsstaatsprinzips, die die Qualität des gerichtlichen Rechtsschutzes allgemein, in der ganzen Breite der Justizgewährung ausmachen. Hierher gehören neben den ungeschriebenen Elementen die Prinzipien der Verfassungsstaatlichkeit, der Gesetzmäßigkeit, der Gewaltenteilung und der Verhältnismäßigkeit und vor allem der richterlichen Unabhängigkeit (Art. 97 GG), das Gebot rechtlichen Gehörs (Art. 103 I GG), das Recht auf den gesetzlichen Richter, das Verbot der Ausnahmegerichte (Art. 101 I GG) sowie ihre Verfeinerungen im einfachgesetzlichen Gerichtsverfassungs- und Prozessrecht. Die genannten Elemente stehen in enger Beziehung zu Art. 19 IV GG, da dieser stark das grundgesetzliche Bild der Rechtsstaatlichkeit prägt; das formelle Hauptgrundrecht wird aber umgekehrt auch stark durch die anderen Gehalte des Rechtsstaatsprinzips beeinflusst, so dass ein Verhältnis gegenseitiger Rücksichtnahme und Einflussnahme besteht (Komplementärverhältnis).[554] Daher garantiert Art. 19 IV GG nach einer Meinung nur den besonderen Rechtsschutzstandard, so dass hinsichtlich des allgemeinen Standards auf das allgemeine Rechtsstaatsprinzip zurückzugreifen sei.[555] Im Verhältnis zur allgemeinen Justizgewährpflicht stelle Art. 19 IV GG einen tatbestandlich eigenständigen und „besonders verdichteten Teil des Prinzips allge-

---

[551] *Papier*, in: Isensee/ Kirchhof, HStR VI, § 154, Rn. 12; *Huber*, in: v. Mangoldt/ Klein/ Starck, GG I, Art. 19 IV, Rn. 364; *Dörr, O.*, Rechtsschutzauftrag, S. 35; unklar *Krüger/ Sachs*, in: Sachs, Art. 19, Rn. 131.

[552] *Haag*, S. 24; *Schmidt-Aßmann*, in: NVwZ 1983, 1, 2; *Stern*, Staatsrecht I, § 20 IV 5 α, S. 841; BVerfGE 30, 1, 41.

[553] *Schmidt-Aßmann*, in: Maunz/ Dürig, Art. 19 Abs. 4, Rn. 18.

[554] *Schmidt-Aßmann*, in: Maunz/ Dürig, Art. 19 Abs. 4, Rn. 14, 15. Vgl. auch *Ramsauer*, in: AK-GG, Art. 19 Abs. 4, Rn. 30 f.; a. A. *Schenke*, in: Bonner Kommentar, Art. 19 Abs. 4, Rn. 72.

[555] *Ibler*, in: Friauf/ Höfling, GG I, Art. 19 IV, Rn. 361; *Huber*, in: v. Mangoldt/ Klein/ Starck, Art. 19 IV, Rn. 367, 369, 370 f.; *Schmidt-Aßmann*, in: Maunz/ Dürig, Art. 19 Abs. 4, Rn. 15, 18; *Krebs*, in: v. Münch/ Kunig, GG I, Art. 19, Rn. 62.

meiner Justizgewährung"[556] dar, dessen Grundlage das Rechtsstaatsprinzip als solches sei. Art. 19 IV GG sei insoweit speziellere Regelung, die nicht nur eine Auffangposition innehabe.[557] Diese Sichtweise hat den Vorteil, dass Art. 19 IV GG von der Gewährleistung jener Grundelemente, die für einen rechtsstaatlichen Gerichtsschutz selbstverständlich sind und die in allen Gerichtszweigen umfassend und verbindlich gelten, entlastet wird. *Schmidt-Aßmann* sieht viele Elemente dieser Gruppe oft systematisch unrichtig als Teil des Art. 19 IV GG herausgestellt. Bei Annahme eines Komplementärverhältnisses werde auch im Garantiebereich des Art. 19 IV GG die enge Verbundenheit mit der allgemeinen Prozessrechtslehre gewahrt, wohingegen sich Art. 19 IV GG auf den besonderen Rechtsschutzstandard, also auf jene Wirksamkeitselemente, die wegen der Besonderheiten eines Rechtsschutzes gegen Akte der öffentlichen Gewalt zusätzlich notwendig sind, konzentrieren könne.[558] Dies bewahre Art. 19 IV GG davor, als formales Maximierungsprinzip missverstanden oder mit Inhalten überlastet zu werden, die in einem Sinngefüge andere Verfassungsaussagen in ihrer spezifischen Weise besser beitragen könnten. Die Komplementarität der Elemente des Rechtsstaatsprinzips könne sich in der Interpretation des Art. 19 IV GG verdeutlichend, verstärkend, entlastend oder – wegen der im Rechtsstaatsprinzip selbst angelegten Gegenläufigkeit – begrenzend auswirken.[559]

Nach anderer Meinung überzeugt es nicht, die allgemeinen Rechtsschutzstandards aus Art. 19 IV GG auszuklammern. Als lex specialis zum allgemeinen Justizgewährleistungsanspruch des Art. 20 III iVm. Art. 2 I nehme Art. 19 IV GG diese allgemeinen Rechtsschutzstandards in seinen Schutzbereich auf, garantiere sie gerade gegen die öffentliche Gewalt und stärke sie auf diese Weise, zumal sie nur so Teil von Art. 19 IV GG als unverwirkbarem Grundrecht würden und den besonderen Schutz der Einrichtungsgarantie erhielten.[560] Entsprechendes gelte auch für Art. 103 I, 101 I 2 GG im Verhältnis zu Art. 19 IV GG, die nicht in einem Exklusivitätsverhältnis stünden. Es könne zwischen ihnen und Art. 19 IV GG nicht stets streng abgegrenzt werden.[561] Die eigenständige Be-

---

[556] *Schmidt-Aßmann*, in: Maunz/ Dürig, Art. 19 Abs. 4, Rn. 16.

[557] *Schmidt-Aßmann*, in: Maunz/ Dürig, Art. 19 Abs. 4, Rn. 17a, 229.

[558] *Schmidt-Aßmann*, in: Maunz/ Dürig, Art. 19 Abs. 4, Rn. 18. Vgl. auch Rn. 19, wo er vom gleichen Verteilungsprinzip im Verhältnis zwischen Art. 19 IV und Art. 103 I GG ausgeht und damit erklärt, dass Art. 19 IV, nicht Art. 103 I den Rechtsweg eröffnet.

[559] *Schmidt-Aßmann*, in: Maunz/ Dürig, Art. 19 Abs. 4, Rn. 15.

[560] *Ibler*, in: Friauf/ Höfling, GG I, Art. 19 IV, Rn. 23, 24, 362, 346. Ähnlich *Huber*, in: v. Mangoldt/ Klein/ Starck, GG I, Art. 19 Abs. 4, Rn. 374, der die Annahme einer bloßen Garantie des besonderen Rechtsschutzstandards durch Art. 19 IV GG kritisiert.

[561] *Ibler*, in: Friauf/ Höfling, GG I, Art. 19 IV, Rn. 363; a. A. *Krebs*, in: v. Münch/ Kunig, GG I, Art. 19, Rn. 62; *Schmidt-Aßmann*, in: Maunz/ Dürig, Art. 19 Abs. 4, Rn. 19.

deutung von Rechtsstaatsprinzip und Art. 19 IV GG betont auch *Schenke*, da historisch betrachtet der Rechtsstaat nie zuvor auf Grundlage des allgemeinen Rechtsstaatsprinzips einen lückenlosen Rechtsschutz und umfassende Rechtsbindung garantiert habe.[562] Eine weit verbreitete Ansicht meint daher, dass Art. 19 IV GG die allgemeine verfassungsrechtliche Rechtsschutzgarantie „sektoral präzisiert und grundrechtlich fundiert".[563] Der Anspruch auf Justizgewährleistung sei umfassend garantiert und das Grundrecht des Art. 19 IV GG sei lex specialis, welche in ihrem Anwendungsbereich den allgemeinen Justizgewährleistungsanspruch verdränge. Beide garantierten einen einheitlichen Standard und unterschieden sich, abgesehen von der Grundrechtseigenschaft des Art. 19 IV GG, weder in Qualität noch in ihrer Effektivität.[564] Ein Rückgriff auf das allgemeine Rechtsstaatsprinzip sei grundsätzlich unnötig und unzulässig.[565]

III. Art. 19 IV GG als lex specialis

Der Gedanke, den Gehalt des Art. 19 IV GG durch die Zuordnung des allgemeinen Rechtsschutzstandards in das Rechtsstaatsprinzip und die Betonung des Komplementärverhältnisses zu entlasten, hat auf den ersten Blick etwas Überzeugendes an sich. Vor allem vor dem Hintergrund, dass man mit der Normierung des Art. 19 IV GG den Rechtsschutz gegen Verletzungen durch die öffentliche Gewalt – durchaus in Kenntnis der Existenz eines allgemeinen Rechtsschutzsystems – besonders garantieren wollte und man ihm deshalb zumindest teilweise deklaratorische Bedeutung beimessen könnte, erscheint diese Meinung vertretbar. Maßgeblicher Unterschied und herausragendes Novum ist aber der subjektive Anspruch in Form eines Grundrechts bei behaupteter Verletzung durch die öffentliche Gewalt. Ginge man damit lediglich von der grundrechtlichen Garantie des besonderen Rechtsschutzstandards durch Art. 19 IV GG aus, so scheint dieser in seinem grundrechtlich gesicherten Gehalt um den Teil des allgemeinen Rechtsschutzstandards beraubt. Zudem erscheint die genaue Ab-

---

[562] *Schenke*, in: Bonner Kommentar, Art. 19 Abs. 4, Rn. 72.

[563] *Papier*, in: Isensee/ Kirchhof, HStR VI, § 153, Rn. 6.

[564] *Ramsauer*, in: AK-GG, Art. 19 Abs. 4, Rn. 28 f.; *Papier*, in: Isensee/ Kirchhof, HStR VI, § 153, Rn. 1, 7 m. w. N., § 154, Rn. 1 ff., insb. Rn. 12; *Dörr, O.* Rechtsschutzauftrag, S. 35, mit dem Hinweis, dass sich der allgemeine Justizgewährungsanspruch und Art. 19 IV GG auch in ihren Schranken gleichen. *Schulze-Fielitz*, in: Dreier, GG I, Art. 19 Abs. 4, Rn. 26 f. für eine Interpretation des Art. 19 IV GG anstelle des Rückgriffs auf allgemeine Prinzipien des Rechtsstaats. *Sobota*, S. 189, 206: Art. 19 IV GG sei Spezialfall des allgemeinen Justizgewährungsanspruchs, welcher wiederum Spezialfall des Rechtsstaatsprinzips sei. Unklar *Schwachheim*, in: Umbach/ Clemens, GG I, Art. 19 IV, Rn. 146.

[565] *Jarass/ Pieroth*, GG, Art. 20, Rn. 20 a. E.

grenzung zwischen den Inhalten des allgemeinen und des besonderen Rechtsschutzstandards nicht exakt möglich, da sich Rechtsstaatsprinzip und Art. 19 IV GG gegenseitig beeinflussen. Dies hätte aber zur Konsequenz, dass die grundrechtliche Garantie letztlich in ihrem Umfang nicht exakt zu bestimmen wäre. Dies kann aber weder vom Verfassungsgeber noch vom Sinn und Zweck der Norm gewollt sein. Eine Entlastung des Art. 19 IV GG wird nicht über das Ausklammern des allgemeinen Rechtsschutzstandards aus dessen Gewährleistung erreicht, sondern durch die Annahme, dass der allgemeine Rechtsschutzstandard des Rechtsstaatsprinzips mit dem des Art. 19 IV GG identisch ist. So besteht kein Problem, den Inhalt deckungsgleich anzuwenden und das Entlastungsargument entpuppt sich als Scheinargument. Eine solche Inkorporation des Gehalts einer lex generalis in den einer lex specialis ist üblich und begegnet keinerlei Bedenken. Ein lückenloser Rechtsschutz ist nur in Art. 19 IV GG garantiert und muss dem besonderen Rechtsschutzstandard zugerechnet werden, ist aber nicht in vollem Umfang im allgemeinen Rechtsstaatsprinzip enthalten. Art. 19 IV GG ist daher als echte lex specialis anzusehen und umfasst allgemeinen wie besonderen Rechtsschutzstandard.

B. Das Verhältnis der materiellen Grundrechte zu Art. 19 IV GG

Die grundsätzliche Eignung der materiellen Grundrechte, das Prinzip der angemessenen Verfahrensdauer zu beheimaten, wurde bereits aufgezeigt. Damit stellt sich die Frage, in welchem Verhältnis die materiellen Grundrechte zu Art. 19 IV GG stehen.

I. Die Auffassung der Rechtsprechung

Das BVerfG hat auch zum Verhältnis zwischen den materiellen Grundrechten und Art. 19 IV GG nicht immer klar Stellung bezogen. In seinem Beschluss vom 19.6.1973 leitet es den Anspruch auf einen effektiven Rechtsschutz aus dem materiellen Grundrecht des Art. 14 I 1 GG und gleichzeitig aus Art. 19 IV GG ab (Parallelität der Schutzbereiche).[566] In einem Beschluss vom 17.1.1979[567] stellte es klar, dass Art. 19 IV GG eine selbstständige Bedeutung neben der verfahrensrechtlichen Komponente der materiellen Grundrechte hat, ohne jedoch eine konkrete Abgrenzung vorzunehmen: „Nach der Rechtsprechung des Bundesverfassungsgerichts umfaßt bereits die Grundrechtsgarantie die Pflicht, einen an-

---

566 BVerfGE 35, 263, 277; vgl. auch BVerfGE 45, 297, 333; 79, 80, 84; 89, 340, 342. Zur Bewertung dieser Rechtsprechung vgl. *Haag*, S. 95.

567 BVerfGE 50, 16, 30.

gemessenen Rechtsschutz zu gewähren"; und weiter: „Darüber hinaus eröffnet Art. 19 Abs. 4 GG ausdrücklich gegen Rechtsverletzungen durch die öffentliche Gewalt den Rechtsweg, dessen Beschreiten nicht in unzumutbarer Weise erschwert werden darf". In einer anderen Entscheidung[568] sieht es dagegen den Anspruch auf eine tatsächlich wirksame gerichtliche Kontrolle aus Art. 19 IV GG durch einzelne materielle Grundrechte ergänzt: Art. 19 IV GG garantiere dem Bürger einen Anspruch auf eine tatsächlich wirksame gerichtliche Kontrolle. Der Rechtsweg dürfe weder ausgeschlossen werden, noch die Wahrnehmung der Instanzen in unzumutbarer, aus Sachgründen nicht mehr zu rechtfertigender Weise erschwert werden. Diese Regelung werde ergänzt durch den sich unmittelbar aus dem materiellen Grundrecht des Art. 14 Abs. 1 GG ergebenden Anspruch auf einen effektiven Rechtsschutz. Eröffne die Rechtsweggarantie des Art. 19 IV GG dem Betroffenen den Weg zu einem staatlichen Gericht, so bedeute der grundrechtliche Anspruch auf effektiven Rechtsschutz, dass die Gerichte im jeweiligen Verfahren der normativen Geltung der Grundrechte tatsächliche Wirksamkeit verschaffen müssten. Dem Verfahrensrecht komme hierbei eine wesentliche Rolle zu, denn es sei im konkreten Fall das Mittel, dem Grundrechtsträger zu seinem verfassungsmäßigen Recht zu verhelfen. Demgemäß müsse das Verfahrensrecht so ausgelegt und angewendet werden, dass es die Grundrechte der Verfahrensbeteiligten durchsetze und verwirkliche. Sehr aufschlussreich sind auch die Ausführungen in einem Beschluss vom 20.4.1982, wenn das Gericht die Bedeutung der Grundrechte für das Verfahren verdeutlicht, gleichzeitig aber die Gestaltungsfreiheit des Gesetzgebers hinsichtlich Organisation und Verfahren betont und klarstellt: „Aus den materiellen Grundrechten lassen sich hierfür nur elementare, rechtsstaatlich unverzichtbare Verfahrensanforderungen ableiten."[569] Es wird weiter ausgeführt, dass größte Zurückhaltung geboten sei, aus einzelnen materiellen Grundrechten und Gewährleistungen besondere, von den allgemeinen Verfahrensordnungen des gerichtlichen Verfahrens abweichende Regelungen für die (gerichtliche) Durchsetzung dieser Grundrechte und Gewährleistungen herzuleiten. Dies ergebe sich aus der besonderen Gewährleistung wirkungsvollen Rechtsschutzes durch Art. 19 IV 1 GG. Diese Vorschrift stelle die zentrale Verbürgung gerichtlichen Rechtsschutzes im gerichtlichen Verfahren dar. Zwar bestimme sich das, was wirkungsvoller Rechtsschutz sei, entscheidend auch nach dem sachlichen Gehalt des als verletzt behaupteten Rechts, da es Art. 19 IV GG um dessen Schutz ge-

[568] BVerfGE 49, 252, 257. Es ist strittig, ob das Ergänzungsverhältnis durch das Sondervotum des Richters *Böhmer* in BVerfGE 49, 220, 228, 242 oder erst mit BVerfGE 60, 253, 296 ff. eingeleitet wurde, vgl. *Haag*, S. 99 f., 147 f.; *Wilfinger*, S. 109 f. Vgl. im Übrigen auch *Huber*, in: v. Mangoldt/ Klein/ Starck, GG I, Art. 19 Abs. 4, Rn. 373.

[569] BVerfGE 60, 253, 295.

he. Dies gebiete jedoch nicht, die allgemeinen gerichtlichen Verfahrensordnungen nach Maßgabe der jeweils in Rede stehenden subjektiven (Grund-)Rechte in ein aktionenrechtliches Verfahrensgeflecht aufzulösen. Ein grundrechtsspezifisches Sonderverfahrensrecht führe zu Unzuträglichkeiten in all jenen Verfahrenslagen, in denen die Grundrechte verschiedener Grundrechtsträger entscheidungserheblich miteinander konkurrieren. Damit würde die Klarheit, Berechenbarkeit und Durchschaubarkeit der Instrumente des gerichtlichen Rechtsschutzes, wie sie über die Typisierung in den allgemeinen Prozessordnungen in einem langen geschichtlichen Verlauf erzielt wurden, erheblich gemindert; dies liefe aber dem Grundrechtsschutz zuwider. Aus den materiellen Grundrechten könnten konkrete normative Folgerungen für die Ausgestaltung des gerichtlichen Verfahrensrechts über die Gewährleistungen des Art. 19 IV GG und die Verfahrensgrundrechte hinaus nur unter besonderen Umständen und nur dann gezogen werden, wenn sich unzweideutig ergäbe, dass rechtsstaatlich unverzichtbare Erfordernisse hinreichenden Rechtsschutzes nicht mehr gewahrt wären.[570]

Diese Rechtsprechung wurde jüngst fortgeführt:[571] „Zwar können sich aus den materiellen Grundrechten unter Umständen Anforderungen an das gerichtliche Verfahren ergeben [...]. Das ist aber nur dann der Fall, wenn es um besondere oder zusätzliche Maßgaben geht, die gerade im Interesse einer bestimmten verfassungsrechtlichen Freiheitsgarantie erforderlich sind".[572] Sodann prüft das Gericht, ob das materielle Grundrecht besondere Anforderungen an die streitgegenständliche Regelung oder ihre Auslegung stellt, die über den Gewährleistungsinhalt von Art. 19 IV GG hinausgehen oder ihn modifizieren.[573] Das BVerfG sieht hier zwischen den materiellen Grundrechten und Art. 19 IV GG ein Ergänzungsverhältnis. Sofern ein Grundrecht über den Standard des Art. 19 IV GG hinausgeht und besondere oder zusätzliche Anforderungen stellt, die gerade im Interesse einer bestimmten verfassungsrechtlichen Freiheitsgarantie erforderlich sind, tritt es ergänzend oder modifizierend zu Art. 19 IV GG hinzu.[574]

---

[570] BVerfGE 60, 253, 296 ff.

[571] BVerfGE 101, 106, 122.

[572] BVerfGE 101, 106, 122 unter Hinweis auf BVerfGE 39, 276, 294; 46, 325, 335; 51, 150, 156; 52, 391, 406.

[573] BVerfGE 101, 106, 122.

[574] BVerfGE 101, 106, 122; vgl. auch *Ibler*, in: Friauf/ Höfling, GG I, Art. 19 IV, Rn. 365.

Die Absicherung der Durchsetzung materieller Ansprüche obliegt aber Art. 19 IV GG, der in seinem Schutzbereich die zentrale Gerichtsschutzgarantie bleibt.[575] Art. 19 IV GG ist die vereinheitlichende Klammer, die einer überzogenen Materialisierung und Zersplitterung des gerichtlichen Verfahrensrechts entgegen wirkt.[576] *Wilfinger* bezeichnet diese Beziehung als „modifiziertes Ergänzungsverhältnis".[577]

II. Die Meinungen in der Literatur

Ein Teil der Literatur sieht angesichts des verfahrensrechtlichen Aspekts der materiellen Grundrechte die Gefahr der Bedeutungslosigkeit des Art. 19 IV GG als Individualgrundrecht, da dieser nur für die Gewähr einfachgesetzlicher Rechte konstitutiv, im Übrigen aber eine deklaratorische lex generalis sei. Zudem sei wegen der unterschiedlichen Schranken der materiellen Grundrechte der Verlust einheitlicher dogmatischer Grundlagen des gerichtlichen Rechtsschutzes sowie dessen grundrechtsbezogene Modifizierung zu befürchten.[578] Dann könne jedoch der einfache Gesetzgeber auch über die den materiellen Grundrechten immanente Rechtsschutzgarantie disponieren, was zu Art. 19 IV GG, der ohne Gesetzesvorbehalt gewährleistet sei, in Widerspruch stünde. Die prozessuale Durchsetzbarkeit wäre im grundrechtlichen Bereich weniger gesichert als es Art. 19 IV GG eigentlich vorschreibe und es für einfachgesetzliche subjektiv-öffentliche Rechte selbstverständlich sei.[579] Die effektive Durchsetzung der von

---

575 *Schmidt-Aßmann*, in: Maunz/ Dürig, Art. 19 Abs. 4, Rn. 23; *Schoch*, Vorläufiger Rechtsschutz, S. 1011; *Laubinger*, in: VerwArch 73 (1982), S. 60, 83; *Bethge*, in: NJW 1982, 1, 6 f.; *Schenke*, in: Bonner Kommentar, Art. 19 Abs. 4, Rn. 432; gegen die Konstruktion grundrechtsunmittelbarer Rechtsschutzgarantien *Arndt*, S. 124, 129; für einen Vorrang grundrechtsunmittelbarer Schutzansprüche dagegen *Lorenz*, in: AöR 105 (1980), S. 623, 639 f., der jedoch an der Selbständigkeit des Prozessrechts festhalten will (S. 644 f.).

576 *Schmidt-Aßmann*, in: Maunz/ Dürig, Art. 19 Abs. 4, Rn. 23; *Schoch*, Vorläufiger Rechtsschutz, S. 1012 („sachlich unterschiedliche Mindeststandards"); *Haag*, S. 150 f.; *Schmidt-Aßmann*, in: NVwZ 1983, 1, 3 f.; *Goerlich*, in: DÖV 1982, 631, 634; *Papier*, in: Maunz/ Dürig, Art. 14, Rn. 43; *Schulze-Fielitz*, in: Dreier, GG I, Art. 19 IV, Rn. 112; *Ramsauer*, in: AK-GG, Art. 19 Abs. 4, Rn. 38. Beispielsweise BVerfGE 60, 253, 266-303 stellte allein auf Art. 19 IV GG ab. In BVerfGE 53, 115, 127 wurden die materiellen Grundrechte, Art. 19 IV und 103 I GG nebeneinander genannt. In BVerfGE 83, 130, 145 ff. standen dagegen einzelne materielle Grundrechte im Vordergrund.

577 *Wilfinger*, S. 108 ff.

578 *Huber*, in: v. Mangoldt/ Klein/ Starck, GG I, Art. 19 Abs. 4, Rn. 374; *Dörr, O.*, Rechtsschutzauftrag, S. 37; *Arndt*, S. 124 f., nach dem die prozessuale Durchsetzbarkeit zwangsläufig das Schicksal der geschriebenen Grundrechtsnorm teilen muss.

579 *Arndt*, S. 126 f.

den materiellen Grundrechten geschützten Interessen ist aber nach allen Ansichten integraler Bestandteil der Grundrechte selbst und bezieht sich nicht allein auf deren gerichtliche Durchsetzung, sondern auch auf das Verwaltungsverfahren und den Zivilprozess. So wird auch vertreten, dass Art. 19 IV GG dies für die gerichtliche Durchsetzung konkretisiert und eine hinter die Klammer gezogene einheitliche und selbständige Spezialregelung (lex specialis) sei. Im Gewährleistungsbereich der Rechtsschutzgarantie sei für einen Rückgriff auf die materiellen Grundrechte weder Raum noch Bedarf, da die Auflösung der Verfahrensordnung nach den jeweils einschlägigen Grundrechten in ein aktionenrechtliches Verfahrensgeflecht abzulehnen sei. Im Gegensatz zu den Grundrechten erfasse die Rechtsschutzgarantie auch einfachgesetzliche Rechte.[580] Abweichend hiervon ist die Auffassung, nach der die materiellen Grundrechte die für die Anwendung des Art. 19 IV GG erforderlichen Maßstäbe liefern.[581] Dies entspricht dem von der Rechtsprechung angenommenen Verhältnis. Die materiellen Grundrechte gäben demnach dem Art. 19 IV GG das Ziel der Sicherung des materiellen Rechts selbst vor und stünden zu Art. 19 IV GG im Verhältnis der Komplementarität.[582]

Nach *Haag* geht das BVerfG beim angenommenen Ergänzungsverhältnis nicht von einem Eigenwert des Verfahrensrechts aus, sondern stellt seine dienende Funktion bei der Durchsetzung des betroffenen materiellen Rechts heraus. Das Verfahrensrecht sei gerade im Hinblick auf die Verwirklichung des dahinter stehenden materiellen Rechts auszulegen.[583] Dies unterstreicht auch *Huber*, wenn er das Miteinander und die „gegenseitige befruchtende Einflussnahme" der materiellen Grundrechte und des Art. 19 IV GG sieht. Das formelle Hauptgrundrecht habe eine Klammerwirkung für eine Vielzahl von Fallkonstellationen; im Einzelfall sei die Aussagekraft unter Umständen aber dennoch zu gering, so dass die materiellen Grundrechte berücksichtigt werden müssten. Ansonsten bestünde

---

[580] *Huber*, in: v. Mangoldt/ Klein/ Starck, GG I, Art. 19 Abs. 4, Rn. 375 f.; *Papier*, in: Isensee/ Kirchhof, HStR VI, § 154, Rn. 15 f.; *Goerlich*, Grundrechte als Verfahrensgarantien, S. 321, 324 f.; *Haag*, S. 91 f., 135 f.; *Bethge*, in: NJW 1982, 1, 6 f.; *Lorenz*, in: NJW 1977, 865, 870; *Goerlich*, in: DÖV 1982, 631, 634; *Laubinger*, in: VerwArch 73 (1982) S. 60, 83; *v. Mutius*, in: NJW 1982, 2150, 2155 f.; *Schulze-Fielitz*, in: Dreier, GG I, Art. 19 Abs. 4, Rn. 32, 112; *Huber, N.*, Die einstweilige Anordnung, S. 54 ff.; *Krebs*, in: v. Münch/ Kunig, GG I, Art. 19, Rn. 48; *Maurer*, Rechtsstaatliches Prozessrecht, S. 477, sieht keinen Raum für die materiellen Grundrechte im Anwendungsbereich des Art. 19 IV GG. Vgl. auch *Dörr, O.*, Rechtsschutzauftrag, S. 37.

[581] *Ramsauer*, in: AK-GG, Art. 19 Abs. 4, Rn. 38.

[582] *Schmidt-Aßmann*, in: Maunz/ Dürig, Art. 19 Abs. 4, Rn. 21. Vgl. *Papier*, in: Maunz/ Dürig, Art. 14, Rn. 43, 47; *Dolde*, in: NVwZ 1982, 65, 66; *Laubinger*, in: VerwArch 73 (1982), S. 60, 65.

[583] *Haag*, S. 99 f. mit kritischer Anmerkung.

die Gefahr, dass Art. 19 IV GG aufgrund seiner Abstraktheit mit Inhalten überladen werde, so dass die Grundrechte als Richtschnur für die Auslegung des Prozessrechts dienten.[584] Das Verhältnis sei wechselbezüglich bei gleichzeitiger Eigenständigkeit.[585] Hierin ist eine andere Nuancierung des Ergänzungsverhältnisses zu sehen.

III. Das Ergänzungsverhältnis und seine dogmatische Begründung

Das von der Rechtsprechung und dem Großteil der Literatur angenommene Ergänzungsverhältnis zwischen den materiellen Grundrechten und Art. 19 IV GG ist auch grundrechtsdogmatisch sinnvoll zu begründen. Relevant wird es nur dort, wo gegen Akte der öffentlichen Gewalt im Sinne des Art. 19 IV GG vorgegangen wird, die zugleich den Gewährleistungsbereich eines Grundrechts betreffen. Eine Parallelität der Schutzbereiche ist aus grundsätzlichen Erwägungen abzulehnen, denn in diesem Fall wäre eine eindeutige Zuordnung der prozessualen Gehalte nicht möglich. Zudem führte dies, vor allem bei der Ableitung der prozessualen Folgen aus den materiellen Grundrechten, zur teilweise rein deklaratorischen Natur des Art. 19 IV GG, welche jedoch nicht von der zufälligen Wahl der Rechtsgrundlage abhängen kann. Die Annahme einer strengen Alternativität der materiellen Grundrechte und des Art. 19 IV GG hätte dagegen zur Folge, dass das formelle Hauptgrundrecht alle grundrechtsspezifischen Besonderheiten aufnehmen müsste. Eine Überfrachtung mit besonderen, aus den Grundrechten folgenden Einzelgehalten wäre nicht zu vermeiden und würde einem klaren allgemeinen Rechtsschutzstandard des Art. 19 IV GG widerstreben. Eine solche Aufladung des formellen Hauptgrundrechts wäre letztlich der Situation vergleichbar, die prozessualen Folgen direkt den einzelnen materiellen Grundrechten zu entnehmen und damit die Gefahr einer Diversifizierung und eines aktionenrechtlichen Verfahrensgeflechts zu fördern. In beiden Fällen gäbe es keinen allgemeinen Rechtsschutzstandard, der in einer Rechtsgrundlage zusammengefasst ist und als solcher klar und von besonderen Details unbelastet zur Verfügung steht.

Die Annahme eines Ergänzungsverhältnisses zwischen den materiellen Grundrechten und Art. 19 IV GG vermeidet dagegen diese Probleme. Im Anwendungsbereich des Art. 19 IV GG geht dieser dem materiellen Grundrecht stets vor und wird durch dieses ergänzt oder modifiziert, wenn es besondere oder zusätzliche Anforderungen stellt, die den allgemeinen Rechtsschutzstandard inhalt-

---

[584] *Huber, N.*, Die einstweilige Anordnung, S. 54 ff.; vgl. auch *Lorenz*, in: AöR 105 (1980), S. 623, 643 f.; *ders.*, in: Jura 1983, 393, 397.

[585] *Huber, N.*, Die einstweilige Anordnung, S. 54 ff.; *Schoch*, Vorläufiger Rechtsschutz, S. 1011.

lich übersteigen. Dies lässt sich auch mit der oben entwickelten Grundrechtsdogmatik erklären. Die subjektiv-verfahrensrechtliche Dimension aller materiellen Grundrechte ist im Anwendungsbereich des Art. 19 IV GG in diesem hinter der Klammer zusammengefasst und geht damit dem einzelnen Grundrecht vor; letzteres ist zur Begründung eines subjektiven Rechts auf angemessene Verfahrensdauer nicht erforderlich. Ebenso verhält es sich mit dem allgemeinen verfahrensrechtlichen Rechtsschutzstandard der objektiv-rechtlichen Dimension der Grundrechte. Der besondere verfahrensrechtliche Rechtsschutzstandard der objektiv-rechtlichen Dimension verbleibt dahingegen im Grundrecht und tritt erforderlichenfalls ergänzend oder modifizierend zur Gewährleistung des Art. 19 IV GG hinzu, die als subjektiver Anspruch über die Vereinigung der subjektiv-verfahrensrechtlichen Dimension der einzelnen materiellen Grundrechte zugleich ihren Charakter als subjektiver Anspruch als auch als formelles Grundrecht erklären kann. Im Verhältnis zum Rechtsstaatsprinzip ist Art. 19 IV GG inklusive des vollständigen allgemeinen Rechtsschutzstandards lex specialis, so dass im konkreten Fall ausschließlich eine Rechtsgrundlage anwendbar ist und sich ein mit den materiellen Grundrechten vergleichbares Komplementärverhältnis nicht ergibt.

C. Das Verhältnis der materiellen Grundrechte zum allgemeinen Rechtsstaatsprinzip

Das Verhältnis der materiellen Grundrechte und des allgemeinen Rechtsstaatsprinzips wird in Rechtsprechung und Literatur nicht ausdrücklich diskutiert. Stattdessen scheint es einheitliche Meinung zu sein, dass sich beide notwendigerweise ergänzen und nur zusammen Grundlage des Justizgewährleistungsanspruchs, des Effektivitätsgrundsatzes und des Anspruchs auf angemessene Verfahrensdauer sein können. Mit dem oben dargestellten Grundrechtsmodell ist das Verhältnis zwischen dem Rechtsstaatsprinzip und den materiellen Grundrechten erklärbar. Allein der in den materiellen Grundrechten enthaltene Ausschnitt des allgemeinen verfahrensrechtlichen Rechtsschutzstandards wird im Rechtsstaatsprinzip zusammengefasst, während der besondere Rechtsschutzstandard im Grundrecht selbst verbleibt und gegebenenfalls ergänzend oder modifizierend zum allgemeinen Rechtsstaatsprinzip hinzutritt. Auch die subjektiv-verfahrensrechtliche Dimension des einzelnen Grundrechts bleibt in diesem angesiedelt und begründet in Verbindung mit dem allgemeinen Rechtsstaatsprinzip den Justizgewähranspruch inklusive des Effektivitätsanspruchs und des Anspruchs auf angemessene Verfahrensdauer.

In tabellarischer Form lässt sich das Verhältnis von Art. 19 IV GG, Rechtsstaatsprinzip und materiellen Grundrechten damit folgendermaßen darstellen:

<table>
<tr><td colspan="2">Im Falle des Zusammentreffens eines materiellen Grundrechts mit dem...</td><td>Art. 19 IV GG</td><td>Rechtsstaatsprinzip</td></tr>
<tr><td colspan="4">befindet sich die ... im...</td></tr>
<tr><td colspan="2">subjektiv-rechtliche Dimension</td><td>Art. 19 IV GG</td><td>materiellen Grundrecht</td></tr>
<tr><td rowspan="2">obj.-rechtliche Dimension</td><td>allg. Rechtsschutzstandard</td><td>Art. 19 IV GG</td><td>Rechtsstaatsprinzip</td></tr>
<tr><td>bes. Rechtsschutzstandard</td><td>materiellen Grundrecht</td><td>materiellen Grundrecht</td></tr>
</table>

Dieses Verständnis des Verhältnisses zwischen den materiellen Grundrechten, dem Art. 19 IV GG und dem Rechtsstaatsprinzip hat den Vorteil der dogmatischen Klarheit bei gleichzeitiger Betonung ihrer jeweiligen Bedeutung und Eigenständigkeit.

8. KAPITEL: DER ANSPRUCH AUF ANGEMESSENE VERFAHRENSDAUER VOR DEM BVERFG UND SEINE VERFASSUNGSRECHTLICHE VERANKERUNG

Das dargestellte Verhältnis von Art. 19 IV GG, dem Rechtsstaatsprinzip und den materiellen Grundrechten ist für die Verortung des Anspruchs auf angemessene Verfahrensdauer im Allgemeinen, also auch für die Fachgerichtsbarkeit, entwickelt worden. Die dabei diskutierten Ankerplätze eines solchen Anspruchs eignen sich als solche grundsätzlich auch im Rahmen des Verfassungsbeschwerdeverfahrens. Es ist daher zu klären, ob das gefundene Modell für dieses Verfahren auch sinnvoll ist. Für die Beibehaltung der dargestellten Systematik spricht zunächst der Vorteil der Geschlossenheit und damit Einfachheit eines solchen Konzepts; zwischen den verschiedenen prozessualen Verfahren müsste nicht differenziert werden.

Dem stehen aber gewichtige Unterschiede zwischen den Verfahren der Fachgerichtsbarkeit und dem der Verfassungsbeschwerde gegenüber, die eine einheitliche Behandlung in Frage stellen. Im ersten Fall ist primärer Streitgegenstand das einfache Recht, wenn auch hier die Grundrechte über Art. 1 III GG eine wichtige Rolle spielen. Die materiellen Grundrechte ergänzen und modifizieren den Art. 19 IV GG oder das Rechtsstaatsprinzip als Rechtsgrundlage eines Anspruchs auf angemessene Verfahrensdauer. In letzterem Fall treten sie zudem in ihrer subjektivierenden Funktion hinzu. Im Verfassungsbeschwerdeverfahren werden dagegen ausschließlich grundrechtspezifische Rechtsverstöße beurteilt, da nach Art. 93 I Nr. 4a GG, § 90 I BVerfGG jedermann „mit der Behauptung, durch die öffentliche Gewalt in einem seiner Grundrechte oder in einem seiner in Artikel 20 Abs. 4, Artikel 33, 38, 101, 103 und 104 des Grundgesetzes enthaltenen Rechte verletzt zu sein, die Verfassungsbeschwerde zum Bundesverfassungsgericht erheben" kann. Für den Fall der Urteilsverfassungsbeschwerde konkretisiert das BVerfG den Prüfungsumfang dahingehend, dass es kein „Superrevisionsgericht"[586] ist. Es prüft nur die Missachtung „spezifischen Verfassungsrechts", nicht die einfachen Rechts.[587] Zwar stellt jeder Gesetzesverstoß durch die öffentliche Gewalt eine Grundrechtsverletzung dar, da ein Handeln ohne gesetzliche Grundlage zumindest eine Verletzung des Auffanggrundrechts des Art. 2 I GG ist;[588] auch einfaches Recht und seine gerichtliche Durchsetzung sind an die Verfassung gebunden.[589] Doch vermeidet das BVerfG eine Superre-

[586] BVerfGE 7, 198, 207; 18, 85, 92; 21, 209, 216.

[587] *Schlaich/ Korioth*, Rn. 284.

[588] Vgl. BVerfGE 6, 32 und ausführlich *Schlaich/ Korioth*, Rn. 284.

[589] *Korioth*, in: Bundesverfassungsgericht und Rechtsprechung, S. 60.

vision durch eine Beschränkung des Umfangs der Nachprüfung;[590] so ist die Feststellung und Würdigung des Tatbestandes grundsätzlich nicht Sache des BVerfG.[591] Mit Hilfe von verschiedenen Fallgruppen prüft das BVerfG, ob grundrechtliche Normen und Maßstäbe im konkreten Streitfall verkannt wurden (sog. Heck'sche Formel), wobei die Intensität des Grundrechtseingriffs, der Rang und die Bedeutung des betroffenen Grundrechts ein zusätzliches Kriterium darstellen.[592] Dies bedeutet, dass „spezifische Gründe des materiellen Verfassungsrechts“[593] einziger und ausschließlicher Prüfungsgegenstand sind. Die Grundrechte stehen im Zentrum der Prüfung und der Prüfungsmaßstab unterscheidet sich maßgeblich von dem in den fachgerichtlichen Verfahren.[594]

Die ergänzende, modifizierende oder subjektivierende Rolle der materiellen Grundrechte in dem oben entwickelten Modell steht in Kontrast zu deren herausragender Stellung im Verfassungsbeschwerdeverfahren als alleiniger Prüfungsgegenstand. Daraus folgt die Überlegung, sie in diesem besonderen Fall nicht nur „hilfsweise“, das heißt ergänzend, modifizierend oder subjektivierend heranzuziehen, sondern sie selbst zum Ausgangspunkt der verfahrensrechtlichen Ableitungen zu nehmen. Damit wird ihrer herausragenden Stellung im Verfassungsbeschwerdeverfahren Nachdruck verliehen. Zwar handelt es sich auch bei Art. 19 IV GG um ein Grundrecht, so dass man die Auffassung vertreten könnte, die Grundrechte stünden hierüber bereits im Fokus. Es handelt sich aber um ein „formelles“ Grundrecht, das, je nach Verfahrensgegenstand, zum Teil nicht Anknüpfungspunkt der inhaltlich-materiellen Prüfung ist. Die materiellen Grundrechte im Verfassungsbeschwerdeverfahren selbst zum Ausgangspunkt zu machen und die verfahrensrechtlichen Prinzipien über sie zu begründen, bedeutet konkret, den Anspruch auf angemessene Verfahrensdauer direkt aus dem jeweils einschlägigen materiellen Grundrecht abzuleiten. Damit wären die materiellen Grundrechte einheitlicher Anknüpfungspunkt für alle formellen und materiellen Gesichtspunkte. Der Weg über Art. 19 IV GG oder das Rechtsstaatsprinzip ist in diesem Fall ein „Umweg“. Während die verfahrensrechtlichen Aspekte vor den Fachgerichten aus einer allgemeinen Grundlage abgeleitet werden müssen und nicht direkt aus dem materiellen Prüfungsgegenstand des jeweiligen Prozesses

---

[590] BVerfGE 18, 85, 92; 49, 304, 314, st. Rspr. Vgl. *Hesse*, Grundzüge, Rn. 341 und ausführlich *Schlaich/ Korioth*, Rn. 286 ff.

[591] Vgl. zu den Ausnahmen *Korioth*, in: Bundesverfassungsgericht und Rechtsprechung, S. 60 f.

[592] *Schlaich/ Korioth*, Rn. 281 f., 307; *Korioth*, in: Bundesverfassungsgericht und Rechtsprechung, S. 66 ff., 70 f.

[593] Sondervotum von *Simon*, in: BVerfGE 63, 266, 298.

[594] Vgl. ausführlich zur Abgrenzung der Rechtsprechung des BVerfG von der der Fachgerichtsbarkeit *Korioth*, in: Bundesverfassungsgericht und Rechtsprechung, S. 60 ff.

gewonnen werden können, ist dies im Verfassungsbeschwerdeverfahren möglich. Die unmittelbare Wirkkraft der Grundrechte muss erhalten, bestärkt und nicht durch vielfältige andere Gehalte, welche im großen Maße in Art. 19 IV GG und dem Rechtsstaatsprinzip angesiedelt sind, verdeckt werden. Klarheit und Unmittelbarkeit sprechen im Bereich der Verfassungsbeschwerde für die Verankerung des Anspruchs auf angemessene Verfahrensdauer direkt in dem jeweils einschlägigen materiellen Grundrecht. So kann auch unmittelbar dessen besonderer Rechtsschutzstandard betont und ein grundrechtsspezifisches Ergebnis auf direktem Weg erzielt und begründet werden. Da die materiellen Grundrechte im Verfassungsbeschwerdeverfahren allein im Mittelpunkt stehen und die Nachteile der Durchbrechung einer einheitlichen Dogmatik angesichts der Besonderheiten dieses Verfahrens vertretbar erscheinen, ist die große Nähe zwischen materiellem Grundrecht und seiner subjektiven sowie objektiven verfahrensrechtlichen Aspekte herauszustellen und die Rechtsgrundlage für den Anspruch auf angemessene Verfahrensdauer direkt in dem einzelnen Grundrecht zu verankern. Damit ergibt sich jedoch das Problem, dass der allgemeine Rechtsschutzstandard der materiellen Grundrechte nicht so umfassend angelegt ist, wie der des Rechtsstaatsprinzips und des Art. 19 IV GG, dieser jedoch auch für die Verfassungsbeschwerde zur Verfügung stehen muss. Der allgemeine Rechtsschutzstandard des Rechtsstaatsprinzips und des Art. 19 IV GG muss daher ergänzend zu dem der materiellen Grundrechte hinzutreten und diese komplettieren. Es handelt sich also im Vergleich zur Situation bei der Fachgerichtsbarkeit um ein „umgekehrtes (modifiziertes) Ergänzungsverhältnis". Nicht die materiellen Grundrechte ergänzen das Rechtsstaatsprinzip oder den Art. 19 IV GG, sondern die beiden Letztgenannten die materiellen Grundrechte bzw. deren allgemeinen verfahrensrechtlichen Rechtsschutzstandard. Für das Verhältnis zwischen Art. 19 IV GG und dem Rechtsstaatsprinzip gilt Folgendes: Da es bei der Verfassungsbeschwerde um die Verfolgung von Grundrechtsverletzungen durch Akte der öffentlichen Gewalt geht, ist grundsätzlich Art. 19 IV GG einschlägig und das Rechtsstaatsprinzip als lex generalis tritt zurück.

Zusammenfassend kann festgehalten werden, dass der Anspruch auf angemessene Verfahrensdauer vor dem BVerfG für das Verfahren der Verfassungsbeschwerde in der Rechtsgrundlage der materiellen Grundrechte, ergänzt durch den allgemeinen Rechtsschutzstandard des Art. 19 IV GG, zu verankern ist.

9. KAPITEL: DIE ANGEMESSENHEIT DER VERFAHRENSDAUER

Der Europäische Gerichtshof für Menschenrechte (EGMR) hat einen Kriterienkatalog erarbeitet, anhand dessen die angemessene Verfahrensdauer im Einzelfall bestimmt werden kann. Dieser ist mit dem vom BVerfG angewendeten identisch.[595] Im Bereich der Verfassungsbeschwerde gibt es aber Besonderheiten grundsätzlicher Art, die geeignet sein könnten, die Bemessung der „richtigen" Dauer eines Verfassungsbeschwerdeverfahrens zu modifizieren. Auf diese Aspekte wird nach Darstellung der von der Rechtsprechung entwickelten Kriterien zur Bestimmung einer überlangen Verfahrensdauer eingegangen werden.

A. DIE BEURTEILUNG DER ANGEMESSENHEIT DER VERFAHRENSDAUER IN DER RECHTSPRECHUNG DES EGMR UND DES BVERFG

Art. 6 I EMRK garantiert jeder Person, dass über Streitigkeiten „innerhalb angemessener Frist" von einem unabhängigen Gericht entschieden wird. Der EGMR hat in seiner jüngeren Rechtsprechung mehrfach eine Verletzung dieses Anspruchs durch nationale Gerichte, so auch durch das BVerfG,[596] festgestellt und hierbei konkrete (objektive) Kriterien für die Beurteilung der Angemessenheit der Verfahrensdauer entwickelt.[597] Demnach ist die Angemessenheit der

---

[595] Vgl. zur Orientierungswirkung der Rechtsprechung des EGMR die Anmerkungen von *Meyer-Ladewig/ Petzold*, in: NJW 2005, 15, 18 zum Beschluss des BVerfG vom 14.10.2004, in: NJW 2004, 3407.

[596] Vgl. die Fälle Probstmeier/ Deutschland, Urteil vom 1.7.1997, EGMR, in: EuGRZ 1997, 405; Pammel/ Deutschland, Urteil vom 1.7.1997, EGMR, in: EuGRZ 1997, 310; Becker/ Deutschland, Urteil vom 17.9.2002, EGMR, in: EuGRZ 2003, 26; Vogenreiter/ Deutschland, Urteil vom 8.1.2004, EGMR, in: NJW 2005, 41. Kein Verstoß gegen Art. 6 I EMRK konnte festgestellt werden im Fall Süßmann/ Deutschland, Urteil vom 16.9.1996, EGMR, in: EuGRZ 1996, 514 und im Fall Gast u. Popp/ Deutschland, Urteil vom 25.2.2000, EGMR, in: NJW 2001, 211. Im Fall Kind/ Deutschland, Urteil vom 20.2.2003, EGMR, in: EuGRZ 2003, 228, kam es zu einer Verurteilung wegen zu langer Verfahrensdauer vor den deutschen Gerichten einschließlich des BVerfG. Vgl. die Liste der Fälle, in denen der Gerichtshof auf (keine) Verletzung des Anspruchs auf Entscheidung in angemessener Frist erkannt hat, bei *Peukert*, in: Frowein/ Peukert, EMRK, Art. 6, Rn. 153 f.; *Meyer-Ladewig*, Handkommentar, Art. 6, Rn. 82 f.

[597] Eine nähere Konkretisierung der Angemessenheit der Verfahrensdauer erfolgte zum Beispiel in den Fällen Pélissier u. Sassi/ Frankreich, Entscheidung vom 25.3.1999, EGMR, in: NJW 1999, 3545, 3548 und Selmouni/ Frankreich, EGMR, in: NJW 2001, 56, 60 f. Vgl. hierzu auch *Schlette*, S. 33 f.; *Wilfinger*, S. 157; *Matscher*, in: FS Fasching, S. 356 f.; *Peukert*, in: Frowein/ Peukert, EMRK, Art. 6, Rn. 144. Der EuGH hat sich in seiner Entscheidung „Baustahlgewebe", in: EuZW 1999, 115, den Vorgaben des EGMR angeschlossen, vgl. hierzu *Schlette*, in: EuGRZ 1999, 369. Vgl. zur Garantie des effektiven Rechtsschutzes im Recht der

Verfahrensdauer grundsätzlich nach den Umständen des Einzelfalles zu bestimmen.[598] Dabei ist der Umfang, die Schwierigkeit und Komplexität des Falles in tatsächlicher und rechtlicher Hinsicht von Relevanz. Ein besonderer Umfang liegt bei größerem Parteivorbringen, bei einer großen Anzahl von Parteien, bei Notwendigkeit der Einholung von externen Gutachten oder bei umfangreichen Beweisverfahren vor; eine besondere Schwierigkeit des Falles ist ausnahmsweise bei notwendiger Lösung schwieriger Rechtsfragen, so z. B. wenn sich ein Gericht nicht auf seine ständige Rechtsprechung berufen kann, gegeben.[599] Weiter ist zu entscheiden, ob der Beschwerdeführer oder staatliche Organe die Verzögerungen zu vertreten haben, wobei nicht ein subjektives Verschulden ausschlaggebend ist, sondern die objektive Zurechenbarkeit des Verhaltens. Alle Verzögerungen, für die das Verhalten des Beschwerdeführers ursächlich ist (Fristverlängerungen, Säumnisse, verspätetes Vorbringen), sind ihm zuzurechnen, da er selbst auf eine Beschleunigung des Verfahrens hinzuwirken hat (Beschleunigungsobliegenheit).[600] Ferner sind unter dem Gesichtspunkt der Behandlung des Falles durch das Gericht die richterliche Prozessführung, die Gewährung zu langer Fristen, die fehlende Überwachung oder verzögerte Erledigung von Rechtshilfeersuchen oder Gutachten, die verspätete Anforderung von Akten anderer Gerichte oder Behörden, die mangelhafte und ungeschickte Prozessführung, häufige Richterwechsel oder ein unerklärliches Liegenlassen des Falles über einen längeren Zeitraum zu berücksichtigen. Die Überlastung der Gerichte ist nur dann eine Rechtfertigung, wenn es sich um eine vorübergehende, aus längerer Sicht nicht voraussehbare Überlastung handelt, die aber nicht strukturell bedingt oder chronisch sein darf.[601] Wenn der Verfahrensausgang für den Beschwerdeführer besondere Bedeutung hat (v. a. in Streitigkeiten betreffend seine berufliche oder wirtschaftliche Existenz, bei Inhaftierung oder hohem Alter), muss ein besonders strenger Maßstab bei der Beurteilung der angemes-

EG: *v. Danwitz*, in: NJW 1993, 1108.

598 BVerfG-K, in: NJW 2005, 739; BVerfG-K, in: NJW 2004, 3320; BVerfGE 55, 349, 369; BVerfG-K, in: NJW 1997, 2811, 2812; BVerfG-K, in: NJW 1995, 1277; *Peukert*, in: Frowein/ Peukert, EMRK, Art. 6, Rn. 144; *Matscher*, in: FS Fasching, S. 356; *Meyer-Ladewig*, Handkommentar, Art. 6, Rn. 77; *Grabenwarter*, EMRK, § 24, Rn. 45 f.

599 Fall Eckle, in: EuGRZ 1983, 371, 381; *Schlette*, S. 37 f.; *Wilfinger*, S. 158; *Matscher*, in: FS Fasching, S. 357 f.; *Peukert*, in: Frowein/ Peukert, EMRK, Art. 6, Rn. 145; *Meyer-Ladewig*, Handkommentar, Art. 6, Rn. 77; *Grabenwarter*, EMRK, § 24, Rn. 45.

600 *Wilfinger*, S. 167 f.; *Matscher*, in: FS Fasching, S. 358 ff.; *Peukert*, in: Frowein/ Peukert, EMRK, Art. 6, Rn. 151; *Meyer-Ladewig*, Handkommentar, Art. 6, Rn. 78; *Grabenwarter*, EMRK, § 24, Rn. 45; *Priebe*, S. 303 f.

601 *Schlette*, S. 36 f.; *Wilfinger*, S. 160 f. m. w. N.; *Matscher*, in: FS Fasching, S. 362 ff.; *Peukert*, in: Frowein/ Peukert, EMRK, Art. 6, Rn. 146, 148; *Meyer-Ladewig*, Handkommentar, Art. 6, Rn. 79; *Grabenwarter*, EMRK, § 24, Rn. 45, 47.

senen Verfahrensdauer angelegt werden.[602] Bei der Beurteilung der Verfahrensdauer werden nur die dem Gericht anzulastenden Verzögerungen berücksichtigt, nicht jedoch unabwendbare objektive Gründe und vom Beschwerdeführer zu vertretende Verzögerungen. Dabei rechtfertigen der besondere Umfang oder die besondere Schwierigkeit des Falles ausnahmsweise eine größere Verfahrenslänge;[603] eine extrem lange Verfahrensdauer begründet die Vermutung einer Konventionsverletzung durch die staatlichen Organe.[604] Bei der Anwendung dieser Kriterien besteht ein beträchtlicher Beurteilungsspielraum, um die angemessene Verfahrensdauer des Einzelfalles unter Abwägung der individuellen und gemeinschaftlichen Belange zu bestimmen.[605] Der EGMR hat in einer umfangreichen Kasuistik festgelegt, auf welche Verfahren Art. 6 I EMRK anwendbar ist.[606]

Die vom EGMR im Rahmen des Art. 6 Abs. 1 EMRK entwickelten Kriterien zur Bestimmung einer überlangen Verfahrensdauer werden auch vom BVerfG herangezogen.[607] Sie eignen sich grundsätzlich auch zur Bestimmung der angemessenen Verfahrensdauer vor dem BVerfG, jedoch sind hier wegen der Art der Sache und ihrer sozialen wie politischen Bedeutung zusätzliche Gesichtspunkte zu beachten; es kann eine modifizierte Anwendung der genannten Kriterien notwendig sein, da Art. 6 I EMRK nicht nur den zeitlichen Aspekt berücksichtigt, sondern auch den Grundsatz der geordneten Rechtspflege betont.[608] Zudem erscheint es aufgrund der (auch) objektiv-rechtlichen Funktion der Verfassungsbeschwerde gerechtfertigt, das zusätzliche Kriterium der Bedeutung einer Sache

---

[602] *Schlette*, S. 35; *Wilfinger*, S. 163; *Matscher*, in: FS Fasching, S. 365 f.; *Peukert*, in: Frowein/ Peukert, EMRK, Art. 6, Rn. 152; *Meyer-Ladewig*, Handkommentar, Art. 6, Rn. 80; *Grabenwarter*, EMRK, § 24, Rn. 45; *Priebe*, S. 302 f.

[603] *Matscher*, in: FS Fasching, S. 366; *Schlette*, S. 38; *Priebe*, S. 305.

[604] Fall König, in: EuGRZ 1978, 406, § 102; Fall Eckle, in: EuGRZ 1983, 371, § 80; Fall Guincho, in: EuGRZ 1985, 637, § 30; *Schlette*, S. 38; *Peukert*, in: Frowein/ Peukert, EMRK, Art. 6, Rn. 144; *Priebe*, S. 292. Zum zu berücksichtigenden Zeitraum vom Eingang der Klage/ der Einleitung eines Vorverfahrens bis zur Entscheidung des BVerfG, vgl. *Meyer-Ladewig*, Handkommentar, Art. 6, Rn. 73 ff.; *Schlette*, S. 34; *Peukert*, in: Frowein/ Peukert, EMRK, Art. 6, Rn. 137, 144.

[605] *Wilfinger*, S. 172 f.; *Matscher*, in: FS Fasching, S. 357; *Priebe*, S. 306 f.

[606] Der Wortlaut der deutschen, nicht verbindlichen Übersetzung ist missverständlich, vgl. EGMR, in: NJW 1979, 477 (König/ Deutschland); *Meyer-Ladewig*, in: NJW 1999, 1165, 1166; *Sangmeister*, in: NJW 1998, 2952; *Lippold*, in: NVwZ 1996, 137.

[607] BVerfG-K, in: NJW 2005, 739; BVerfG-K, in: NJW 2004, 3320; BVerfG, in: NJW 1984, 967 für das Strafverfahren; BVerfG-K, in: NJW 1992, 2472 f.; BVerfG-K, in: NJW 1993, 3254 ff. Vgl. *Wilfinger*, S. 172 f. Vgl. zur Bedeutung der EMRK in Deutschland *Hoffmeister*, in: Der Staat 40 (2001), S. 349.

[608] EGMR, in: NJW 2001, 211, 212, Nr. 75; *Meyer-Ladewig*, Handkommentar, Art. 6, Rn. 81.

für die Rechtsgemeinschaft einzuführen. Dies ermöglicht die Berücksichtigung der Interessen der indirekt betroffenen Bürger (z. B. Steuerzahler, Familien, Schüler usw.) und der Auswirkungen der Entscheidung auf die Allgemeinheit. Der EGMR bringt dies in seinem Urteil vom 8.1.2004 zum Ausdruck, wenn er feststellt, dass es für das BVerfG als Hüter der Verfassung notwendig ist, andere Umstände als die zeitliche Reihenfolge der Eintragung in das Gerichtsregister zu berücksichtigen, wie die Natur der Sache und ihre politische und soziale Bedeutung.[609] Die politischen Auswirkungen des Streitgegenstands müssen einbezogen werden, wobei dies nicht zur Vernachlässigung der individuellen Komponente der Verfassungsbeschwerde führen darf. Je größer die Bedeutung der Sache für die Allgemeinheit ist, desto eher spricht dies für eine kürzere Verfahrensdauer. Dabei ist aber in bestimmten Grenzen dem BVerfG ein Abwarten der politischen Entwicklungen zuzugestehen, um sich nicht zum Spielball der politischen Kräfte zu machen. Gleichzeitig wird man im Rahmen des Kriteriums der Bedeutung des Falles für den Beschwerdeführer eine umso längere Verfahrensdauer akzeptieren dürfen, je weiter der Streitgegenstand vom Kerngehalt des betroffenen Grundrechts entfernt ist. „Mit zunehmender Dauer des Verfahrens insgesamt oder in der jeweiligen Instanz verdichtet sich die mit dem Justizgewährleistungsanspruch verbundene Pflicht des Gerichts, sich nachhaltig um eine Beschleunigung des Verfahrens und dessen Beendigung zu bemühen.“[610] Mit den genannten Kriterien kann dies für den Einzelfall hinreichend differenziert bewertet werden.[611]

B. Zur Erforderlichkeit einer modifizierten Beurteilung der Angemessenheit der Verfahrensdauer vor dem BVerfG

Verschiedene Besonderheiten des Verfassungsbeschwerdeverfahrens[612] rechtfertigen es unter Umständen, die genannten Kriterien zu modifizieren. So könnte der einstweilige Rechtsschutz nach § 32 BVerfGG einer Sache durch eine einstweilige Anordnung den Beschwerdeführer vorübergehend befriedigen und damit einem langen Hauptsacheverfahren die zeitliche Brisanz nehmen. Auch das gesteigerte öffentliche Interesse bei einem politischen Bezug des Verfah-

609 EGMR, in: NJW 2005, 41, 43.

610 BVerfG-K, in: NJW 2005, 739; BVerfG-K, in: 2004, 3320; BVerfG, in: NJW 2001, 214, 215.

611 *Lansnicker/ Schwirtzek*, in: NJW 2001, 1969, 1970, sind der Auffassung, dass für jede einzelne Gerichtsbarkeit eine absolute zeitliche Grenze festzulegen ist, ab der die Verfahrensdauer unangemessen lang ist.

612 Vgl. EGMR, Urteil vom 8.1.2004, in: NJW 2005, 41, 43, der die besondere Rolle des BVerfG nicht verkennt.

rens, also die Tätigkeit des BVerfG an der Schnittstelle zwischen Recht und Politik, könnte eine abweichende zeitliche Bewertung erfordern, ebenso wie der Sonderstatus des BVerfG. Nicht zuletzt ist zu fragen, ob der Grundsatz der Unabhängigkeit der Richter die Bewertung der Angemessenheit der Verfahrensdauer unter ein anderes Licht stellt, da die Vermeidung überlanger Verfahren eine entsprechend schnelle Terminierung erfordert und dieser indirekte Zwang dem genannten Grundsatz widersprechen könnte.

I. Die Rolle der einstweiligen Anordnung nach § 32 BVerfGG

Der Beschwerdeführer einer Verfassungsbeschwerde hat die Möglichkeit, unabhängig vom Hauptsacheverfahren, einen Antrag auf einstweilige Anordnung nach § 32 BVerfGG zu stellen.[613] Wird diesem entsprochen, so scheint die Dauer des Hauptsacheverfahrens auf den ersten Blick nicht mehr von entscheidender Bedeutung für die Rechte des Antragstellers zu sein. Umgekehrt kann dies aber nicht heißen, dass ein Gericht in der Hauptsache unbegrenzt Zeit in Anspruch nehmen kann oder ein Anspruch auf angemessene Verfahrensdauer ganz entfällt. Die Notwendigkeit, einen vorläufigen Rechtsschutz einzurichten, ist mit dem größer werdenden zeitlichen Abstand zwischen der Anhängigkeit eines Rechtsbehelfs und der Entscheidung in der Sache entstanden.[614] Wird die Zeit zwischen Rechtsbruch und Rechtsdurchsetzung zu lang, entwickelt sich dies oft zu einer Gefährdung der materiellen Rechte des Rechtsuchenden. Die den konkreten Fall konstituierenden Tatsachen verändern sich mit der Zeit und es werden u. U. vollendete Tatsachen geschaffen, so dass eine ergebnisoffene Hauptsacheentscheidung unmöglich wird. Die effektive Durchsetzung des materiellen Rechts und damit der Hauptsacherechtsbehelf werden damit abhängig von einem System des vorläufigen Rechtsschutzes.[615] Das Verhältnis zwischen einstweiliger Anordnung und Hauptsacherechtsbehelf soll im Folgenden geklärt werden.[616]

---

[613] *Huber, N.*, Die einstweilige Anordnung, S. 66 ff.

[614] *Erichsen*, Die einstweilige Anordnung, S. 170 f. Vgl. auch *Heinze*, in: MüKo, ZPO, vor § 916, Rn. 1, 5.

[615] *Huber, N.*, Die einstweilige Anordnung, S. 15, 65 f., 74 f.; *Krüger*, in: Sachs, Art. 19, Rn. 148; *Degenhart*, in: Isensee/ Kirchhof, HStR III, § 76, Rn. 2; *ders.*, in: AöR 103 (1978), S. 163, 193 f.; *Menger*, in: VerwArch 65 (1974), S. 329, 333 f.; *Ule*, in: DVBl. 1982, 821, 829 f.; *Eyermann*, VwGO, § 123, Rn. 1; *Kopp/ Schenke*, VwGO, § 123, Rn. 3; *Schoch*, Vorläufiger Rechtsschutz, S. 174, 962, 969, 992 f.; *Heinze*, in: MüKo, ZPO, vor § 916, Rn. 2 ff.: Der einstweilige Rechtsschutz verdanke sein Entstehen allein der Zeitdimension des Verfahrens und in der gemeinrechtlichen Prozessrechtsliteratur sei der Gedanke des Entzugs des Selbsthilferechts noch sehr eng mit ihm verbunden.

[616] *Huber, N.*, Die einstweilige Anordnung, S. 19 f., mit kurzer Darstellung der vom Staatsge-

1. Die Funktionen des vorläufigen Rechtsschutzes

Die „konzeptionelle Grundlinie“ des Rechtsschutzsystems zieht sich vom materiellen (Grund-)Recht über das Prozessrecht zum Hauptsacheverfahren und weiter zum vorläufigen Rechtsschutz; sie verbindet diese durch das gemeinsame Ziel der Wirksamkeit des materiellen Rechts durch Rechtsschutz.[617] Damit dieses Ziel erreicht wird, muss das bis zum Ergehen der Hauptsacheentscheidung bestehende „Rechtsschutzvakuum“ durch eine vorläufige Regelung „mit Luft gefüllt“ werden. Beide Verfahren stehen über die Zeit in funktionaler Beziehung zueinander und das materielle Recht ist abhängig vom vorläufigen Rechtsschutz (Konnexität).[618] Die so genannte Sicherungs- und Offenhaltefunktion des einstweiligen Rechtsschutzes soll die künftige Effektivität des Hauptsacheverfahrens sichern, indem die Sach- und Rechtslage für eine ungebundene Endentscheidung offen gehalten und die Durchsetzbarkeit des materiellen Rechts gesichert wird.[619] Der einstweilige Rechtsschutz muss gleichzeitig den Zeitraum bis zur endgültigen Hauptsacheentscheidung durch eine Zwischenregelung überbrücken und hat insoweit eine (subjektive) „interimistische Befriedigungsfunktion“ (Rechtsschutzfunktion);[620] er trifft eine vorübergehende, endgültige und abschließende Regelung, ohne über den Streitgegenstand der Hauptsache zu entscheiden.[621] Im Idealfall stimmen Interims- und Endentscheidung inhaltlich überein, so dass der Rechtsstreit bereits für die Übergangszeit im materiellen Sin-

---

richtshof der Weimarer Republik eingeführten einstweiligen Anordnung in Verfassungsstreitigkeiten. § 32 BVerfGG gilt auch für die Verfassungsbeschwerde, was sich indirekt aus § 32 III 2 BVerfGG ergibt, vgl. *Umbach/ Clemens*, BVerfGG, § 32, Rn. 43; *Lechner/ Zuck*, BVerfGG, § 32, Rn. 11; *Schoch*, Einstweilige Anordnung, S. 695, 701, 720; *Erichsen*, Die einstweilige Anordnung, S. 170, 174 f.; *Schlaich/ Korioth*, Rn. 462; *Graßhof*, in: Maunz/ Schmidt-Bleibtreu/ Klein/ Bethge, BVerfGG I, § 32, Rn. 43.

617 *Schoch*, Vorläufiger Rechtsschutz, S. 967 f., der diese Grundlinie für das Verwaltungsrecht beschreibt.

618 *Schoch*, Vorläufiger Rechtsschutz, S. 153 f., 185 ff., 189 f., 192 f., 961 ff.

619 BVerfGE 7, 175, 179; 11, 102, 104; 91, 70, 76 f.; 105, 235, 238; *Graßhof*, in: Maunz/ Schmidt-Bleibtreu/ Klein/ Bethge, BVerfGG I, § 32, Rn. 1, 3; *Umbach/ Clemens*, BVerfGG, § 32, Rn. 8 ff., 36; *Benda/ Klein*, Verfassungsprozeßrecht, Rn. 1191; *Lechner/ Zuck*, BVerfGG, § 32, Rn. 5; *Schoch*, Einstweilige Anordnung, S. 695, 699 f.; *Schoch*, Vorläufiger Rechtsschutz, S. 154 f.; *Huber, N.*, Die einstweilige Anordnung, S. 71 ff.

620 BVerfGE 46, 166, 178; *Benda/ Klein*, Verfassungsprozeßrecht, Rn. 1191; *Graßhof*, in: Maunz/ Schmidt-Bleibtreu/ Klein/ Bethge, BVerfGG I, § 32, Rn. 12. Vgl. *Schoch/ Wahl*, in: FS Benda, S. 278 f.; *Huber, N.*, Die einstweilige Anordnung, S. 70 ff., 75 ff.; *Schoch*, Vorläufiger Rechtsschutz, S. 155 f.

621 *Graßhof*, in: Maunz/ Schmidt-Bleibtreu/ Klein/ Bethge, BVerfGG I, § 32, Rn. 9, 82; *Schoch*, Einstweilige Anordnung, S. 695, 700; *Schoch*, Vorläufiger Rechtsschutz, S. 155 f., 896 ff., 918 ff., 1339 f., 1403 f.

ne „befriedet“ wird.[622] Das Argument, die genannten Funktionen könnten nicht auf den verfassungsprozessualen einstweiligen Rechtsschutz übertragen werden, da dieser mit den entsprechenden fachgerichtlichen Verfahren wegen seines besonderen Wesens und der besonderen Stellung des BVerfG als repräsentativem Bundes- und Verfassungsorgan nicht zu vergleichen sei, überzeugt nicht.[623] Mit Blick auf den Rechtschutzsuchenden ist allein die Stellung als Gericht, das im Grundsatz keine Besonderheiten zu den anderen Gerichtsbarkeiten aufweist, von Relevanz; im Übrigen sind die Funktionen des einstweiligen Rechtsschutzes die Gleichen und der Doppelstatus des BVerfG hat nur für seine Organisation und im Umgang mit anderen Staatsorganen Auswirkungen.[624]

Das BVerfG erkennt die Funktionen einstweiligen Rechtsschutzes nach § 32 BVerfGG nicht umfassend an, wenn es in seiner Rechtsprechung die subjektive vorläufige Befriedungsfunktion vernachlässigt und in der objektiven Sicherungsfunktion den „normativen Orientierungspunkt“ des § 32 BVerfGG sieht.[625] Die hieraus zu ziehende Schlussfolgerung wird in der Flughafenentscheidung deutlich, in der es ausführt, dass von Verfassungs wegen dem Beschwerdeführer weder im Verfassungsbeschwerdeverfahren noch im einstweiligen Rechtsschutz nach § 32 BVerfGG unter allen Umständen die Möglichkeit gewährleistet wird, vor Vollzug des angegriffenen Hoheitsaktes eine Entscheidung des BVerfG zu erhalten. Die Rechtsordnung sehe nicht vor, dass mit der Vollstreckung von rechtskräftigen Gerichtsentscheidungen so lange innezuhalten sei, bis ein Betroffener dem BVerfG darlegen könne, dass ihn die Entscheidung in seinen Grundrechten verletze und das BVerfG die Gelegenheit gehabt habe, ihn durch Erlass einer einstweiligen Anordnung vor den faktischen Folgen möglicher Grundrechtsverletzungen zu schützen.[626] Dieser Verzicht auf die subjektive interimistische Befriedungsfunktion wird mit der fehlenden aufschiebenden Wirkung der Verfassungsbeschwerde und der Funktionenteilung zwischen Fach- und Verfassungsgerichtsbarkeit begründet; die Fachgerichtsbarkeit sichere dem Bürger, auch im Wege der einstweiligen Anordnung, die Durchsetzung seiner individuellen Grundrechte und garantiere ihm effektiven Rechtsschutz. Das BVerfG verkennt jedoch mit dieser Begründung, dass das BVerfGG den Erlass

622 *Schoch*, Vorläufiger Rechtsschutz, S. 1343 f.

623 *Klein/ Bethge*, in: Maunz/ Schmidt-Bleibtreu/ Klein/ Bethge, BVerfGG I, § 32, Rn. 6.

624 *Huber, N.*, Die einstweilige Anordnung, S. 78 f.; *Grunsky*, in: JuS 1977, 217 f.

625 BVerfGE 91, 70, 76 f. Vgl. auch BVerfGE 105, 235, 238; *Lechner/ Zuck*, BVerfGG, § 32, Rn. 5, 9; *Schoch*, Einstweilige Anordnung, S. 695, 701. Ähnlich *Zuck*, Das Recht der Verfassungsbeschwerde, Rn. 873.

626 BVerfGE 94, 166, 212 f.; zur Kritik an der fehlenden subjektiven Rechtsschutzfunktion *Rozek*, in: DVBl. 1997, 517.

einer einstweiligen Anordnung nicht in das Ermessen des Gerichts stellt.[627] Bei allen Unterschieden in Funktion und Aufgabe von Fach- und Verfassungsgerichtsbarkeit ist Letztere in der Entscheidung über die Rechtsschutzgewährung nicht frei. Die Verfassungsbeschwerde tritt nicht als zusätzliche Instanz zum fachgerichtlichen Rechtszug hinzu, sondern überprüft nachträglich die Beachtung der Grundrechte durch die Fachgerichte, ohne deren Verfahren zu kontrollieren.[628] Die auch in § 32 BVerfGG angelegte subjektive interimistische Befriedungsfunktion wird übersehen, wenn das BVerfG den (über den Schutz der Grundrechte als Bestandteil der objektiven Rechtsordnung hinausgehenden) individuellen Schutz darin sieht, dass die Verletzung der Grundrechte nachträglich festgestellt und der Hoheitsakt aufgehoben wird. Dies bedeutet die ausdrückliche Inkaufnahme der fehlenden Gewährleistung des Schutzes des Beschwerdeführers vor den tatsächlichen Auswirkungen des Grundrechtsverstoßes.[629] Dem Gericht ist zwar Recht zu geben, dass weder seine Funktion noch seine Organisation einen in gleichem Maße zeit- und sachnahen vorläufigen Individualrechtsschutz gewährleisten können und wollen wie der der Fachgerichtsbarkeit. Dies kann aber nicht bedeuten, dass das BVerfG grundsätzlich und selbst in Fällen schwerwiegender Grundrechtsverletzungen nicht verpflichtet sein soll, zum Schutz der Grundrechte rechtzeitig eine einstweilige Anordnung zu erlassen.[630] Damit kommt im Ergebnis der einstweiligen Anordnung eine aufschiebende Wirkung zu, die das Gesetz der Verfassungsbeschwerde vorenthält.[631] Dies ist aber nach § 32 BVerfGG und dessen besonders strengen Voraussetzungen gesetzlich vorgesehene Ausnahme zur Regel. Dieses Regel-Ausnahme-Verhältnis ist von Verfassungs wegen mit Blick auf das im allgemeinen Rechtsstaatsprinzip verortete Effektivitätsprinzip gefordert.

---

[627] *Graßhof*, in: Maunz/ Schmidt-Bleibtreu/ Klein/ Bethge, BVerfGG I, § 32, Rn. 56; *Umbach/ Clemens*, BVerfGG, § 32, Rn. 123 f.

[628] BVerfGE 94, 166, 213 f.

[629] BVerfGE 94, 166, 214.

[630] BVerfGE 94, 166, 215 f. Kritisch *Schoch*, Einstweilige Anordnung, S. 695, 707 f., 713.

[631] BVerfGE 94, 166, 215. Vgl. *Benda/ Klein*, Verfassungsprozeßrecht, Rn. 1192.

2. Die einstweilige Anordnung und der Anspruch auf angemessene Verfahrensdauer

Sieht man richtigerweise die interimistische Befriedungsfunktion auch für § 32 BVerfGG gleichwertig neben der Sicherungsfunktion stehen, so wird die subjektive Rechtsverletzung des Beschwerdeführers durch die einstweilige Anordnung vorläufig „entschärft", da im Zeitraum bis zur Hauptsacheentscheidung eine endgültige Zwischenregelung ergeht.[632] Der Anspruch des Einzelnen auf eine angemessene Verfahrensdauer in der Hauptsache ist damit nur dann erfüllt, wenn dadurch das Ziel der angemessenen Verfahrensdauer realisiert wird. Nur die so genannte Erfüllungsfunktion des Hauptsacheverfahrens kann jedoch die vollinhaltliche Realisierung des materiellen Rechts erreichen und damit Rechtssicherheit geben.[633] Dies gilt auch für das Verfassungsbeschwerdeverfahren.[634] Die erhöhte Richtigkeitsgewähr des Hauptsacheverfahrens und dessen andere Zielsetzung zeigen, dass der einstweilige Rechtsschutz die Erfüllungsfunktion nicht haben kann.[635] Dies findet Ausdruck in den unterschiedlichen Streitgegenständen von einstweiligem Rechtsschutz- und Hauptsacheverfahren:[636] im Ersteren geht es um die Prognose, ob eine Interimsentscheidung für die Abwehr schwerer Nachteile zum allgemeinen Wohl dringend nötig ist, während Streitgegenstand des Hauptsacheverfahrens die Beurteilung der materiellen Grundrechtsverletzung ist. Die meist zeitliche Parallelität der beiden Rechtsbehelfe unterstreicht die Selbstständigkeit der Verfahrensgegenstände;[637] die einstweilige Anordnung kann daher nicht die Rechtsschutzfunktion des Hauptsacherechtsbehelfs erfüllen, sondern höchstens zu einer modifizierten Beurteilung der Verfahrensdauer führen.

---

[632] Vgl. *Schoch*, Einstweilige Anordnung, S. 695, zum Zusammenhang zwischen vorläufigem Rechtsschutz und Zeit. Vgl. *Lechner/ Zuck*, BVerfGG, § 32, Rn. 6; *Schoch*, in: VerwArch 82 (1991), S. 145, 157 zur Endgültigkeit der Regelung.

[633] *Umbach/ Clemens*, BVerfGG, § 32, Rn. 11; *Schoch*, Vorläufiger Rechtsschutz, S. 1343 f.: Die rechtskräftige Hauptsacheentscheidung kläre die Rechtsverletzung, der Eilrechtsschutz minimiere das Fehlentscheidungsrisiko.

[634] *Heinze*, in: MüKo, ZPO, vor § 916, Rn. 11 zum einstweiligen Rechtsschutz im ordentlichen Prozess.

[635] *Schoch*, Vorläufiger Rechtsschutz, S. 962 f., 1312, 1316; *ders.*, Einstweilige Anordnung, S. 695, 711; *ders.*, in: VerwArch 82 (1991), S. 145, 157 f.; *Lechner/ Zuck*, BVerfGG, § 32, Rn. 35.

[636] *Huber, N.*, Die einstweilige Anordnung, S. 24; *Detterbeck*, S. 585; *Benda/ Klein*, Verfassungsprozessrecht, Rn. 1196 ff.; *Klein/ Bethge*, in: Maunz/ Schmidt-Bleibtreu/ Klein/ Bethge, BVerfGG I, § 32, Rn. 9; *Grundmann*, in: DVBl. 1959, 875, 877.

[637] Vgl. für das verwaltungsgerichtliche Verfahren *Schoch*, Vorläufiger Rechtsschutz, S. 1366.

Dies kann aber nicht eine beliebige Relativierung der Verfahrensdauer bedeuten, da der einstweilige Rechtsschutz seiner Struktur nach ein „Mechanismus zur Verteilung des Fehlentscheidungsrisikos"[638] ist. Aus der Perspektive des Rechtsschutzsuchenden verteilt er unter zeitlichen Aspekten „die Chancen der der Rechtsordnung gemäßen Rechtsverwirklichung und die Gefahren des der Rechtsordnung zuwiderlaufenden (teilweisen oder völligen) Rechtsverlustes"[639].[640] Er gibt aber in materieller Hinsicht keine endgültige und dauerhafte Rechtssicherheit. Dieser Unterschied zum Hauptsacheverfahren zeigt sich auch darin, dass die einstweilige Anordnung auf Grundlage einer summarischen Prüfung der Rechtslage (prognostiziertes Ergebnis der Hauptsache) oder auf Grund einer interessenorientierten Regelung der Situation (keine materiell-akzessorische Prognose) ergeht. Im zweiten Fall werden über eine Interessenabwägung die vorläufige Entscheidungsfindung und das materielle Recht voneinander abgekoppelt und ein gestaltendes Element (offene Entscheidung) tritt in den Vordergrund; der Unterschied liegt also im Verhältnis von materiellem zu prozessualem Recht.[641] § 32 BVerfGG trifft für den verfassungsrechtlichen einstweiligen Rechtsschutz keine Wahl für eines der beiden Modelle.[642] Das BVerfG folgt einem eigenen Abwägungsmodus, indem es eine folgenorientierte Abwägung aufgrund einer Doppelhypothese vornimmt („gestuftes Entscheidungsmodell")[643] und lehnt in ständiger Rechtsprechung die summarische Prüfung der Erfolgsaussichten ab.[644] Dies hat zur Konsequenz, dass die interimisti-

---

[638] *Lechner/ Zuck*, BVerfGG, § 32, Rn. 7; *Schoch*, Einstweilige Anordnung, S. 695, 700.

[639] *Schoch*, Vorläufiger Rechtsschutz, S. 897 f.

[640] Das Schlagwort vom Verbot der Vorwegnahme der Hauptsache ist falsch, vgl. hierzu BVerfGE 82, 353, 370. Es entspricht dem Ideal der Rechtsordnung, die Rechtsordnung schon während der Interimszeit völlig einzuhalten und die Rechtslage herbeizuführen, die auch dem Ergebnis des Hauptsacheverfahrens entspricht, und damit das Fehlentscheidungsrisiko nicht zu verwirklichen, vgl. *Schoch*, Einstweilige Anordnung, S. 695, 700, 711 f.; *ders.*, in: VerwArch 82 (1991), S. 145, 158; *ders.*, Vorläufiger Rechtsschutz, S. 1339, 1395 ff., 1406 ff.; *Kloepfer*, in: JZ 1979, 209, 210.

[641] *Lechner/ Zuck*, BVerfGG, § 32, Rn. 1, 2; *Berkemann*, in: JZ 1993, 161, 162.

[642] So führte das BVerfG zu Beginn seiner Rechtsprechungstätigkeit ein summarisches Prüfungsverfahren durch, vgl. BVerfGE 3, 267 und die Hinweise bei *Huber, N.*, Die einstweilige Anordnung, S. 25.

[643] Detaillierte Darstellung der Prüfungsschritte bei *Graßhof*, in: Maunz/ Schmidt-Bleibtreu/ Klein/ Bethge, BVerfGG I, § 32, Rn. 91, 93 f., 95 ff.; *Umbach/ Clemens*, BVerfGG, § 32, Rn. 142 ff., 177 ff.; *Schoch*, Einstweilige Anordnung, S. 695, 700 ff.; *Leipold*, in: JZ 1991, 461, 462; vgl. zur (geschichtlichen) Entwicklung des Abwägungsmodells und dem tatsächlichen Entscheidungsverhalten des BVerfG mit zahlreichen Beispielen *Berkemann*, in: JZ 1993, 161, 163 ff.; zur Entwicklung der Rechtsprechung *Huber, N.*, Die einstweilige Anordnung, S. 25 ff., S. 28 ff.

[644] BVerfGE 94, 166, 217. Das BVerfG begründet dies mit dem hohen Fehlentscheidungsrisi-

sche Regelung des Eilrechtsschutzes nicht immer mit der materiellen Verfassungsrechtslage übereinstimmt.[645] Die nicht eindeutige und klare Methode der folgenorientierten Abwägung orientiert sich nicht an der materiellen Rechtslage der Hauptsache und blendet die Befriedungsfunktion des einstweiligen Rechtsschutzes völlig aus.[646] Diese Betonung der Sicherungsfunktion und die weitgehende Vernachlässigung des zeitlichen Faktors[647] verkennt, dass die Sicherung des Hauptsacherechtsschutzes nicht um dessen prozessualer Existenz willen erfolgt, sondern um die tatsächliche Wirksamkeit des materiellen Rechts zu garantieren. Die Entkoppelung[648] von Prozessrecht und materiellem Recht stellt aber die Erfüllung eines Anspruchs auf angemessene Verfahrensdauer in Frage: Dieser kann im einstweiligen Rechtsschutz nur erfüllt werden, wenn die vorübergehende Zwischenlösung mit der endgültigen Lösung im Materiellen übereinstimmt und damit die Befriedungsfunktion realisiert wird.[649] Orientiert sich jedoch diese Zwischenlösung nicht an der materiellen Rechtslage, die für die Endentscheidung maßgeblich ist, so ist die Übereinstimmung logischerweise nur zufällig möglich. Dieses Verfahren kann daher nicht dogmatisch konsequent und strukturiert einen vorübergehenden Zustand schaffen, der dem Hauptsacherechtsschutz die zeitliche Brisanz nimmt.[650] Damit ist aber die folgenorientierte Abwägung noch weniger als das summarische Verfahren geeignet, die Erfüllungsfunktion des Hauptsacheverfahrens vorwegzunehmen.[651]

---

ko bei summarischer Prüfung wegen unzureichender Beweismittel, erheblichen Schwierigkeiten bei der Beurteilung der materiellen Rechtslage und fehlender Zeit für eine umfassende Prüfung der Rechtsfragen (BVerfGE 91, 70, 75). Eine Interessenabwägung rechtfertige eine Interimslösung daher besser, vgl. BVerfGE 7, 367, 371; 33, 247, 264 f.; 71, 350, 352; 77, 130, 135; vgl. hierzu auch *Graßhof*, in: Maunz/ Schmidt-Bleibtreu/ Klein/ Bethge, BVerfGG I, § 32, Rn. 83 ff., 87; *Umbach/ Clemens*, BVerfGG, § 32, Rn. 11; *Schoch*, Einstweilige Anordnung, S. 695, 704; *Erichsen*, Die einstweilige Anordnung, S. 170, 182 f.; *Berkemann*, in: JZ 1993, 161, 162 f.; *Leipold*, in: JZ 1991, 461; *Benda/ Klein*, Verfassungsprozeßrecht, Rn. 1198, 1222; *Schoch*, Vorläufiger Rechtsschutz, S. 1352 f. m. w. N.; *ders.*, Einstweilige Anordnung, S. 695, 712; *Schmidt-Aßmann*, in: VVDStRL 34 (1976), S. 221, 260 f.; *Berkemann*, in: JZ 1993, 161, 164 ff., 167 ff.; *Huber, N.*, Die einstweilige Anordnung, S. 32 f.

645 *Graßhof*, in: Maunz/ Schmidt-Bleibtreu/ Klein/ Bethge, BVerfGG I, § 32, Rn. 83.

646 *Schoch*, Einstweilige Anordnung, S. 695, 708 f.; *Huber, N.*, Die einstweilige Anordnung, S. 91.

647 *Schoch*, Einstweilige Anordnung, S. 695, 701; *Schoch*, Vorläufiger Rechtsschutz, S. 918 ff.; *Huber, N.*, Die einstweilige Anordnung, S. 86.

648 *Schoch*, Einstweilige Anordnung, S. 695, 702.

649 *Schoch*, Einstweilige Anordnung, S. 695, 705 f., 709 f. mit zahlreichen Beispielen.

650 *Huber, N.*, Die einstweilige Anordnung, S. 90.

651 *Umbach/ Clemens*, BVerfGG, § 32, Rn. 11, 96, 161 ff.

Das BVerfG ist zudem oft mit der Entscheidung von „Grundfragen der verfassungsmäßigen Ordnung“ betraut,[652] die sich dadurch auszeichnen, dass gewichtige politische und oftmals gegenläufige Interessen im öffentlichen Raum stehen. In einem solchen gelegentlich politischen Hochspannungsfeld fällt besonders ins Gewicht, dass eine vorläufige Entscheidung, durch die Komplexität des Sachverhalts bedingt, der Autorität der Endentscheidung entbehrt.[653] Auch insofern stellt eine einstweilige Anordnung die angemessene Verfahrensdauer nicht der Beliebigkeit anheim.[654] Dennoch wird man zumindest bei (verdeckter) Durchführung eines summarischen Verfahrens davon ausgehen müssen, dass eine (geringfügige) zeitliche Entlastung stattfindet, da eine gewisse Wahrscheinlichkeit dafür spricht, dass das Ergebnis der einstweiligen Anordnung mit dem des Hauptsacherechtsbehelfs übereinstimmt und insofern dem materiellen Recht bereits zur vorübergehenden Geltung verholfen wird. Rechtfertigt der gewährte einstweilige Rechtsschutz im Einzelfall eine zeitliche Entlastung des Hauptsacheverfahrens, so ist dies im Kriterium der Behandlung des Falles durch das Gericht zu berücksichtigen. Konkret bedeutet dies, dass aus einem kontinuierlich mit „Zeit“ voll laufenden Fass durch den Erlass einer einstweiligen Anordnung „ein paar Schöpfer Zeit“ entnommen werden; dies unterbricht aber den Zulauf an Zeit nicht, so dass schließlich das Fass dennoch überläuft, wenn die angemessene Verfahrensdauer im Hauptsacheverfahren überschritten wird.

3. Die einstweilige Anordnung nach § 32 BVerfGG, das allgemeine Rechtsstaatsprinzip und Art. 19 IV GG

In Literatur und Rechtsprechung wird vertreten, dass Art. 19 IV GG, aufgrund des eng auszulegenden Begriffs der öffentlichen Gewalt, die einstweilige Anordnung nach § 32 BVerfGG in Zusammenhang mit der Verfassungsbeschwerde nicht fordert.[655] Das rechtsstaatlich gewährleistete Effektivitätsgebot und der allgemeine Rechtsschutzstandard gelten aber auch für das verfassungsgerichtliche Verfahren und fordern aus den genannten Gründen grundsätzlich auch hier einen einstweiligen Rechtsschutz, der aufgrund der besonderen Verfahrenssitua-

---

[652] BVerfGE 1, 1; 7, 367, 372; 8, 42, 45; 12, 36, 41; 22, 178, 180; 34, 341, 344.

[653] *Erichsen*, Die einstweilige Anordnung, S. 170, 171; *Graßhof*, in: Maunz/ Schmidt-Bleibtreu/ Klein/ Bethge, BVerfGG I, § 32, Rn. 2; a. A. *Schoch*, Einstweilige Anordnung, S. 702, insbesondere Fn. 55.

[654] Vgl. *Dörr, O.*, Rechtsschutzauftrag, S. 30: Das verwaltungsgerichtliche Verfahren werde durch den vorläufigen Rechtsschutz teilweise entschärft. Letzterer sei aber nicht geeignet, den verfassungsrechtlichen Anspruch auf zeitnahen Rechtsschutz zu erfüllen.

[655] *Graßhof*, in: Maunz/ Schmidt-Bleibtreu/ Klein/ Bethge, BVerfGG I, § 32, Rn. 2; a. A. *Schoch*, Einstweilige Anordnung, S. 702; BVerfGE 96, 166, 216 f.

tion (rechtskräftige Entscheidung)[656] an besonders strenge Voraussetzungen gebunden werden kann.[657] Die Anforderungen, die Art. 19 IV GG an den einstweiligen Rechtsschutz in den Verfahren der Fachgerichtsbarkeit stellt, können nicht direkt auf § 32 BVerfGG übertragen werden. Der allgemeine Rechtsschutzstandard des Rechtsstaatsprinzips und des Art. 19 IV GG geben ausreichend Raum für entsprechende Modifikationen.

II. Die „Sonderrolle" des BVerfG und ihr Einfluss auf die Beurteilung der „angemessenen" Verfahrensdauer

Die Verfassungsbeschwerde wird regelmäßig als „außerordentlicher Rechtsbehelf" bezeichnet und es wird der „Doppel-/ Sonderstatus" des BVerfG und seine „politischen Entscheidungen" erwähnt. Im Folgenden wird der Einfluss dieser Besonderheiten auf die Beurteilung der Angemessenheit der Verfahrensdauer untersucht. In diesem Zusammenhang muss auch der Grundsatz der Unabhängigkeit der Richter und die Praxis der freien Terminierung von Rechtsbehelfen hinterfragt werden. Zunächst soll dem „politischen Element" in den Entscheidungen des BVerfG und dessen Einfluss auf die angemessene Verfahrenslänge nachgegangen werden.

1. Das Politische in den Entscheidungen des BVerfG

Geht man von der Prämisse aus, dass der Rechtsprechung des BVerfG ein „politisches Moment" innewohnt und das Gericht „im Schnittpunkt von Politik und Recht"[658] angesiedelt ist, erscheint es plausibel, hierin einen Grund für eine schnelle Entscheidung zu sehen: Je politisch brisanter ein Fall ist, desto schneller muss er, aufgrund seiner öffentlichen Bedeutung, behandelt werden. Die zu berücksichtigenden Gesichtspunkte wären dann nicht mehr allein rechtlicher, sondern gleichzeitig politischer Natur. Dies müsste auch Einfluss auf die angemessene Verfahrensdauer haben, da bei einer Rechtsprechung nach (normativen und) politischen Aspekten die Zweckmäßigkeit und die gesellschaftspolitische Bedeutung der Sache in einem höheren Maße berücksichtigt werden müssten. Daher ist zu beurteilen, wie politisch die Verfassungsgerichtsbarkeit ist, ob es

---

[656] *Graßhof*, in: Maunz/ Schmidt-Bleibtreu/ Klein/ Bethge, BVerfGG I, § 32, Rn. 5 f.; *Erichsen*, Die einstweilige Anordnung, S. 170, 172; *Schoch*, Einstweilige Anordnung, S. 695 f.; BVerfGE 1, 332, 334; 18, 315, 325; 74, 220, 226; 94, 166, 213 f.; 99, 1, 19: „Art. 19 IV GG verbürgt keinen subjektiven verfassungsgerichtlichen Rechtsschutz".

[657] *Graßhof*, in: Maunz/ Schmidt-Bleibtreu/ Klein/ Bethge, BVerfGG I, § 32, Rn. 6.

[658] *Leibholz*, in: DVBl. 1974, 396. Vgl. auch *Höffe*, in: Der Staat 38 (1999), S. 171.

sich also um „politische Justiz“ und um Teilhabe an der obersten Staatsleitung durch gerichtliche Entscheidungen handelt.[659]

Die Frage des Standorts des BVerfG im Schnittpunkt zwischen Recht und Politik ist seit jeher zentral in der Diskussion um die Funktion und die Grenzen der Verfassungsgerichtsbarkeit.[660] Immer wieder berühren Streitigkeiten offensichtlich den politischen Bereich, wie zum Beispiel um das Tragen eines Kopftuches durch Lehrerinnen, das Zuwanderungsgesetz oder die Rechtschreibreform. Bei der Entscheidung wird das Gericht oftmals unfreiwillig und indirekt in den Prozess der politischen Willensbildung eingebunden.[661] Die in diesem Zusammenhang diskutierte Selbstbeschränkung des BVerfG („judicial self-restraint“) und sein selbst auferlegter Verzicht, „Politik zu betreiben“, hilft kaum weiter, da das Gericht die ihm von Verfassungs wegen eingeräumten Kompetenzen wahrzunehmen und einzuhalten hat. Es hat weder die Möglichkeit noch die Befugnis, sich „selbst zu beschränken“, denn es ist an Recht und Gesetz gebunden[662] und „Selbstbeschränkung setzt Selbstermächtigung voraus“[663]. *Schlaich/ Korioth* fassen dies prägnant zusammen: „Die ‚Beschränkung‘, die dem BVerfG obliegt, ist diejenige auf seine Gerichtsförmigkeit und auf die ihm zur Verfügung stehenden Kontrollmaßstäbe. Dies aber ist nicht ‚Selbst‘-Beschränkung, sondern Auftrag und Bindung an Kompetenzen.“[664]

Die Bestimmung der Aufgaben und Grenzen der Verfassungsgerichtsbarkeit ist äußerst problematisch. Das Verfassungsrecht als Streitgegenstand gibt nur wenige Anhaltspunkte für einen Kontrollmaßstab.[665] Zum einen betreffen die Fragen nach dem Inhalt und der Anwendung der Verfassung immer die Grundordnung des staatlichen Zusammenlebens.[666] Das Verfassungsrecht ist politikbezogenes Recht, da es den Zugang zur staatlichen Entscheidungsgewalt und deren Grenzen regelt. Es greift damit in Macht- und Entscheidungspositionen und damit in die Politik, das heißt die Gewinnung, die Ausübung und den Erhalt der

---

[659] *Böckenförde*, in: NJW 1999, 9, 11.

[660] Vgl. *Schoch/ Wahl*, FS Benda, S. 265 ff., 270, 271; *Hesse*, Grundzüge, Rn. 563 ff.; *Badura*, Staatsrecht, H 67 f.; Verhältnis zur Gesetzgebung: *Pieroth*, in: Jarass/ Pieroth, GG, Art. 93, Rn. 3; *Roellecke*, in: Isensee/ Kirchhof, HStR II, § 54, Rn. 5, 6, 7, 11; *Roemer*, in: JZ 1951, 193; *Arndt*, in: DVBl. 1951, 297; *Hinkel*, S. 9 f.

[661] *Leibholz*, in: DVBl. 1974, 396.

[662] *Schlaich/ Korioth*, Rn. 505.

[663] *Murswiek*, in: DÖV 1982, 529, 532.

[664] *Schlaich/ Korioth*, Rn. 505 a. E.

[665] Ausführlich *Rinken*, in: AK-GG, vor Art. 93, Rn. 93 ff.; *Roellecke*, in: Isensee/ Kirchhof, HStR II, § 53, Rn. 22 ff.; *Schlaich/ Korioth*, Rn. 506.

[666] *Böckenförde*, in: NJW 1999, 9, 10.

politischen Macht ein.[667] Zum anderen hat das BVerfG eine „einzigartige Interpretationsmacht", da es letztverbindlich die mit Vorrang ausgestattete Verfassung interpretiert und in der Wahl der Interpretationsmethode praktisch frei ist.[668] Hinzu kommt, dass die dem BVerfG vorgelegten Fragen häufig nicht auf Grundlage detaillierter Normen, sondern nur anhand von weiten und unbestimmten Prinzipien der Verfassung entschieden werden können.[669] Die Entscheidung trägt, selbst bei der größtmöglichen Orientierung am Verfassungsrecht und sauberster Methodik, ihrer Natur nach und qua Streitgegenstand etwas Politisches in sich („politischer Streitgegenstand").[670] Bei funktionsgerechter und sachlich richtiger Wahrnehmung ihrer Aufgaben hat die Verfassungsgerichtsbarkeit daher notwendig eine politische Dimension.[671]

Die zunehmende Beachtung des Verhältnisses von Recht und Politik bzw. von BVerfG und Gesetzgeber rührt unter anderem von einer veränderten Rolle der Verfassungsgerichtsbarkeit her. Sie entstand ursprünglich aufgrund der bürgerlichen Forderung nach der Kontrolle staatlichen Handelns und nach dem Schutz gegen staatliche Übergriffe sowie die Demokratie gefährdende Fundamentalveränderungen. Die zunehmende Individualisierung und der immer größere gesellschaftliche Pluralismus als auch die zunehmende Komplexität der Regelungsbedürfnisse drängen das BVerfG heute als stabilisierenden Faktor in die Rolle der staatlichen Einheitsbildung.[672] Es ist der „Wandel des Gesetzes vom allgemein-abstrakten, auf Dauer und Gerechtigkeit angelegten Rechtssatz zum Mittel auch zweckhaft sozialer, u. U. auch momentaner Gestaltung", der Richterrecht zur Korrektur und Entlastung notwendig macht.[673] Das Gericht steht vor der Aufgabe, am Schnittpunkt von Gemeinwohl und Individualinteresse zu wirken, und zwar oft zur „Kompensation" von Defiziten im politischen Bereich.[674]

Theoretisch kann ein Verfassungsgericht einen ihm vorgelegten Verfassungskonflikt in zwei Reinformen lösen, nämlich politisch oder juristisch. Eine politische Lösung orientiert sich dabei zuvorderst an der Zweckmäßigkeit, eine juristische an Recht und Gesetz. Tatsächlich lassen sich aber Politik und Recht schon

---

667 *Böckenförde*, in: NJW 1999, 9, 11 f.

668 *Schlaich*, in: DÖV 1980, 794; *Hinkel*, S. 12 f.

669 *Hesse*, Grundzüge, Rn. 594; *Böckenförde*, in: NJW 1999, 9, 12.

670 *Schlaich/ Korioth*, Rn. 511; *Leibholz*, in: JöR N. F. 6 (1957), S. 120, 125; *ders.*, in: DVBl. 1974, 396, 397, 398. Die Bezeichnung als „politische Rechtsstreitigkeiten" ist missverständlich, da sie den Entscheidungsmaßstab des Politischen nahe legt; vgl. hierzu *Roellecke*, in: Isensee/ Kirchhof, HStR II, § 53, Rn. 10.

671 *Böckenförde*, in: NJW 1999, 9, 12.

672 *Hinkel*, S. 7 f.; *Schlaich/ Korioth*, Rn. 544.

673 *Schlaich/ Korioth*, Rn. 544.

674 *Hinkel*, S. 7 f.

in der Verfassung aufgrund ihrer Eigenart nicht voneinander trennen und es bieten sich bei der praktischen Lösung eines Konflikts eine Vielzahl von Kompromissen auf der Skala zwischen Recht und Politik an.[675] Entscheidungen eines Verfassungsgerichts sind immer solche in einer Gemengelage von Recht und Politik.[676] Ein Verfassunggeber legt durch die Einsetzung einer politischen oder einer gerichtsförmigen Instanz zur Entscheidung von Konfliktfällen die Methode der Entscheidungsfindung und damit zugleich das maßgebende sachliche Prinzip selbst fest.[677] Das Grundgesetz überlässt die letztverbindliche Auslegung der Grundrechte im Unterschied zur Weimarer Reichsverfassung nicht dem Gesetzgeber,[678] sondern überantwortet sie dem BVerfG, das es über Art. 1 III GG an Recht und Gesetz bindet. Die Verfassungsauslegung hat also mit einer juristischen Methode zu erfolgen; dies hilft aber praktisch nicht weiter, da die juristische Methode keinerlei Grenze zum Politischen absteckt und der Streitgegenstand politischer Natur bleibt. Der sog. „funktionell-rechtliche" Ansatz versucht die Aufgaben und Grenzen des BVerfG über die Abgrenzung der Staatsgewalten und ihrer Funktionen zu bestimmen; ihre in Art. 1 III, 20 II 2 GG angelegte gegenseitige Hemmung, Kontrolle und Arbeitsteilung (Rollenverteilung) wird herausgestellt.[679] Nach diesem Verständnis werden Legislative und Judikative vor allem danach abgegrenzt, ob sie sich jeweils im Rahmen der ihnen von der Verfassung zugewiesenen Aufgaben und Funktionen gehalten haben.[680]

Für die Abgrenzung zwischen Recht und Politik ist entscheidend, dass sich das BVerfG am normativen Maßstab des Verfassungsrechts orientiert und nicht an der für die Legislative entscheidenden Opportunität im Kampf um die Macht. Das BVerfG ist verpflichtet, die politischen Auswirkungen seiner Entscheidungen zu bedenken, was die mittelbare Beeinflussung der Politik zur Konsequenz hat;[681] die Erwartung unpolitischer und vom politischen Machtkampf unberührter Entscheidungen ist aufgrund des in der Verfassung selbst angelegten politischen Elements (politischer Streitgegenstand) nicht realistisch. Das Treffen von Entscheidungen in diesem politischen Spannungsfeld,[682] darf aber nicht gleich-

---

675 *Hinkel*, S. 12 f.

676 *Hinkel*, S. 11 f., 14 f.; *Ossenbühl*, Bundesverfassungsgericht und Gesetzgebung, S. 35.

677 *Hinkel*, S. 14 f.

678 *Kriele*, in: Isensee/ Kirchhof, HStR V, § 110, Rn. 15.

679 *Schoch*, Vorläufiger Rechtsschutz, S. 1037; *Stern*, Staatsrecht I, § 20 IV 3, S. 792 f.; *Stern*, Staatsrecht II, § 36 III 3, S. 529 f.; *Schlaich/ Korioth*, Rn. 507 f. m. w. N.; *Hesse*, in: FS Huber, S. 264 ff.; *Grimm*, in: AöR 106 (1981), S. 123.

680 *Starck*, Bundesverfassungsgericht in der Verfassungsordnung, S. 8.

681 *Kloepfer*, in: JZ 2003, 481, 482.

682 *Böckenförde*, in: NJW 1999, 9, 12.

gesetzt werden mit der Aufgabe zur politischen Gestaltung.[683] Das BVerfG prüft als Gericht nachträglich an einem normativen Maßstab die ihm vorgelegten Streitgegenstände und ist „Kontrolleur", nicht „Mitproduzent" der Gesetzgebung.[684]

Problematisch wird die Rolle des BVerfG, wenn es als „Anreger und Antreiber des Gesetzgebers eine aktive Rolle"[685] einnimmt und darüber wacht, ob dieser trotz verfassungsrechtlicher Forderung untätig bleibt oder seine Maßnahmen evident unzureichend sind. Noch mehr Konfliktpotential enthalten Appellentscheidungen, die dem Gesetzgeber Vorgaben machen und bei denen das BVerfG als „praeceptor legislatoris" auftritt.[686] Übt das Gericht selbst gesetzgeberische Befugnisse aus („legislatives Selbsteintrittsrecht") und beschränkt sich nicht auf Fristsetzung und inhaltliche Vorgaben, so wagt es sich noch weiter in das Feld des Gesetzgebers vor.[687] Schafft das BVerfG Übergangsrecht und schlüpft in die Rolle des Ersatzgesetzgebers, so bleibt sein zentrales und maßgebliches Kennzeichen dennoch die Gerichtsförmigkeit;[688] die Erfüllung des Gesetzgebungsauftrags im Einzelfall wird durch den Grundsatz der Gewaltenteilung entschärft, denn der Gesetzgeber kann jederzeit seinem Gesetzgebungsauftrag nachkommen und die richterliche Gestaltung ersetzen.[689]

Das BVerfG ist ständig der Gefahr ausgesetzt, sich bei der Gesetzeskontrolle nicht mit einer Ergebniskontrolle zu begnügen, sondern Schwächen und Defizite der Gesetzgebung durch die Vorgabe von Leitlinien und verfassungsrechtlich geforderten „Mindestanforderungen" auszugleichen und damit das künftige Handeln des Gesetzgebers zu lenken. Es hat, bei aller Nähe zur Politik und bei aller Gefährdung, selbst Politik zu betreiben, weder eine unmittelbar politische Aufgabe noch entsprechende Befugnisse. In Ausnahmefällen hat es die „Notkompetenz", Übergangsregelungen zu schaffen und in den Aufgabenbereich der Legislative einzugreifen; diese Sonderrolle ist durch seine Stellung als Verfassungsorgan und die damit verbundene Verantwortung dem Staatsganzen gegen-

---

683 *Badura*, Staatsrecht, H 68.

684 *Schlaich/ Korioth*, Rn. 511.

685 *Ossenbühl*, Bundesverfassungsgericht und Gesetzgebung, S. 39, 40, 42.

686 *Ossenbühl*, Bundesverfassungsgericht und Gesetzgebung, S. 42.

687 *Ossenbühl*, Bundesverfassungsgericht und Gesetzgebung, S.45. *Scholz*, Das BVerfG, S. 7 f., nennt als Beispiele hierfür die Entscheidungen zur Sitzblockade, zur Vermögenssteuer, zum Schwangerschaftsabbruch und zur Familienbesteuerung.

688 *Schlaich/ Korioth*, Rn. 512 f., 516; *Badura*, in: FS Fröhler, S. 339; *ders.*, in: FS Mahrenholz, S. 881; *Ipsen*, Staatsrecht I, Rn. 757, spricht vom BVerfG als rechtsstaatlicher Institution; *Mahrenholz*, in: FS Hesse, S. 53; *Ossenbühl*, Bundesverfassungsgericht und Gesetzgebung, S. 46.

689 *Starck*, Bundesverfassungsgericht in der Verfassungsordnung, S. 10.

über gerechtfertigt, ändert aber nichts an der grundsätzlichen Gerichtsförmigkeit seines Entscheidungsprozesses.[690] Letzterer kann angesichts eines im Verfassungsrecht oft wenig konkreten Entscheidungsmaßstabs in seiner Wirkung einer politischen Gestaltung nahe kommen.[691] Insofern besteht ein „labiles Gleichgewicht" zwischen Verfassungsgerichtsbarkeit und Gesetzgebung, das zwischen den Extremen einer „Juridifizierung der Politik" und der „Politisierung der Justiz" schwankt und in einem ständigen Balanceakt austariert werden muss. Die Richter des BVerfG müssen sich ihrer Verantwortung und Macht bewusst sein sowie der Versuchung widerstehen, unter dem Deckmantel des gerichtlichen Verfahrens, Politik zu betreiben;[692] nur so sind die Kompetenzen der einzelnen Staatsgewalten zu wahren.[693]

In diesem Sinne muss auch die eingangs gestellte Frage beantwortet werden: Die rechtsprechende Tätigkeit des BVerfG unterliegt eindeutig einem rein normativen Maßstab; der Streitgegenstand ist aber oft politischer oder sozialer Natur, so dass bei der Bestimmung der angemessenen Verfahrensdauer politische und soziale Einflüsse geeignet sind, Einfluss auf die Beurteilung der angemessenen Verfahrensdauer zu nehmen; sie fließen über das Kriterium der Bedeutung einer Sache für die Allgemeinheit ein.

2. Der Grundsatz der Unabhängigkeit der Richter und die freie Terminierung

Die staatliche Justizgewährpflicht wird durch die Gerichte und deren Richter erfüllt. Das einzige rechtliche Instrumentarium des Staates, die Durchsetzung der Justizgewähr zu gewährleisten, ist die Dienstaufsicht über die richterliche Tätigkeit, welche mit dem Grundsatz der richterlichen Unabhängigkeit im Widerstreit steht.[694] Es besteht ein Spannungsverhältnis zwischen einerseits effektivem Rechtsschutz und angemessener Verfahrensdauer als Teil der staatlichen Justizgewährpflicht und andererseits der richterlichen Unabhängigkeit, denn die Richter stellen die „organisatorische Grundeinheit" der Rechtsdurchsetzung dar.[695] Dieser Konflikt spitzt sich in der Frage zu, ob der Richter bei der Terminierung von Streitsachen in zeitlicher Hinsicht gebunden ist und dabei der Dienstaufsicht untersteht; es geht letztlich darum, ob ein Richter angesichts seiner Unabhängigkeit überhaupt einem Anspruch auf angemessene Verfahrens-

[690] *Böckenförde*, in: NJW 1999, 9, 12.

[691] *Badura*, Staatsrecht, H 68.

[692] *Böckenförde*, in: NJW 1999, 9, 17; *Scholz*, Das BVerfG, S. 4, 7 f.

[693] *Ossenbühl*, Bundesverfassungsgericht und Gesetzgebung, S. 37, 53; *Badura*, in: Isensee/Kirchhof, HStR VII, § 163, Rn. 35; *Stern*, Verfassungsgerichtsbarkeit, S. 19 f.

[694] *Papier*, in: NJW 1990, 8, 10.

[695] *Berlit*, S. 135, 145, 153, 156 f., 160; *Papier*, in: NJW 1990, 8, 10.

dauer entsprechen muss oder ob er das Verfahren nicht vielmehr (zeitlich) frei gestalten kann.

a) Die richterliche Unabhängigkeit des Art. 97 GG

Die richterliche Unabhängigkeit ist kein persönliches Privileg des einzelnen Richters, sondern hat die Funktion, den Justizgewährleistungsanspruch des Bürgers zu sichern (funktionsbezogener Charakter), indem der Richter bei seiner Entscheidung sich nur von den abstrakt festgelegten Regeln des Gesetzes und nicht von anderen Interessen leiten lässt.[696] So obliegt ihm grundsätzlich die Amtspflicht der effektiven und zeitgerechten Justizgewähr.[697] Seine Bindung an das Gesetz und an seine Aufgabe, Recht zu sprechen, begrenzen die richterliche Unabhängigkeit und stellen keine rechtfertigungsbedürftigen Schranken dar.[698]

Die sachliche Unabhängigkeit (Art. 97 I GG) will die Freiheit des Richters von allen Weisungen Dritter, die auf die rechtsprechende Tätigkeit Einfluss nehmen könnten, garantieren und umfasst die Sachentscheidung wie auch alle ihr dienenden, vorbereitenden und nachfolgenden Sach- und Verfahrensentscheidungen.[699] Die persönliche Unabhängigkeit (Art. 97 II GG) soll durch die Garantie von Unabsetzbarkeit und Unversetzbarkeit den Status des einzelnen (Berufs-) Richters schützen und ihn von jeder Einflussnahme auf seine Person und damit mittelbar auch auf die Sache freihalten.[700] Beide wirken gegenüber allen staatlichen Gewalten und innerhalb der Judikative, wobei die gewaltinterne Kontrolle

[696] Richter sind sämtliche Personen, die Rechtsprechung ausüben, vgl. *Pieroth*, in: Jarass/ Pieroth, GG, Art. 97, Rn. 2; *Classen*, in: v. Mangoldt/ Klein/ Starck, GG III, Art. 97, Rn. 3, 7; *Kirchhof*, in: Isensee/ Kirchhof, HStR III, § 59, Rn. 199; *Sobota*, S. 509; *Papier*, in: NJW 1990, 8, 10; *ders.*, in: NJW 2001, 1089, 1090.

[697] *Berlit*, S. 148, 159; *Classen*, in: v. Mangoldt/ Klein/ Starck, GG III, Art. 97, Rn. 30; *Papier*, in: NJW 1990, 8.

[698] Vgl. zur richterlichen Unabhängigkeit: *Classen*, in: v. Mangoldt/ Klein/ Starck, GG III, Art. 97, Rn. 1, 7; *Papier*, in: NJW 2001, 1089; *ders.*, in: NJW 1990, 8, 9 f.; *Berlit*, S. 141, 144 f.; *Reinhardt*, S. 179, 181.

[699] BVerfGE 14, 56, 69; 26, 79, 93 ff.; 38, 1, 21; *Classen*, in: v. Mangoldt/ Klein/ Starck, GG III, Art. 97, Rn. 18; *Schulze-Fielitz*, in: Dreier, GG III, Art. 97, Rn. 19; *Meyer*, in: v. Münch/ Kunig, GG III; Art. 97, Rn. 8 f.; *Reinhardt*, S. 186; *Pieroth*, in: Jarass/ Pieroth, GG, Art. 97, Rn. 3; Leibholz/ Rinck/ Hesselberger, GG, II, Art. 97, Rn. 26 ff.; *Papier*, in: NJW 2001, 1089, 1090 f.

[700] BVerfGE 14, 56, 70; 26, 186, 198 f.; *Hesse*, Grundzüge, Rn. 555; *Classen*, in: v. Mangoldt/ Klein/ Starck, GG III, Art. 97, Rn. 1, 39 f.; *Herzog*, in: Maunz/ Dürig, Art. 97, Rn. 45 ff.; *Schulze-Fielitz*, in: Dreier, GG III, Art. 97, Rn. 45 ff.; *Reinhardt*, S. 181; Leibholz/ Rinck/ Hesselberger, GG II, Art. 97, Rn. 71 ff.

nicht auf die von den Prozessordnungen vorgesehenen Rechtsmittel beschränkt ist, sondern vor allem in Form der Dienstaufsicht durchgeführt wird.[701]

b) Das BVerfG und die Dienstaufsicht

Nach § 105 BVerfGG unterstehen die Richter des BVerfG keiner Dienstaufsicht. Aus ihrer dort geregelten Sonderstellung folgt, dass keine Stelle außerhalb des BVerfG und auch nicht dessen Präsident, die Dienstaufsicht über die Richter ausübt.[702] Dies bedeutet jedoch nicht, dass die Richter keiner Amtspflicht unterstehen würden; sie sind rechtsstaatlichen Grundsätzen unterworfen und der Gesetzgeber wollte sie durch die Freistellung von der Dienstaufsicht nicht einem anderen Pflichtenmaßstab unterwerfen. Vielmehr ist es mit der Autorität des höchsten deutschen Gerichts und seiner Richter als auch mit seiner Stellung als Verfassungsorgan nicht vereinbar, intern oder extern zu kontrollieren. Sie arbeiten mit einem Vertrauensvorschuss bezüglich ihrer rechtsstaatlichen Gesinnung und Verfassungstreue.

c) Die Dienstaufsicht über die Fachgerichtsbarkeit

Die Kontrolle der Richter in der Fachgerichtsbarkeit ist auf der Ebene des BVerfG nur mehr eine Selbstkontrolle. Für die Reichweite der Kontrolle ist in beiden Fällen der Umfang der richterlichen Unabhängigkeit maßgeblich. Auch in der Fachgerichtsbarkeit ist die Kontrolle durch die Rechtsmittel nicht ausreichend, da hier nur eine Rechtsmäßigkeitskontrolle stattfindet, aber viele „qualitätsrelevante Dimensionen spruchrichterlicher Tätigkeit", die sich nicht im Ergebnis niederschlagen, nicht erfasst werden („kontrollfreier Raum").[703] Der Richter ist im Rechtsstaat verantwortlich für die Durchsetzung der staatlichen Justizgewährpflicht;[704] dem muss notwendig eine Kontrolle gegenüberstehen, denn „Verantwortung ohne Verantwortlichkeit reicht nicht aus".[705] Daher geht § 26 DRiG davon aus, dass alle Richter der Dienstaufsicht unterstehen.[706] In Konflikt mit der richterlichen Unabhängigkeit gerät diese nur, wenn eine „richterliche Tätigkeit" und deren durch Art. 97 I GG, § 25 DRiG geschützter „Kerngehalt", nicht deren „äußere Ordnung", in Frage steht.[707] Aber auch der Kern-

---

[701] *Berlit*, S. 163, 165; *Classen*, in: v. Mangoldt/ Klein/ Starck, GG III, Art. 97, Rn. 4; *Papier*, in: NJW 2001, 1089, 1090; *Pieroth*, in: Jarass/ Pieroth, GG, Art. 97, Rn. 5.

[702] *Schmidt-Räntsch*, DRiG, § 26, Rn. 9.

[703] *Berlit*, S. 165 ff.; *Papier*, in: NJW 2001, 1089, 1094.

[704] *Berlit*, S. 141; *Papier*, in: NJW 2001, 1089.

[705] *Berlit*, S. 167 f.

[706] *Papier*, in: NJW 1990, 8.

[707] *Classen*, in: v. Mangoldt/ Klein/ Starck, GG III, Art. 97, Rn. 31; *Papier*, in: NJW 1990, 8, 10.

bereich nach § 26 II DRiG ist nicht frei von jeder Dienstaufsicht, denn die Verantwortlichen haben die Befugnis und Pflicht, dem Richter die ordnungsgemäße Ausführung von Dienstgeschäften vorzuhalten und ihn zu ordnungsgemäßer und unverzögerter Erledigung seiner Amtsgeschäfte zu ermahnen.[708] Die Dienstaufsicht darf sich aber nicht als Maßregelung einer konkreten richterlichen Entscheidung darstellen, so dass dienstliche Beurteilungen, Vorhalte und Ermahnungen zulässig sind, soweit sie vom Einzelfall losgelöst und nicht geeignet sind auf die konkrete Erledigung oder Prozessführung Druck auszuüben.[709]

Die Richterdienstgerichtsbarkeit hat die abwehrrechtliche Funktion des Art. 97 GG stark in den Vordergrund gestellt und im Zweifel der individuell interpretierten Unabhängigkeit Vorrang vor der Dienstaufsicht eingeräumt.[710] Eine solch individualistische Perspektive löst aber das oben dargestellte Spannungsverhältnis zu einseitig auf und sollte zu einer objektiveren Sichtweise zurückkehren.[711] Die Amtsführung steht also auch in zeitlicher Hinsicht nicht im Belieben des einzelnen Richters und ist kontrollierbar.

d) Zur Terminierung

Die Frage, ob, wann und in welcher Reihenfolge richterliche Entscheidungen erfolgen sollen und wie diese zu terminieren sind, bezieht sich nicht auf den unmittelbaren Inhalt der Entscheidung. Sie ist aber dennoch, in Übereinstimmung mit der Rechtsprechung des Dienstgerichts des Bundes,[712] dem Kernbereich der richterlichen Tätigkeit zuzuordnen, da die Terminierung den eigentlichen Richterspruch vorbereitet und diesem folglich mittelbar dient.[713] Für diesen Kernbereich ist in § 26 II DRiG als äußerstes Mittel der Dienstaufsicht der Vorhalt und die Ermahnung zu ordnungsgemäßer, unverzögerter Erledigung der Amtsgeschäfte vorgesehen. Die konkrete Reihenfolge der Bearbeitung unterliegt damit grundsätzlich der richterlichen Unabhängigkeit.[714] Ersuchen oder Weisungen, ganz bestimmte Verfahren umgehend zu bearbeiten, sind unzulässig.[715] Die Dienstaufsicht hat sich aber auch in laufenden Verfahren zu vergewissern,

---

[708] BGHZ 90, 41, 45 f.; *Papier*, in: NJW 1990, 8, 11.

[709] BGH, in: NJW-RR 2005, 433 f.; BGHZ 93, 238, 241; *Pieroth*, in: Jarass/ Pieroth, GG, Art. 97, Rn. 4.

[710] *Berlit*, S. 149, vgl. S. 150 ff.; *Groß*, in: Die Verwaltung 34 (2001), S. 371, 376; *Barbey*, in: Isensee/ Kirchhof, HStR III, § 74, Rn. 23. Vgl. zu den historischen Hintergründen *Reinhardt*, S. 181 ff.

[711] *Berlit*, S. 160, 162.

[712] BGH, in: NJW 1987, 1197 f.

[713] *Papier*, in: NJW 1990, 8, 10.

[714] *Papier*, in: NJW 1990, 8, 12.

[715] BGH, in: NJW-RR 2005, 433 f.; BGH, in: NJW 1987, 1197, 1198.

dass insgesamt „keine Unzuträglichkeiten in der Laufzeit der Prozesse auftreten“[716] und gegebenenfalls einen Einzelfall zum Anlass zu nehmen, dem Richter die ordnungswidrige Ausübung seiner Tätigkeit vorzuhalten, solange das noch anhängige Verfahren als Beleg und Beispiel dient und der Vorhalt sich auf „Fälle dieser Art“ bezieht.[717] Es ist auch in der Literatur einhellige Meinung, dass auf die Erledigung der Verfahren in angemessener Zeit hingewirkt werden darf.[718]

Auch das BVerfG hat schon früh das „legitime Interesse“ eines Vorsitzenden „an der Überwachung des Geschäftsganges“ in seiner eigenen Kammer anerkannt und festgestellt, dass es diesem nicht verwehrt sein kann, „auch in Sachen, in denen er als Richter nicht mitwirken darf, auf die Erledigung binnen angemessener Zeit hinzuwirken. Er muß sich aber dabei auf eine allgemein gehaltene Einwirkung beschränken“.[719] „Die Entscheidung darüber, wann im einzelnen Verfahren ein Termin zur mündlichen Verhandlung anberaumt wird, obliegt in erster Linie dem mit der Sache befaßten Gericht im Rahmen des ihm im Hinblick auf die Verfahrensführung durch die einschlägige Prozeßordnung eingeräumten Ermessens. Sofern der Arbeitsanfall die alsbaldige Bearbeitung und Terminierung sämtlicher zur Entscheidung anstehender Fälle nicht zuläßt, muß das Gericht hierfür zwangsläufig eine zeitliche Reihenfolge festlegen. Dabei darf es freilich das aus Art. 19 Abs. 4 Satz 1 GG folgende Gebot eines wirkungsvollen Rechtsschutzes nicht außer acht lassen.“ In der Hess-Entscheidung wiederholte das BVerfG, dass es im Ermessen des Gerichts liege, die zeitliche Reihenfolge der Terminierung zu bestimmen, wobei keine sachwidrigen Gründe berücksichtigt werden dürften. Im konkreten Fall sei nicht zu erkennen, dass die Anberaumung eines Termins zur mündlichen Verhandlung aus sachwidrigen Erwägungen unterblieben wäre. Eine weitere erhebliche Verzögerung der Terminierung einer mündlichen Verhandlung wäre jedoch im Hinblick auf die Rechtsschutzgarantie des Art. 19 IV 1 GG schwerlich noch angemessen.[720] Das Gericht ist also der Ansicht, dass für den konkreten Fall eine Pflicht zur alsbaldigen Terminierung besteht. Dies zeigt den unmittelbaren Zusammenhang zwischen der Terminierung und dem Prinzip angemessener Verfahrensdauer.

---

716 BGH, in: NJW-RR 2005, 433 f.; BGH, in: NJW 1988, 421, 422.

717 BGH, in: NJW-RR 2005, 433 f.

718 BVerfGE 4, 412, 422; BGH, in: NJW 1981, 421, 422 f.; *Classen*, in: v. Mangoldt/ Klein/ Starck, GG III, Art. 97, Rn. 31; *Redeker*, in: NJW 2000, 2796, 2797 f.; *Papier*, in: NJW 1990, 8 ff.; *Baur*, Justizaufsicht, S. 29 f.

719 BVerfGE 4, 412, 413 ff., Zitat auf S. 422.

720 BVerfGE 55, 349, 369.

e) Die Terminierung von Verfassungsbeschwerden

Die Unabhängigkeit der Richter soll gewährleisten, dass ihr Handeln allein vom Gesetz bestimmt wird und nicht eigene Interessen verfolgt werden. Wenn nun aber das Gesetz selbst zum Inhalt hat, zeitgerecht umgesetzt zu werden, so ist der Richter hieran gebunden. Es ist also nicht nur mit der Unabhängigkeit der Richter vereinbar, sondern sogar von dieser und der richterlichen Amtspflicht gefordert, dass sie rechtzeitig terminieren und die Verfahren in angemessener Dauer zu einem Ergebnis führen. Die fehlende Dienstaufsicht befreit die Richter des BVerfG nicht von ihrer durch die strenge Gesetzesbindung ihres Handelns geforderten Justizgewährpflicht in angemessener Zeit. Die Terminierung der Verfahren ist demnach nicht frei möglich. Eine Orientierung an der politischen Brisanz und den entsprechenden (zeitlichen) Erwartungen an die Entscheidung ist nur eingeschränkt im Rahmen einer sachgerechten Ermessensentscheidung möglich. Die genannten Kriterien für die Beurteilung der Angemessenheit der Verfahrensdauer lassen im Einzelfall genügend Spielraum, verschiedene Parameter zu gewichten und dadurch ein sachgerechtes Ergebnis zu erzielen. Die Terminierung fällt nicht der Beliebigkeit des richterlichen Handelns anheim, sondern muss sich streng am rechtsstaatlichen Grundsatz der angemessenen Verfahrensdauer orientieren. Die fehlende Dienstaufsicht für das BVerfG stellt es als Hüter der Verfassung in eine umso höhere rechtsstaatliche Verantwortung.

3. Der Doppelstatus des BVerfG

Das BVerfG ist Gericht und Verfassungsorgan, was sich aus dem Grundgesetz in Verbindung mit § 1 BVerfGG ergibt.[721] Die früher geführten Auseinandersetzungen um den „Doppelstatus“ des BVerfG sind heute weitgehend geklärt.[722] Die aus seiner Sonderstellung abgeleiteten Besonderheiten, wie seine Geschäftsordnungsautonomie, die fehlende Zuordnung zu einem Ministerium, die fehlende Dienstaufsicht, seine Haushaltsautonomie und einzelne protokollarische Eigenarten sind allgemein anerkannt.[723] Allerdings werden aus seiner Stellung als Verfassungsorgan auch Folgen abgeleitet, die sich auf die Funktion und Reichweite seiner Rechtsprechungstätigkeit beziehen und nach wie vor umstritten sind. Es geht dabei vor allem um die Verschiebung der Grenzen zwischen Judikative und Legislative und den Versuch, die teils ausufernde Rechtspre-

---

[721] Vgl. die „Status-Denkschrift“, in: JöR 6 (1957), S. 144 ff.; *Schlaich/ Korioth*, Rn. 27; *Roellecke*, in: Isensee/ Kirchhof, HStR II, § 53, Rn. 10.

[722] Vgl. *Schlaich/ Korioth*, Rn. 27 ff.; *Hesse*, Grundzüge, Rn. 669 ff.; *Roellecke*, in: Isensee/ Kirchhof, HStR II, § 53, Rn. 9 f.

[723] Vgl. *Schlaich/ Korioth*, Rn. 28 ff. m. w. N.; *Pieroth*, in: Jarass/ Pieroth, GG, Art. 93, Rn. 2; *Roellecke*, in: Isensee/ Kirchhof, HStR II, § 53, Rn. 10.

chung des Gerichts gegenüber den anderen staatlichen Gewalten über seine Rolle als Verfassungsorgan zu legitimieren.[724] Sähe man im BVerfG wegen seiner Stellung als Verfassungsorgan eine autonome Steuerungsinstanz als Medium einer gesellschaftlichen Selbstregulierung und keine Rechtskontrolle,[725] so wäre es nicht an die Maßstäbe eines normalen Gerichts gebunden. Hieraus ergäben sich weit reichende Folgen für einen Anspruch auf angemessene Verfahrensdauer: Entweder entfiele ein solcher ganz oder der anzulegende Maßstab verschöbe sich.

Art. 92 GG qualifiziert das BVerfG eindeutig als einen Teil der rechtsprechenden Gewalt; seine Parallelen zu den anderen Gerichten, seine Einrichtung und Organisation als Gericht, die sachliche und persönliche Unabhängigkeit der Richter, die Antragsabhängigkeit und die nachträgliche Prüfung als auch der Begründungszwang unterstreichen dies. Seine Argumentation erfolgt rational nachvollziehbar, methodisch abgesichert und seine Entscheidung ist auf den vorgelegten (rechtlichen) Streitfall beschränkt.[726] Aus seiner Rolle als Verfassungsorgan kann keine Erweiterung seiner gerichtlichen Kompetenzen abgeleitet werden,[727] vielmehr sind diese identisch mit denen der Fachgerichte; es untersteht ebenso wie diese der Verfassung.[728] Andererseits ist es aber nicht falsch, wenn man das BVerfG in „eine grundsätzlich andere Ebene“ als die der anderen Gerichte gerückt sieht,[729] denn das BVerfG hebt sich durch seine selbstständige Stellung von den Fachgerichten klar ab, zieht andere Argumentationsprinzipien heran und ist an seine eigenen Entscheidungen nicht gebunden; zudem trägt es (politische) Verantwortung für die Erhaltung der rechtsstaatlichen Ordnung und ihre Funktionsfähigkeit.[730] Dies ist durch den politischen Streitgegenstand bedingt,[731] ändert aber nichts daran, dass das BVerfG materiell ein Gericht und an die Grenzen der rechtsprechenden Gewalt gebunden ist. Im Grundgesetz sind keinerlei Anhaltspunkte gegeben, die eine Durchbrechung der Gewaltenteilung oder die Rechtfertigung eines legislativen Elements in der Rechtsprechung des

---

[724] *Schlaich/ Korioth*, Rn. 31 ff., 35.

[725] Vgl. *Schlaich/ Korioth*, Rn. 36.

[726] *Pieroth*, in: Jarass/ Pieroth, GG, Art. 93, Rn. 2; *Schlaich/ Korioth*, Rn. 26; *Roellecke*, in: Isensee/ Kirchhof, HStR II, § 53, Rn. 1, 9; *Korioth*, in: Bundesverfassungsgericht und Rechtsprechung, S. 58; *Böckenförde*, in: NJW 1999, 9, 11.

[727] *Schlaich/ Korioth*, Rn. 33; *Meyer*, in: v. Münch/ Kunig, GG III, Art. 93, Rn. 6; *Wieland*, in: Dreier, GG III, Art. 93, Rn. 30.

[728] *Pieroth*, in: Jarass/ Pieroth, GG, Art. 93, Rn. 3.

[729] *Leibholz*, in: DVBl. 1974, 396. Vgl. auch die Umschreibung in BVerfGE 6, 300, 304.

[730] *Roellecke*, in: Isensee/ Kirchhof, HStR II, § 53, Rn. 9; *Badura*, in: FS Mahrenholz, S. 869.

[731] *Hesse*, Grundzüge, Rn. 669 f.

Gerichts erkennen lassen.[732] Da seine Funktion als Verfassungsorgan nicht zu erweiterten Kompetenzen führt, wirkt sich diese allein auf seine organisatorische und protokollarische Stellung aus.

Wenn das BVerfG in einzelnen Situationen die Funktion eines Gerichts überschreitet und politisch gestaltend tätig wird, darf dies nicht von vornherein mit seiner Stellung als Verfassungsorgan zur Normalität erklärt werden; es handelt sich vielmehr um eine begründungsbedürftige Ausnahme.[733] Eine solche liegt vor, wenn es der Gesetzgeber unterlassen hat, die notwendigen politischen Gestaltungen, Wertungen und Entscheidungen selbst zu treffen und der Richter zur Ausübung von rechtsschöpferischer Tätigkeit und Kontrollfunktionen gezwungen wird, ohne dass ihm der Gesetzgeber auch die Kontrollmaßstäbe „mitgeliefert" hätte. So muss er, um das Recht nicht zu verweigern, durch subjektive Wertungen, eigene Maßstabsbildungen und politische Entscheidungen die Lücken ausfüllen. Trotz quantitativen Zuwachses des geschriebenen Rechts, ist ein inhaltlicher „Verdünnungsprozess" zu verzeichnen, der zu einem steten Verlust an Maßstabsfähigkeit und Steuerungskraft führt;[734] dadurch wird das BVerfG immer öfter in Richtung Legislative gedrängt. Hierbei bleibt jedoch zu beachten, dass der Gesetzgeber, wenn er es unterlässt, im Einzelfall die Kontrollmaßstäbe festzulegen, dem Richter nicht legislative Kompetenzen überträgt, sondern der Richter seine Entscheidungen gebunden an die Grundsätze der Auslegung und Interpretation von Recht trifft. Der Richter ist grundsätzlich nicht Ersatzgesetzgeber.

Damit kann festgehalten werden, dass der Status des BVerfG als Verfassungsorgan seine Organisation und protokollarische Besonderheiten betrifft, spezielle Befugnisse hieraus aber nicht abzuleiten sind. Seine Entscheidungen sind Akte der Rechtsprechung[735] und auch in seiner Stellung als Verfassungsorgan trifft es nicht „politische Entscheidungen" im eigentlichen Sinne, sondern richterliche Entscheidungen über einen politischen Gegenstand.[736] Für die Bemessung der Angemessenheit der Verfahrensdauer ergeben sich daher keine Besonderheiten.

4. Die Verfassungsbeschwerde als „außerordentlicher Rechtsbehelf"

Auf die Problematik des Begriffs des „außerordentlichen Rechtsbehelfs" wurde bereits eingegangen. Hier soll es um die Frage gehen, ob ein Anspruch auf angemessene Verfahrensdauer durch die vorrangigen fachgerichtlichen und „or-

---

[732] *Schlaich/ Korioth*, Rn. 35.

[733] *Schlaich/ Korioth*, Rn. 36 a. E.

[734] *Papier*, in: Isensee/ Kirchhof, HStR VI, § 154, Rn. 10 m. w. N.

[735] *Badura*, in: FS Mahrenholz, S. 869.

[736] *Badura*, in: FS Mahrenholz, S. 869 f., 881.

dentlichen" Rechtsbehelfe bereits erfüllt ist oder ob ein solcher mit jedem neuen Verfahren entsteht. Die rechtskräftigen fachgerichtlichen Urteile haben bereits der Durchsetzung des Rechts gedient und den Anspruch auf angemessene Verfahrensdauer damit einmal erfüllt. Ginge man davon aus, dass bei einer wiederholten Beschäftigung mit einer Rechtsverletzung im Rahmen der Verfassungsbeschwerde die angemessene Verfahrensdauer kein Maßstab mehr ist, so würde dies einen um den Anspruch auf angemessene Verfahrensdauer reduzierten bzw. erfüllten Gehalt des materiellen Rechts bedeuten. Obwohl das materielle Recht grundsätzlich bei jedem Rechtsbehelf in seinem vollen inhaltlichen Umfang zur Disposition steht und lediglich der prozessuale Prüfungsmaßstab variiert, würde es um die verfahrensrechtliche Komponente angemessener Verfahrensdauer beschnitten. Dies wäre jedoch widersinnig, so dass es nicht um das „Ob", sondern allein um den für die Angemessenheit zu wählenden Maßstab gehen kann. Aber auch bei der wiederholten Behandlung einer Rechtsverletzung ändert sich nichts an deren Qualität. Soweit die Verfassung mit der Verfassungsbeschwerde einen weiteren Rechtsbehelf, mag er auch „außerordentlich" sein, zur Verfügung stellt, geht es ihr zentral um die Durchsetzung der materiellen Grundrechte und unterstellt diesen den allgemeinen Regeln. So muss die Durchsetzung des materiellen Rechts in zeitgerechter Weise erfolgen, so dass der Anspruch mit Erhebung der Verfassungsbeschwerde in jedem Fall besteht. Begreift man die angemessene Verfahrensdauer als ein den Rechtsschutz konstituierendes Element, so geht es bei ihrer Einhaltung letztlich darum, der Verfassungsbeschwerde den Status des vollwertigen Rechtsschutzes zuzuerkennen, der ihr vom Grundgesetz eingeräumt wurde; denn Rechtsschutz egal welchen Umfangs heißt Rechtsschutz in angemessener Zeit. Niemand käme auf die Idee, an die Prüfungsqualität und -dichte des Verfassungsbeschwerdeverfahrens weniger hohe Anforderungen zu stellen, weil die Verletzung materieller Grundrechte bereits im fachgerichtlichen Verfahren Gegenstand der Entscheidung war. Ebenso verhält es sich mit dem zeitlichen Verfahrensaspekt, der seine Wurzeln im materiellen Recht hat.

Zusammenfassend kann festgehalten werden, dass die einstweilige Anordnung nach § 32 BVerfGG unter bestimmten Voraussetzungen – welche in der gegenwärtigen Praxis jedoch nicht erfüllt sind – geeignet ist, dem Hauptsacheverfahren zeitlichen Druck zu nehmen. Auch der politische Streitgegenstand vieler Verfassungsbeschwerden muss bei der Beurteilung der angemessenen Verfahrensdauer berücksichtigt werden. Dahingegen sind der Grundsatz der Unabhängigkeit der Richter, der Doppelstatus des BVerfG und der Charakter der Verfassungsbeschwerde als außerordentlicher Rechtsbehelf hierfür unerheblich.

10. KAPITEL: DIE RECHTSPOLITISCHEN KONSEQUENZEN EINES ANSPRUCHS AUF ANGEMESSENE VERFAHRENSDAUER

Die vorangegangenen Untersuchungen haben die Existenz eines Anspruchs auf angemessene Verfahrensdauer im Verfassungsbeschwerdeverfahren einschließlich der zu beachtenden Grenzen aufgezeigt. Im Einzelfall bleibt ein ausreichender zeitlicher Handlungsspielraum des BVerfG, bevor eine überlange Verfahrensdauer festzustellen ist. Die bei der notwendigen Bewertung der zeitlichen Dauer einfließenden Kriterien erscheinen ausreichend flexibel, um die spezifischen Sachverhaltsprobleme zu berücksichtigen und ein ausgewogenes Ergebnis zu erreichen. Wird der Anspruch auf angemessene Verfahrensdauer im Einzelfall nicht erfüllt, so stellt sich das Problem, wie dem Beschwerdeführer zu seinem Recht verholfen werden kann. Es gibt keine adäquaten rechtlichen Mittel zur Sanktion einer überlangen Verfahrensdauer, da das BVerfG selbst keiner (gerichtlichen) Kontrolle untersteht.[737] Auch die völker- und europarechtlichen Rechtsbehelfe führen nicht zu einer unmittelbaren Befriedigung des Anspruchs, da diesem nicht unmittelbar zur Durchsetzung verholfen werden kann. Die vielfältig diskutierten Abhilfemöglichkeiten[738] begegnen umfangreichen Bedenken und sollen hier nicht erneut behandelt werden. Angesichts der zweifelhaften Perspektive einer praktischen Umsetzung des Anspruchs auf angemessene Verfahrensdauer ist verständlich, dass in der Literatur seine Durchsetzung – abgesehen vom strafrechtlichen Bereich – nur wenig Beachtung findet.[739] Ein tatsächlicher Erfolg scheint allein vom guten Willen der verantwortlichen Richter des BVerfG abzuhängen. Dies ist aber für den betroffenen Beschwerdeführer wenig befriedigend.

I. DAS ERFORDERNIS EINES RECHTSBEHELFS BEI VERFAHRENSRECHTSVERSTÖSSEN

Art. 13 EMRK[740] garantiert nach der Kudla-Entscheidung des EGMR „eine wirksame Beschwerde zu einer innerstaatlichen Instanz wegen einer behaupteten

[737] Für den Verwaltungsprozess *Schlette*, S. 40 ff.; *Britz/ Pfeifer*, in: DÖV 2004, 245.

[738] Zur Beschleunigungsbeschwerde u. a. *Schmidt-Aßmann*, in: Maunz/ Dürig, Art. 19 Abs. 4, Rn. 263 f.; *Papier*, in: Isensee/ Kirchhof, HStR VI, § 154; *Lansnicker/ Schwirtzek*, in: NJW 2001, 1969; BMJ, Bericht der Kommission; *Jaeger*, in: EuGRZ 2003, 149; *Krämer*, in: AnwBl. 1999, 247; *Ulsamer*, in: EuGRZ 1986, 110.

[739] Vgl. *Otto*, S. 72 ff.; *Ziekow*, in: DÖV 1998, 941.

[740] Dieser lautet: „**Recht auf wirksame Beschwerde.** Jede Person, die in ihren in dieser Konvention anerkannten Rechten oder Freiheiten verletzt worden ist, hat das Recht, bei einer innerstaatlichen Instanz eine wirksame Beschwerde zu erheben, auch wenn die Verletzung von

Verletzung der Verpflichtung nach Art. 6 Abs. 1 EMRK zu einer Verhandlung innerhalb angemessener Frist"[741]. Auch der Plenumsbeschluss des BVerfG vom 30.4.2003 sieht die Notwendigkeit der Einrichtung eines Rechtsbehelfs zur Verfolgung einer Verletzung des Art. 103 I GG und ist nach der hier vertretenen Ansicht auf andere Verfahrensgrundrechte übertragbar; hierzu zählt auch das Recht auf angemessene Verfahrensdauer, so dass es bei unzulässigen Verfahrensverzögerungen eine Rechtsschutzmöglichkeit geben muss.[742] Dies trifft auch auf das Verfassungsbeschwerdeverfahren vor dem BVerfG zu, da hinsichtlich der Qualität der Verletzung des Verfahrensgrundrechts keine Unterschiede zur Fachgerichtsbarkeit bestehen. Die Plenumsentscheidung des BVerfG verlangt aus Gründen der Rechtsmittelklarheit, dass diese Rechtsbehelfe in der geschriebenen Rechtsordnung geregelt und in ihren Voraussetzungen für den Bürger erkennbar sind.[743]

Bei Verfahrensverzögerungen durch das BVerfG stößt die geforderte Beschwerdemöglichkeit aufgrund seiner besonderen Stellung an ihre natürlichen Grenzen,[744] so dass eigentlich nur eine Selbstüberprüfung in Frage kommt; eine solche ist nach der Plenumsentscheidung grundsätzlich möglich. Zum einen erscheint es aber zweifelhaft, ob das Gericht einen eigenen Verfahrensverstoß explizit feststellen würde und zum anderen spricht hiergegen, dass dem strukturellen Problem der unangemessenen Verfahrensdauer nicht abgeholfen werden könnte, denn durch die Einlegung eines Rechtsbehelfs entstünde eine erneute (personelle und zeitliche) Belastung.[745] Die Kudla-Entscheidung des EGMR räumt den Konventionsstaaten einen gewissen Spielraum hinsichtlich der Art und Weise ein, wie sie den von Art. 13 EMRK verlangten Rechtsbehelf gestalten.[746] Je nach dem Zusammenhang, in dem eine Verletzung vorkomme, könne es in Art. 13 EMRK stillschweigende Beschränkungen für einen möglichen Rechtsbehelf geben, das heißt die Beschwerde müsse so wirksam sein, wie das angesichts des eingeschränkten Anwendungsbereichs, der sich in dem besonderen Zusammenhang ergebe, möglich sei.[747]

Personen begangen worden ist, die in amtlicher Eigenschaft gehandelt haben." Vgl. zur Stellung der EMRK im deutschen Rechtssystem *Wilfinger*, S. 187 ff.

741 EGMR, in: NJW 2001, 2694, 2700, Nr. 156. Der EGMR fordert strukturelle Vorkehrungen der Justizsysteme der Vertragsstaaten für die Verfolgung von überlangen Verfahrensdauern, vgl. *Gundel*, in: DVBl. 2004, 17, 21 f.

742 *Britz/ Pfeifer*, in: DÖV 2004, 245, 246.

743 BVerfG, in: NJW 2001, 1924, 1928; vgl. *Redeker*, in: NJW 2003, 2956, 2957 f.

744 *Gundel*, in: DVBl. 2004, 17, 21.

745 Vgl. abw. Meinung von *Casadevall*, in: NJW 2001, 2694, 2701, Nr. 5; *Meyer-Ladewig*, in: NJW 2001, 2679.

746 EGMR, in: NJW 2001, 2694, 2700, Nr. 154, 157.

747 EGMR, in: NJW 2001, 2694, 2699, Nr. 151.

Die besondere Situation des Verfassungsbeschwerdeverfahrens rechtfertigt es daher, für die Verletzung angemessener Verfahrensdauer einen Rechtsbehelf eigener Art einzuführen, der hinter den sonst üblichen Anforderungen eines „wirksamen" Rechtsbehelfs im Sinne des Art. 13 EMRK zurückbleibt:[748] eine gesetzlich normierte Veröffentlichungspflicht des BVerfG bei Überschreiten einer festgelegten zeitlichen Verfahrensdauer.

II. Die Veröffentlichungspflicht

Der Gesetzgeber hat mit der Einführung einer Veröffentlichungspflicht eine zeitliche Grenze von beispielsweise vier Jahren festzulegen, ab der eine widerlegbare Vermutung für eine überlange Verfahrensdauer spricht. Um die Rechte des Beschwerdeführers in informationeller und persönlichkeitsrechtlicher Hinsicht nicht zu verletzen, empfiehlt sich eine Antragsbindung des Verfahrens. Derjenige, der sein Verfahren nicht veröffentlicht sehen will, muss den Antrag nicht stellen und kann die Vor- und Nachteile abwägen. Das BVerfG ist auf den Antrag hin verpflichtet, in halbjährlichem Turnus die entsprechenden Verfahren mit einer kurzen Sachverhaltsdarstellung und der Gründe für die verzögerte Bearbeitung in geeigneter Weise zu veröffentlichen. Die Begründung hat auf die erläuterten Kriterien für die Bewertung einer angemessenen Verfahrensdauer zurückzugreifen. Durch die halbjährliche Publizierung wird erreicht, dass bis zum Veröffentlichungszeitpunkt für das BVerfG die Möglichkeit der zwischenzeitlichen Entscheidung besteht und es damit eine Mehrarbeit vermeiden kann; damit ist gleichzeitig den Interessen des Beschwerdeführers am meisten gedient.

Der mit der Veröffentlichungspflicht verbundene zusätzliche Arbeitsaufwand kann als Argument gegen ihre Einführung herangezogen werden, da sie das Problem der Verfahrensverzögerung eher noch verschärft. Diese Mehrarbeit ist mit jedem Rechtsbehelf verknüpft und erscheint vertretbar, da durch die relative zeitliche Grenze die Zahl der in Frage kommenden Verfahren stark reduziert wird. So sind zum Beispiel im fünften Jahr durchschnittlich weniger als 71 Verfahren anhängig, also nach der eigenen Statistik des BVerfG ein Großteil der Verfahren erledigt und damit die zu erwartende zusätzliche Arbeitslast der Richter des BVerfG gering. Zudem dürfte in diesem Zeitraum ausreichend Möglichkeit zur Terminierung und Verhandlung einer Sache bestanden haben; letztlich handelt es sich bei der festzulegenden zeitlichen Grenze um eine rechtspolitische Frage. Vereinzelt wird sogar die Festlegung einer absoluten zeitlichen Grenze

[748] Nach dem EGMR muss es sich um einen Rechtsbehelf handeln, der sowohl in der Praxis als auch nach dem Gesetz wirksam und geeignet ist, dem Betroffenen angemessene Abhilfe zu schaffen. Die bloße Feststellung des Pflichtenverstoßes genügt hierfür nicht. Vgl. *Casadevall*, in: NJW 2001, 2694, 2701, Nr. 6 (Urteil).

gefordert, ab der von einer Rechtsverweigerung auszugehen ist.[749] Für die Verfassungsbeschwerde kommt eine solche aber nicht in Frage, da der politische Streitgegenstand der Verfahren eine differenzierte Bewertung der Verfahrensdauer erfordert und insofern eine widerlegbare Vermutung der Verzögerung vorteilhaft ist. Zudem wird gerade die Begründung der Verzögerung die Aufmerksamkeit der Öffentlichkeit erlangen und damit den erhofften Effekt der raschen Erledigung haben.

Durch eine Begründungspflicht des Antrags könnte man die Aufbereitung des Prozessstoffes und die Vorbereitung der Veröffentlichung erreichen und vermutlich die Zahl der Anträge nochmals reduzieren. Sie ist aber nur in Verbindung mit einem Anwaltszwang sinnvoll, da nur so die Qualität zu sichern und das BVerfG zu entlasten ist. Hiergegen sprechen jedoch die grundsätzlich nicht anwaltsgebundene Einlegung einer Verfassungsbeschwerde sowie die zahlreichen gegen einen Anwaltszwang vorgebrachten Argumente, insbesondere die fehlende wirtschaftliche Tragfähigkeit solcher Verfahren für die Rechtsanwaltschaft.[750] Ein Laie ist aber mit einer substantiierten Begründung des Antrags überfordert, so dass auf den Begründungszwang zu verzichten ist.

Nach einer Veröffentlichung eines überlangen Verfahrens steht das BVerfG in der Öffentlichkeit und muss seine (Nicht-)Arbeit rechtfertigen. Soweit für die Verzögerung vom Gericht nicht zu vertretende Gründe verantwortlich sind, kann es sich entlasten. In solchen Fällen wird freilich der Beschwerdeführer eher selten einen Antrag auf Veröffentlichung stellen. In allen anderen Fällen muss das BVerfG die Verzögerung substantiiert begründen und seinen guten Ruf verteidigen, um seine Akzeptanz in der Bevölkerung zu erhalten. Allein die Notwendigkeit der öffentlichen Begründung wird daher einen „erzieherischen" Effekt haben. Gleichzeitig wird die Öffentlichkeit für die Arbeit des BVerfG sensibilisiert. Der erhoffte Effekt der Veröffentlichungspflicht wird in all denjenigen Fällen relativ gering ausfallen, in denen die Öffentlichkeit aufgrund des Sachverhalts bereits reges Interesse zeigt, denn hier besteht bereits ein gewisser öffentlicher Druck.

III. Die Gefahren einer Veröffentlichungspflicht

Einer Veröffentlichungspflicht kann entgegen gehalten werden, dass sie der Stellung und dem Status des BVerfG als Verfassungsorgan nicht angemessen

---

[749] *Lansnicker/ Schwirtzek*, in: NJW 2001, 1969, 1970: Nach der Rechtsprechung des EGMR und des EuGH sei eine absolute zeitliche Grenze festzusetzen. Vgl. die Festsetzung einer absoluten zeitlichen Grenze durch den EuGH in der Sache Baustahlgewebe, in: EuZW 1999, 115.

[750] BMJ, Bericht der Kommission, S. 104 ff.

oder gar unwürdig ist und dessen Ruf und Autorität untergräbt, wenn es in der Öffentlichkeit „vorgeführt" wird. Dort, wo das BVerfG im Mittelpunkt der öffentlichen Diskussion und der öffentlichen Angriffe stehen wird und diese nicht durch eine entsprechende Begründung der langen Verfahrensdauer besänftigen und entkräften kann, ist dies aber begründet. Die Veröffentlichung geschieht nicht in „erniedrigender" Form und bietet angesichts der Begründung keinen geeigneten Stoff, den Sachverhalt zu entstellen. Das BVerfG wird in all denjenigen Fällen außerhalb der Schusslinie stehen, in denen die Verfahrensverzögerungen nicht durch das Verhalten des Gerichts verursacht oder in denen die Verfahrensdauer noch angemessen kurz ist. In allen anderen Fällen entspricht es aber nicht der Würde und dem Selbstverständnis des BVerfG, die überlange Verfahrensdauer bei der Terminierung nicht zu berücksichtigen und eine weitere Rechtsverletzung der Beschwerdeführer hinzunehmen. Der Angriff auf die Würde des BVerfG liegt hier in seinem eigenen Verhalten, nicht aber in der Veröffentlichung seiner Rechtsverstöße. Weiterhin müssen auch alle anderen Verfassungsorgane ihre Arbeit in der Öffentlichkeit rechtfertigen; eine gewisse Transparenz wird zu mehr Vertrauen in der Bevölkerung führen. Zudem kann das Gericht selbst (zeitlich) steuernd eingreifen und Verzögerungen vermeiden. Diese sind nicht pauschal mit einer chronischen Überlastung des Gerichts zu rechtfertigen, wie einige „Schnell-"Verfahren der jüngsten Zeit zeigen, bei denen entsprechende Kapazitäten vorhanden waren. Beispiele hierfür sind die Normenkontrolle im Fall des Zuwanderungsgesetzes[751] (Erledigung innerhalb von sechs Monaten) und die Verfassungsbeschwerden betreffend die Ökosteuergesetze[752] (Erledigung innerhalb von vier Jahren).

Der vorliegende Vorschlag hat das Manko, dass besonders eilbedürftigen Verfahren (z. B. aktuelle Schulverhältnisse) durch die Veröffentlichungspflicht nicht geholfen werden kann, da hier der zeitliche Abstand zwischen der anzusetzenden „angemessenen Verfahrensdauer" und dem Zeitpunkt der Veröffentlichung zu groß ist. Die Veröffentlichungspflicht hilft also nur bei den Verfahren der „Spitze des Eisbergs", die Verfahrensdauer transparent zu machen. Deshalb ist zu betonen, dass eine Verfahrensdauer unterhalb der gesetzlich festzulegenden zeitlichen Grenze keine zeitliche Unbedenklichkeit attestiert.

Der Veröffentlichungspflicht ist zudem vorzuhalten, dass sie nur auf indirektem Weg versucht, die Verfahrensdauer zu beeinflussen, aber nicht geeignet ist, unmittelbar die Rechte der Beschwerdeführer und Antragsteller zu sichern und der Rechtsverletzung abzuhelfen. Hier stößt man an die Grenzen eines Rechtssys-

---

[751] BVerfGE 106, 310: Verfahrensgegenstand war das Zuwanderungsgesetz vom 20.6.2002; das umstrittene Verfahren ging auf die Bundesratssitzung vom 22.3.2002 zurück; mündliche Verhandlung war am 23.10.2002 und das Urteil erging am 18.12.2002.

[752] BVerfG, in: DVBl. 2004, 705.

tems, denn eine Kontrolle muss irgendwann ein Ende haben und ein Rechtssystem muss darauf vertrauen, dass sich seine obersten Organe verfassungskonform verhalten.

IV. Vorschlag für eine Gesetzesänderung

Die Vorteile einer Veröffentlichungspflicht überwiegen nach der hier vertretenen Ansicht deren Nachteile. Sie könnte als neuer § 97 im BVerfGG verankert werden und wie folgt lauten:

> „(1) Ist eine Verfassungsbeschwerde länger als vier Jahre anhängig, so kann der Beschwerdeführer die Veröffentlichung des Verfahrens und seiner Dauer beantragen. Die Verzögerung ist zu begründen, insbesondere sind der Sachverhalt und die Gründe für die Verzögerung der Entscheidung darzulegen. Satz 1 und 2 gelten nur, wenn die Verfassungsbeschwerde zum Zeitpunkt der Veröffentlichung noch nicht entschieden ist.
>
> (2) Die Begründung der Veröffentlichung hat sich an den Kriterien für die Beurteilung der angemessenen Verfahrensdauer zu orientieren und in geeigneter Form im auf den Antrag folgenden Halbjahr zu erfolgen. Sie hat auf eine abweichende Bewertung der Verfahrenssituation durch den Antragsteller einzugehen."

ZUSAMMENFASSUNG

I. Die vielfach kritisierte überlange Dauer von Verfassungsbeschwerdeverfahren hat in einzelnen Fällen weit reichende Folgen für die Beschwerdeführer wie auch für die Allgemeinheit (1. Kapitel). Die Mehrheit der Entscheidungen ergeht zeitgerecht, dennoch ist aus grundrechtlicher Sicht jeder Einzelfall von Relevanz (2. Kapitel).

II. Die Problematik der angemessenen Verfahrensdauer entstand durch die Entwicklung eines staatlichen Rechtsschutzsystems und Gewaltmonopols sowie des damit einhergehenden Selbsthilfeverbots des Einzelnen. Letzteres wird durch den allgemeinen Justizgewähranspruch und Rechtsschutzanspruch des Art. 19 IV GG kompensiert (3. Kapitel).

III. Das BVerfG spricht vereinzelt von der angemessenen Verfahrensdauer und häufiger vom „effektiven" oder „wirksamen" Rechtsschutz, ohne damit, über die formelhafte Verwendung hinaus, eine einzelfallbezogene Argumentation zu verbinden. Die Literatur wirft daher der Rechtsprechung die Verwendung einer „(pseudonormativen) Leerformel" vor, der es an einer Bezugsgröße mangele und die daher für die Argumentation unbrauchbar sei. Tatsächlich ist eine solche Bezugsgröße notwendig, um den Relationsbegriff mit Gehalt zu füllen. Hierfür kommt das Prinzip der angemessenen Verfahrensdauer in Frage, das zwar zunächst selbst unbestimmt ist, im Einzelfall aber durch das in jeder Norm abstrakt angelegte zeitliche Element konkretisiert werden kann. Gleichzeitig gibt das Zeitelement für die Rechtsschutzeffektivität ein normatives Ziel als Soll-Zustand vor, das mit dem Ist-Zustand verglichen werden kann (4. Kapitel).

IV. Die angemessene Verfahrensdauer und die Effektivität sind Rechtsprinzipien. Nach der Schutznormlehre lässt sich aus dem objektiven Prinzip der angemessenen Verfahrensdauer ein subjektiver Anspruch des Einzelnen auf angemessene Verfahrensdauer ableiten. Dieser ist in das Sinngefüge der Verfassung eingebunden und findet seine Grenzen u. a. in den konkurrierenden Rechtswerten der materiellen Gerechtigkeit, der Rechtssicherheit, des Rechtsfriedens, der staatlichen Handlungsfähigkeit und dem (finanziellen) Vorbehalt des Möglichen (5. Kapitel).

V. Der Anspruch auf angemessene Verfahrensdauer ist in Art. 19 IV GG verfassungsrechtlich verankert, da der durch das formelle Hauptgrundrecht eröffnete Rechtsweg sowohl Judikativ- und Legislativakte als auch die Verfassungsbeschwerde erfasst. Gleichzeitig kann er auch im „integrativen" Rechtsstaatsprinzip und in der verfahrensrechtlichen Komponente der materiellen Grundrechte angesiedelt werden. Auf der subjektivrechtlichen Seite der Grundrechte und quer zu den einzelnen Grundrechtsfunktionen liegt die aus diesen abgeleitete subjektive verfahrensrechtliche Dimension der Grundrechte. Die objektive verfahrensrechtliche Dimension der Grundrechte ist Teil der objektiven Dimension des Grundrechts und besteht aus dem allgemeinen (Ausschnitt des allgemeinen Rechtsschutzstandards des Rechtsstaatsprinzips und des Art. 19 IV GG) und dem besonderen verfahrensrechtlichen Rechtsschutzstandard (6. Kapitel).

VI. Art. 19 IV GG ist im Verhältnis zum allgemeinen Rechtsstaatsprinzip lex specialis und umfasst den allgemeinen und den besonderen Rechtsschutzstandard. Die materiellen Grundrechte und Art. 19 IV GG stehen in einem Ergänzungsverhältnis: Im Anwendungsbereich des formellen Hauptgrundrechts geht dieses vor und wird durch den besonderen Rechtsschutzstandard der materiellen Grundrechte ergänzt, wenn es besondere, den allgemeinen Rechtsschutzstandard übersteigende Anforderungen stellt. Die subjektive verfahrensrechtliche Dimension der Grundrechte ist in Art. 19 IV GG hinter der Klammer zusammengezogen. Der allgemeine Rechtsschutzstandard ist im Verhältnis zu den Grundrechten im Rechtsstaatsprinzip vereinigt, während der besondere Rechtsschutzstandard im materiellen Grundrecht verbleibt. Auch die subjektive verfahrensrechtliche Dimension verbleibt im materiellen Grundrecht und begründet in Ergänzung des Rechtsstaatsprinzips den subjektiven Justizgewähranspruch (7. Kapitel).

VII. Im Verfassungsbeschwerdeverfahren ist der Anspruch auf angemessene Verfahrensdauer direkt aus dem jeweils einschlägigen Grundrecht abzuleiten und wird durch den allgemeinen Rechtsschutzstandard des Art. 19 IV GG ergänzt. Dies entspricht einem „umgekehrt (modifizierten) Ergänzungsverhältnis“ (8. Kapitel).

VIII. Der EGMR hat differenzierte Kriterien zur Beurteilung der angemessenen Verfahrensdauer entwickelt. Für das Verfassungsbeschwerdeverfahren erfordert die Möglichkeit eines Antrags auf einstweilige Anordnung unter bestimmten Voraussetzungen eine modifizierte Beurteilung der Verfahrensdauer ebenso wie das politische und soziale Element in den Entscheidungen geeignet ist, Einfluss auf die Dauer von Verfahren zu nehmen. Der Grundsatz der Unabhängigkeit der Richter oder der Doppelstatus des BVerfG lassen die Verfahrensdauer unbeeinflusst (9. Kapitel).

IX. Als rechtspolitische Konsequenz des Anspruchs auf angemessene Verfahrensdauer wird eine gesetzlich normierte und antragsgebundene Veröffentlichungspflicht des BVerfG für Verfahren vorgeschlagen, die eine bestimmte, festzulegende Verfahrensdauer überschritten haben (10. Kapitel).

LITERATURVERZEICHNIS

Albers, Marion	Das Bundesverfassungsgericht als Hüter seines selbstbestimmten Entscheidungsprogramms, in: KritV 1998, 193
Alexy, Robert	Theorie der Grundrechte, 1985 (zitiert: *Alexy*, Theorie der Grundrechte)
Alexy, Robert	Rechtsregeln und Rechtsprinzipien, in: Alexy, Robert/ Koch, Hans-Joachim/ Kuhlen, Lothar/ Rüßmann, Helmut, Elemente einer juristischen Begründungslehre, 2003 (zitiert: *Alexy*, Rechtsregeln und Rechtsprinzipien)
Arndt, Hans-Wolfgang	Praktikabilität und Effizienz – Zur Problematik gesetzesvereinfachenden Verwaltungsvollzugs und der „Effektuierung" subjektiver Rechte, Steuerwissenschaft Band 14, 1983
Arndt, Adolf	Das Bundesverfassungsgericht, in: DVBl. 1951, 297
Badura, Peter	Staatsrecht, Systematische Erläuterung des Grundgesetzes für die Bundesrepublik Deutschland, 3. Auflage, 2003 (zitiert: *Badura*, Staatsrecht)
Badura, Peter	Richterliches Prüfungsrecht und Wirtschaftspolitik, in: Oberndorfer, Peter/ Schambeck, Herbert (Hrsg.), Verwaltung im Dienste von Wirtschaft und Gesellschaft, Festschrift für Ludwig Fröhler zum 60. Geburtstag, 1980, S. 321 (zitiert: *Badura*, in: FS Fröhler)
Badura, Peter	Erneute Überlegungen zur Justiziabilität politischer Entscheidungen, in: Däubler-Gmelin, Herta/ Kinkel, Klaus/ Meyer, Hans/ Simon, Helmut (Hrsg.), Gegenrede, Aufklärung – Kritik – Öffentlichkeit, Festschrift für Ernst Gottfried Mahrenholz, 1994, S. 869 (zitiert: *Badura*, in: FS Mahrenholz)
Badura, Peter/ Dreier, Horst (Hrsg.)	Festschrift 50 Jahre Bundesverfassungsgericht, 2001
Bähr, Otto	Der Rechtsstaat, Eine publizistische Skizze, Neudruck der Ausgabe 1864, 1961

Baumgärtel, Gottfried	Eine Rechtstatsachenuntersuchung über die Ursachen der zu langen Prozessdauer, in: JZ 1971, 441
Baur, Fritz	Justizaufsicht und richterliche Unabhängigkeit, Eine gerichtsverfassungsrechtliche Untersuchung, 1954
Baur, Fritz	Der Anspruch auf rechtliches Gehör, in: AcP 153 (1954), S. 393
Benda, Ernst/ Klein, Eckart	Lehrbuch des Verfassungsprozeßrechts, 2. Auflage, 2001 (zitiert: *Benda/ Klein*, Verfassungsprozeßrecht)
Benda, Ernst/ Maihofer, Werner/ Vogel, Hans-Jochen	Handbuch des Verfassungsrechts der Bundesrepublik Deutschland, 2. Auflage, 1994 (zitiert: *Bearbeiter*, in: HbVerfR, §, Rn.)
Berkemann, Jörg	Das „verdeckte" summarische Verfahren der einstweiligen Anordnung des Bundesverfassungsgerichts, in: JZ 1993, 161
Berlit, Uwe	Richterliche Unabhängigkeit und Organisation effektiven Rechtsschutzes im „ökonomisierten" Staat, in: Schulze-Filietz, Helmuth/ Schütz, Carsten (Hrsg.), Justiz und Justizverwaltung zwischen Ökonomisierungsdruck und Unabhängigkeit, 2002, S. 135
Bethge, Herbert	Grundrechtsträgerschaft juristischer Personen, Zur Rechtsprechung des Bundesverfassungsgerichts, in: AöR 104 (1979), S. 102
Bethge, Herbert	Grundrechtsverwirklichung und Grundrechtssicherung durch Organisation und Verfahren, in: NJW 1982, 1
Bethge, Herbert	Die verfassungsrechtliche Problematik einer Zulassungsberufung im Zivilprozeß, in: NJW 1991, 2391
Bettermann, Karl August	Wesen und Streitgegenstand der verwaltungsgerichtlichen Anfechtungsklage, in: DVBl. 1953, 163
Bettermann, Karl August/ Nipperdey, Hans Carl/ Scheuner Ulrich (Hrsg.)	Die Grundrechte, Handbuch der Theorie und Praxis der Grundrechte, Dritter Band, 2. Halbband, Rechtspflege und Grundrechtsschutz, 1959 (zitiert: *Bettermann*, Die Grundrechte III/2)
Bleckmann, Albert	Staatsrecht II – Die Grundrechte, 3. Auflage, 1989
Böckenförde, Ernst-Wolfgang	Die Überlastung des Bundesverfassungsgerichts, in: ZRP 1996, 281

Böckenförde, Ernst-Wolfgang	Grundrechtstheorie und Grundrechtsinterpretation, in: NJW 1974, 1529
Böckenförde, Ernst-Wolfgang	Buchbesprechung von Hennis, Wilhelm, Verfassung und Verfassungswirklichkeit, Ein deutsches Problem, 1968, in: Der Staat 9 (1970), S. 533
Böckenförde, Ernst-Wolfgang	Verfassungsgerichtsbarkeit: Strukturfragen, Organisation, Legitimation, in: NJW 1999, 9
Böckenförde, Ernst-Wolfgang	Die Methoden der Verfassungsinterpretation – Bestandsaufnahme und Kritik –, in: NJW 1976, 2089
Böckenförde, Ernst-Wolfgang	Entstehung und Wandel des Rechtsstaatsbegriffs, in: Ehmke, Horst/ Schmid, Carlo/ Scharoun, Hans (Hrsg.), Festschrift für Adolf Arndt zum 65. Geburtstag, 1969, S. 53 (zitiert: *Böckenförde*, in: FS Arndt)
Braun, Wilfried	Offene Kompetenznormen – ein geeignetes und zulässiges Regulativ im Wirtschaftsverwaltungsrecht?, Neues zur Rollenverteilung zwischen Exekutive, Legislative und Judikative im wirtschaftsgestaltenden Sozialstaat, in: VerwArch 76 (1985), S. 24
Breuer, Rüdiger	Grundrechte als Anspruchsnormen, in: Festgabe aus Anlaß des 25 jährigen Bestehens des Bundesverwaltungsgerichts, 1978, S. 98 (zitiert: *Breuer*, Festgabe BVerwG)
Britz, Gabriele/ Pfeifer, Denise	Rechtsbehelf gegen unangemessene Verfahrensdauer im Verwaltungsprozeß, Rechtsschutzerfordernisse bei Verletzung von Prozeßgrundrechten nach der jüngsten Rechtsprechung von EGMR und BVerfG, in: DÖV 2004, 245
Brockhaus	Die Enzyklopädie, 17. Band, 20. Auflage, 1996
Brockhaus	Die Enzyklopädie, 22. Band, 20. Auflage, 1996
Broß, Siegfried	Zur Grundrechtsfähigkeit juristischer Personen des öffentlichen Rechts, in: VerwArch 77 (1986), S. 65
Brugger, Winfried	Konkretisierung des Rechts und Auslegung der Gesetze, in: AöR 119 (1994), S. 1
Bruns, Anja	Prozessgrundrechte im System des Grundgesetzes, 2002
Bryde, Brun-Otto	Die Effektivität von Recht als Rechtsproblem, 1993

Bundesministerium der Justiz	Entlastung des Bundesverfassungsgerichts, Bericht der Kommission, 1998 (zitiert: BMJ, Bericht der Kommission)
Campenhausen, Axel Freiherr von	Offene Fragen im Verhältnis von Staat und Kirche, in: Essener Gespräche zum Thema Staat und Kirche, Band 34 (2000), S. 119 ff.
Canaris, Claus-Wilhelm	Systemdenken und Systembegriff in der Jurisprudenz, entwickelt am Beispiel des deutschen Privatrechts, 2. Auflage, 1983
Conrad, Hermann	Deutsche Rechtsgeschichte, Band I, Frühzeit und Mittelalter, Ein Lehrbuch, 1954 (zitiert: *Conrad* I)
Conrad, Hermann	Deutsche Rechtsgeschichte, Band II, Neuzeit bis 1806, Ein Lehrbuch, 1966 (zitiert: *Conrad* II)
Danwitz, Thomas von	Die Garantie effektiven Rechtsschutzes im Recht der Europäischen Gemeinschaft, in: NJW 1993, 1108
Degenhart, Christoph	Vollendete Tatsachen und faktische Regelungen im Verwaltungsrecht, in: AöR 103 (1978), S. 163
Denninger, Erhard/ Hoffmann-Riem, Wolfgang/ Schneider, Hans-Peter/ Stein, Ekkehart (Hrsg.)	Kommentar zum Grundgesetz für die Bundesrepublik Deutschland, Reihe Alternativkommentare, Stand: September 2002 (zitiert: *Bearbeiter*, in: AK-GG, Art. Abs., Rn.)
Derlien, Hans-Ulrich	Theoretische und methodische Probleme der Beurteilung organisatorischer Effizienz der öffentlichen Verwaltung, in: Die Verwaltung 1974, 1
Detterbeck, Steffen	Streitgegenstand und Entscheidungswirkungen im Öffentlichen Recht, Grundlagen des Verfahrens vor den allgemeinen Verwaltungsgerichten und vor dem Bundesverfassungsgericht, 1995
Deubner, Karl G.	Die Verfassungsbeschwerde wegen Verletzung des Anspruchs auf rechtliches Gehör als Rechtsbehelf im Zivilprozeß, in: NJW 1980, 263
Deutscher Bundestag (Hrsg.)	Bucher, Peter (Bearbeiter), Der Parlamentarische Rat 1948-1949, Akten und Protokolle, Band 2, Der Verfassungskonvent auf Herrenchiemsee, 1981

Doemming, Klaus-Berto von/ Füsslein, Rudolf Werner/ Matz, Werner (Bearb.) — Entstehungsgeschichte der Artikel des Grundgesetzes, in: JöR N. F. 1 (1951), S. 1

Dolde, Klaus — Grundrechtsschutz durch einfaches Verfahrensrecht?, in: NVwZ 1982, 65

Dolzer, Rudolf/ Vogel, Klaus/ Graßhof, Karin (Hrsg.) — Bonner Kommentar zum Grundgesetz, Stand: Dezember 2003
(zitiert: *Bearbeiter*, in: Bonner Kommentar, Art. Abs., Rn.)

Dörr, Dieter — Die Verfassungsbeschwerde in der Prozeßpraxis, 2. Auflage 1997
(zitiert: *Dörr*, Die Verfassungsbeschwerde)

Dörr, Oliver — Der europäisierte Rechtsschutzauftrag deutscher Gerichte, Artikel 19 Absatz 4 GG unter dem Einfluß des europäischen Unionsrechts, 2003
(zitiert: *Dörr, O.*, Rechtsschutzauftrag)

Dreier, Horst (Hrsg.) — Grundgesetz, Kommentar, Band I, Artikel 1 – 19, 1996
(zitiert: *Bearbeiter*, in: Dreier, GG I, Art. 19, Rn.)

Dreier, Horst (Hrsg.) — Grundgesetz, Kommentar, Band III, Artikel 83 – 146, 2000
(zitiert: *Bearbeiter*, in: Dreier, GG III, Art., Rn.)

Dreier, Horst — Subjektiv- und objektiv-rechtliche Grundrechtsgehalte, in: Jura 1994, 505

Duden — Das große Wörterbuch der deutschen Sprache, 5. Band, 2. Auflage, 1994

Duden — Das große Wörterbuch der deutschen Sprache, 7. Band, 2. Auflage, 1995

Duden — Fremdwörterbuch, 1997

Dütz, Wilhelm — Rechtsstaatlicher Gerichtsschutz im Privatrecht, Zum sachlichen Umfang der Zivilgerichtsbarkeit, 1970

Ebers, Godehard Josef — Die Verwaltungs- und Verfassungsgerichtsbarkeit in Österreich, in: Verfassung und Verwaltung in Theorie und Wirklichkeit, Festschrift für Herrn Geheimrat Professor Dr. Wilhelm Laforet anläßlich seines 75. Geburtstags, 1952, S. 269
(zitiert: *Ebers*, in: Festschrift für Laforet)

Eisenhardt, Ulrich	Deutsche Rechtsgeschichte, 2. Auflage, 1995
Erichsen, Hans-Uwe	Die einstweilige Anordnung, in: Starck, Christian (Hrsg.), Bundesverfassungsgericht und Grundgesetz, Festgabe aus Anlaß des 25jährigen Bestehens des Bundesverfassungsgerichts, 1976, Band 1, S. 170 (zitiert: *Erichsen*, Die einstweilige Anordnung)
Eyermann, Erich	Verwaltungsgerichtsordnung, 11. Auflage, 2000
Friauf, Karl Heinrich/ Höfling, Wolfram (Hrsg.)	Berliner Kommentar zum Grundgesetz, Band 1, Stand: April 2003 (zitiert: *Bearbeiter*, in: Friauf/ Höfling, GG I, Rn.)
Frohn, Hansgeorg	Rechtliches Gehör und richterliche Entscheidung, Studie zur Verfassungsdimension des gerichtlichen Erkenntnisverfahrens, Zugleich ein Beitrag zur verfassungsrechtlichen Problematik des Postulats des effektiven Rechtsschutzes, 1989
Frowein, Jochen/ Peukert, Wolfgang	Europäische MenschenRechtsKonvention, EMRK-Kommentar, 2. Auflage, 1996 (zitiert: *Frowein/ Peukert*, EMRK, Art., Rn.)
Gabler Wirtschaftslexikon	15. Auflage, 2000
Geiger, Harald	Nochmals: Der Kampf um Art. 19 IV GG, Eine Replik auf Pitchas, ZRP 1998, 96, in: ZRP 1998, 252
Geppert, Klaus	Zum „fair-trial-Prinzip" nach Art. 6 Abs. 1 Satz 1 der EMRK, in: Jura 1992, 597
Gilles, Peter	Rechtsmittelreform im Zivilprozeß und Verfassungsrechtsaspekte einer Rechtsmittelbeschränkung, in: NJW 1985, 253
Goerlich, Helmut	Grundrechte als Verfahrensgarantien, 1981
Goerlich, Helmut	Nachbarschutz durch Verfahrensrechte – Zur Entwicklung formeller Rechte gegen Verfahrensfehler zu Lasten Dritter –, in: DÖV 1982, 631
Gottwald, Peter	Möglichkeiten formeller Rechtsmittelbeschränkung, in: Gilles, Peter/ Röhl, Klaus F./ Schuster, Paul/ Strempel, Dieter (Hrsg.), Rechtsmittel im Zivilprozeß, unter besonderer Berücksichtigung der Berufung, 1985, S. 295

Grabenwarter, Christoph	Europäische Menschenrechtskonvention, Ein Studienbuch, 2003 (zitiert: *Grabenwarter*, EMRK, § 24, Rn.)
Grimm, Dieter	Verfahrensfehler als Grundrechtsverstöße, in: NVwZ 1985, 865
Grimm, Dieter	Staatsrechtslehrertagung 1980 in Innsbruck, in: AöR 106 (1981), S. 115
Gröpl, Christoph	Ökonomisierung von Verwaltung und Verwaltungsrecht, in: VerwArch 93 (2002), S. 459
Groß, Thomas	Ökonomisierung der Verwaltungsgerichtsbarkeit und des Verwaltungsprozeßrechts, in: Die Verwaltung 34 (2001), S. 371
Grundmann, W.	Einstweilige Anordnungen bei behaupteter Verfassungswidrigkeit von Gesetzen, in: DVBl. 1959, 875
Grunsky, Wolfgang	Der einstweilige Rechtsschutz im öffentlichen Recht, in: JuS 1977, 217
Gundel, Jörg	Neue Anforderungen des EGMR an die Ausgestaltung des nationalen Rechtsschutzsystems, Die Schaffung effektiver Rechtsbehelfe gegen überlange Verfahrensdauer, in: DVBl. 2004, 17
Gusy, Christoph	Verfassungsfragen vorbeugenden Rechtsschutzes, in: JZ 1998, 167
Gusy, Christoph	Die Verfassungsbeschwerde, in: Badura, Peter/ Dreier, Horst, Festschrift 50 Jahre Bundesverfassungsgericht, 2001, Band 1, S. 641 (zitiert: *Gusy*, Die Verfassungsbeschwerde)
Haag, Theodor August	„Effektiver Rechtsschutz" – grundrechtlicher Anspruch oder Leerformel?, 1986
Häberle, Peter	„Gemeinwohljudikatur" und Bundesverfassungsgericht, Öffentliche Interessen, Wohl der Allgemeinheit in der Rechtsprechung des BVerfG, in: AöR 95 (1970), S. 86
Häberle, Peter	Grundrechte im Leistungsstaat, in: VVDStRL 30 (1972), S. 43
Häberle, Peter	Besprechung von Haller, Walter: Supreme Court und Politik in den USA. Fragen der Justiziabilität in der höchstgerichtlichen Rechtsprechung, in: DVBl. 1973, 388

Häberle, Peter — Die offene Gesellschaft der Verfassungsinterpreten. Ein Beitrag zur pluralistischen und „prozessualen“ Verfassungsinterpretation, in: JZ 1975, 297

Häberle, Peter — Praktische Grundrechtseffektivität, insbesondere im Verhältnis zur Verwaltung und Rechtsprechung, in: Die Verwaltung 22 (1989), S. 409

Häberle, Peter — Zeit und Verfassung, Prolegomena zu einem „zeitgerechten“ Verfassungsverständnis, in: ZfP XXI (1974), S. 111; identisch mit Häberle, Peter, Zeit und Verfassung, in: Häberle, Peter, Verfassung als öffentlicher Prozeß. Materialien zu einer Verfassungstheorie der offenen Gesellschaft, 2. Auflage, 1996, S. 59 mit Nachtrag 1978 (zitiert: *Häberle*, Zeit und Verfassung)

Häberle, Peter — Zeit und Verfassungskultur, in: Peisl, Anton/ Mohler, Armin (Hrsg.), Die Zeit, 1983, S. 289; Lizenzabdruck in: Aschoff, Jürgen (Hrsg.), Die Zeit, Dauer und Augenblick, 1989, 3. Auflage 1993, S. 289

Häberle, Peter — Effizienz und Verfassung, in: AöR 98 (1973), S. 625; identisch mit ders., Effizienz und Verfassung, in: Häberle, Peter, Verfassung als öffentlicher Prozeß. Materialien zu einer Verfassungstheorie der offenen Gesellschaft, 2. Auflage, 1996, S. 290 mit Nachtrag 1978

Henke, Wilhelm — Anmerkung zu BVerfG, Urteil vom 25.6.1968 – 2 BvR 251/ 63 (AKU-Urteil), in: JZ 1969, 145

Hermes, Georg — Senat und Kammern, in: Badura, Peter/ Dreier, Horst (Hrsg.), Festschrift 50 Jahre Bundesverfassungsgericht, Erster Band, Verfassungsgerichtsbarkeit, Verfassungsprozeß, 2001, S. 725

Hesse, Konrad — Bestand und Bedeutung der Grundrechte in der Bundesrepublik Deutschland, in: EuGRZ 1978, 427

Hesse, Konrad — Der Rechtsstaat im Verfassungssystem des Grundgesetzes, 1962, in: Forsthoff, E. (Hrsg.): Rechtsstaatlichkeit und Sozialstaatlichkeit, 1968, S. 557
(zitiert: *Hesse*, Der Rechtsstaat im Verfassungssystem)

Hesse, Konrad — Handbuch des Verfassungsrechts, 1983
(zitiert: *Hesse*, HbVerfR, §, Rn.)

Hesse, Konrad — Verfassungsrechtsprechung im geschichtlichen Wandel, in: JZ 1995, 265

Hesse, Konrad	Besprechung von Hennis, Wilhelm, Verfassung und Verfassungswirklichkeit, Ein deutsches Problem, Recht und Staat, Heft 373/ 374, 1968, in: AöR 96 (1971), S. 137
Hesse, Konrad	Grundzüge des Verfassungsrechts der Bundesrepublik Deutschland, 20. Auflage, 1995 (zitiert: *Hesse*, Grundzüge, Rn.)
Hesse, Konrad	Funktionelle Grenzen der Verfassungsgerichtsbarkeit, in: Recht als Prozess und Gefüge, Festschrift für Hans Huber zum 80. Geburtstag, 1981, S. 261 (zitiert: *Hesse*, in: FS Huber)
Hinkel, Karl Reinhard	Verfassungsgerichtsbarkeit zwischen Recht und Politik. Eine historische Betrachtung, 1984
Höffe, Otfried	Wieviel Politik ist dem Verfassungsgericht erlaubt?, in: Der Staat 38 (1999), S. 171
Hoffmann-Riem, Wolfgang	Nachvollziehende Grundrechtskontrolle, Zum Verhältnis von Fach- und Verfassungsgerichtsbarkeit am Beispiel von Konflikten zwischen Medienfreiheit und Persönlichkeitsrecht, in: AöR 128 (2003), S. 173
Hoffmann-Riem, Wolfgang	Effizienz als Herausforderung an das Verwaltungsrecht, Einleitende Problemsskizze, in: ders./ Schmidt-Aßmann, Eberhard (Hrsg.), Effizienz als Herausforderung an das Verwaltungsrecht, 1998 (zitiert: *Hoffmann-Riem*, Effizienz als Herausforderung)
Hoffmann-Riem, Wolfgang	Tendenzen in der Verwaltungsrechtsentwicklung, in: DÖV 1997, 433
Hoffmeister, Frank	Die Europäische Menschenrechtskonvention als Grundrechtsverfassung und ihre Bedeutung in Deutschland, in: Der Staat 40 (2001), S. 349
Hohlstein, Michael/ Pflugmann-Hohlstein, Barbara/ Sperber, Herbert/ Sprink, Joachim	Lexikon der Volkswirtschaft, 2000 (zitiert: Hohlstein/Pflugman-Hohlstein/Sperber/Sprink)

Huber, Norbert — Die einstweilige Anordnung nach § 32 BVerfGG am Beispiel der Verfassungsbeschwerde, Eine Kritik am Entscheidungsmodell des Bundesverfassungsgerichts, 1999
(zitiert: *Huber, N.*, Die einstweilige Anordnung)

Ipsen, Jörn — Staatsorganisationsrecht (Staatsrecht I), 4. Auflage, 1992
(zitiert: *Ipsen*, Staatsrecht I, Rn.)

Isensee, Josef — Der Fiskalbeamte – ein Fiskalprivileg, Der Beamte im Dienst der erwerbswirtschaftlichen Staatstätigkeit, in: DÖV 1970, 397

Isensee, Josef — Dienst nach Vorschrift als vorschriftswidriger Dienst, Verwaltungsrechtliche Betrachtungen zu einem Streiksurrogat der Beamten, in: JZ 1971, 73

Isensee, Josef/ Kirchhof, Paul (Hrsg.) — Handbuch des Staatsrechts der Bundesrepublik Deutschland, Band I, Grundlagen von Staat und Verfassung, 2. Auflage, 1995
(zitiert: *Bearbeiter*, in: Isensee/ Kirchhof, HStR I, §, Rn.)

Isensee, Josef/ Kirchhof, Paul (Hrsg.) — Handbuch des Staatsrechts der Bundesrepublik Deutschland, Band II, Demokratische Willensbildung – Die Staatsorgane des Bundes, 2. Auflage, 1998
(zitiert: *Bearbeiter*, in: Isensee/ Kirchhof, HStR II, §, Rn.)

Isensee, Josef/ Kirchhof, Paul (Hrsg.) — Handbuch des Staatsrechts der Bundesrepublik Deutschland, Band III, Das Handeln des Staates, 2. Auflage, 1996
(zitiert: *Bearbeiter*, in: Isensee/ Kirchhof, HStR III, §, Rn.)

Isensee, Josef/ Kirchhof, Paul (Hrsg.) — Handbuch des Staatsrechts der Bundesrepublik Deutschland, Band V, Allgemeine Grundrechtslehren, 2. Auflage, 2000
(zitiert: *Bearbeiter*, in: Isensee/ Kirchhof, HStR V, §, Rn.)

Isensee, Josef/ Kirchhof, Paul (Hrsg.) — Handbuch des Staatsrechts der Bundesrepublik Deutschland, Band VI, Freiheitsrechte, 2. Auflage, 2001
(zitiert: *Bearbeiter*, in: Isensee/ Kirchhof, HStR VI, §, Rn.)

Isensee, Josef/ Kirchhof, Paul (Hrsg.) — Handbuch des Staatsrechts der Bundesrepublik Deutschland, Band VII, Normativität und Schutz der Verfassung – Internationale Beziehungen, 1992
(zitiert: *Bearbeiter*, in: Isensee/ Kirchhof, HStR VII, §, Rn.)

Isensee, Josef/ Kirchhof, Paul (Hrsg.) — Handbuch des Staatsrechts der Bundesrepublik Deutschland, Band IX, Die Einheit Deutschlands – Festigung und Übergang, 1997
(zitiert: *Bearbeiter*, in: Isensee/ Kirchhof, HStR IX, §, Rn.)

Jaeger, Renate — Erfahrungen mit Entlastungsmaßnahmen zur Sicherung der Arbeitsfähigkeit des Bundesverfassungsgerichts, in: EuGRZ 2003, 149

Jahrreiß, Hermann — Die Rechtspflege im Bonner Grundgesetz, in: Verhandlungen des 37. Deutschen Juristentages in Köln am 17. September 1949, S. 26

Jarass, Hans D. — Bausteine einer umfassenden Grundrechtsdogmatik, in: AöR 120 (1995), S. 345

Jarass, Hans D. — Die Grundrechte: Abwehrrechte und objektive Grundsatznormen, Objektive Grundrechtsgehalte, insbes. Schutzpflichten und privatrechtsgestaltende Wirkung, in: Badura, Peter/ Dreier, Horst, Festschrift 50 Jahre Bundesverfassungsgericht, 2001, Band 2, S. 35
(zitiert: *Jarass*, Die Grundrechte)

Jarass, Hans D. — Grundrechte als Wertentscheidungen bzw. objektivrechtliche Prinzipien in der Rechtsprechung des Bundesverfassungsgerichts, in: AöR 110 (1985), S. 363

Jarass, Hans D./ Pieroth, Bodo — Grundgesetz für die Bundesrepublik Deutschland, Kommentar, 7. Auflage, 2004

Jeand'Heur, Bernd — Grundrechte im Spannungsverhältnis zwischen subjektiven Freiheitsgarantien und objektiven Grundsatznormen. Zur Erweiterung der Grundrechtsfunktionen und deren Auswirkungen auf die Grundrechtsdogmatik, in: JZ 1995, 161

Jellinek, Georg — System der subjektiven öffentlichen Rechte, 2. Auflage, 1905/ 1963

Jellinek, Georg — Allgemeine Staatslehre, 3. Auflage, 1914 (Zweiter Neudruck, 1920)

Kahlke, Gerhard	Zulassung der Berufung wegen Verletzung des rechtlichen Gehörs, in: NJW 1985, 2231
Kaiser, Joseph	Industrielle Absprachen im öffentlichen Interesse, in: NJW 1971, 585
Karl, Wolfram (Hrsg.)	Internationaler Kommentar zur Europäischen Menschenrechtskonvention, Loseblatt, Grundwerk 1986 (zitiert: *Bearbeiter*, in: IntKommEMR)
Karpen, Ulrich	Bedingungen der Effizienz des Rechtsstaates, in: JA 1992, 70
Kirchberg, Christian	Die Verfassungsbeschwerde – Zur Diskussion über ein neues Modell zur Entlastung des Bundesverfassungsgerichts im Bericht der Benda-Kommission –, in: KritV 1998, 228
Kirchhof, Ferdinand	Rechtspflicht zur Zusatzveröffentlichung kommunaler Normen, in: DÖV 1982, 397
Kirchhof, Paul	Verfassungsrechtliche Maßstäbe für die Verfahrensdauer und für die Rechtsmittel, in: Hailbronner, Kay/ Ress, Georg/ Stein, Torsten (Hrsg.), Staat und Völkerrechtsordnung, Festschrift für Karl Doehring, 1989, S. 439; identisch mit: Kirchhof, Paul, in: DStZ 1989, 55, jedoch ergänzt um den Abschnitt „Die Bedeutung des Art. 6 EMRK für das deutsche Recht“ (zitiert: *Kirchhof*, FS Doehring)
Kissel, Rudolf	Grenzen der rechtsprechenden Gewalt, in: NJW 1982, 1777
Kissel, Rudolf	Justiz zwischen Anspruch und Wirklichkeit, in: DRiZ 1987, 301
Klein, Eckart	Verfassungsprozessrecht, in: AöR 108 (1983), S. 410 und S. 561
Klein, Friedrich	Tragweite der Generalklausel im Art. 19 Abs. 4 des Bonner Grundgesetzes, in: VVDStRL 8 (1949), S. 67
Kloepfer, Michael	Verfahrensdauer und Verfassungsrecht, in: JZ 1979, 209
Kloepfer, Michael	Vom Zustand des Verfassungsrechts, in: JZ 2003, 481
Kloepfer, Michael	Ist die Verfassungsbeschwerde unentbehrlich?, in: DVBl. 2004, 676

Köbler, Gerhard — Deutsche Rechtsgeschichte, Ein systematischer Grundriß der geschichtlichen Grundlagen des deutschen Rechts von den Indogermanen bis zur Gegenwart, 5. Auflage, 1996

Kopp, Ferdinand — Individueller Rechtsschutz und öffentliches Interesse in der Verwaltungsgerichtsbarkeit, in: BayVBl. 1980, 263

Kopp, Ferdinand/ Schenke, Wolf-Rüdiger — Verwaltungsgerichtsordnung, Kommentar, 13. Auflage, 2003

Korioth, Stefan — Bundesverfassungsgericht und Rechtsprechung („Fachgerichte"), in: Badura, Peter/ Dreier, Horst (Hrsg.), Festschrift 50 Jahre Bundesverfassungsgericht, 2001, Band 1, S. 55
(zitiert: *Korioth*, in: Bundesverfassungsgericht und Rechtsprechung)

Krämer, Achim — Anhörungsrüge und modifizierte Anhörungsrüge, in: KritV 1998, 215

Krämer, Achim — Bundesverfassungsgericht quo vadis? – Zum Bericht der Kommission zur Entlastung des Bundesverfassungsgerichts –, in: AnwBl. 1999, 247

Kriele, Martin — Anmerkung zu BVerfG, Urteil vom 25.2.1975 – 1 BvF 1-6/74 (= BVerfGE 39, 1), in: JZ 1975, 222

Krugmann, Michael — Die Rechtsweggarantie des GG – Zum Gebot eines qualitativen Rechtsschutzes, in: ZRP 2001, 306

Kunig, Philip — Der Rechtsstaat, in: Badura, Peter/ Dreier (Hrsg.), Horst, Festschrift 50 Jahre Bundesverfassungsgericht, 2001, Band 2, S. 421

Kunig, Philip — Das Rechtsstaatsprinzip, Überlegungen zu seiner Bedeutung für das Verfassungsrecht der Bundesrepublik Deutschland, 1986

Lansnicker, Frank/ Schwirtzek, Thomas, — Rechtsverhinderung durch überlange Verfahrensdauer, in: NJW 2001, 1969

Larenz, Karl — Methodenlehre der Rechtswissenschaft, 6. Auflage, 1991
(zitiert: *Larenz*, Methodenlehre)

Laubinger, Hans-Werner — Grundrechtsschutz durch Gestaltung des Verwaltungsverfahrens, in: VerwArch 73 (1982), S. 60

Lechner, Hans/ Zuck, Rüdiger — Bundesverfassungsgerichtsgesetz, Kommentar, 4. Auflage, 1996
(zitiert: *Lechner/ Zuck*, BVerfGG, §, Rn.)

Leibholz, Gerhard — Bericht des Berichterstatters an das Plenum des Bundesverfassungsgerichts zur „Status"-Frage, in: Der Status des Bundesverfassungsgerichts, Material – Gutachten, Denkschriften und Stellungnahmen mit einer Einleitung von Gerhard Leibholz, in: JöR N. F. 6 (1957), S. 120

Leibholz, Gerhard — Das Bundesverfassungsgericht im Schnittpunkt von Politik und Recht, in: DVBl. 1974, 396

Leibholz, Gerhard/ Rinck, Hans-Justus/ Hesselberger, Dieter — Grundgesetz für die Bundesrepublik Deutschland, Kommentar an Hand der Rechtsprechung des Bundesverfassungsgerichts, Band I, 7. Auflage, Loseblatt, Stand: August 2003
(zitiert: Leibholz/ Rinck/ Hesselberger, Art., Rn.)

Leipold, Dieter — Anmerkung zu BVerfG Beschluss vom 17.10.1990 (2 BvE 6/90 u. 7/90), in: JZ 1991, 461

Leisner, Anna — Die Leistungsfähigkeit des Staates, Verfassungsrechtliche Grenze der Staatsleistungen?, 1998
(zitiert: *Leisner, A.*, Die Leistungsfähigkeit)

Leisner, Walter — Das Letzte Wort – Der Richter späte Macht, 2003
(zitiert: *Leisner*, Das letzte Wort)

Leisner, Walter — Der Begriff des „Politischen" nach der Rechtsprechung des Bundesverfassungsgerichts, in: ders., Staat, Schriften zu Staatslehre und Staatsrecht 1957 - 1991, hrsg. von Josef Isensee, 1994, S. 305

Leisner, Walter — Antigeschichtlichkeit des öffentlichen Rechts?, in: Der Staat 7 (1968), S. 137
(zitiert: *Leisner*, Antigeschichtlichkeit)

Leisner, Walter — Effizienz als Rechtsprinzip, in: Isensee, Josef (Hrsg.), Walter Leisner, Staat, Schriften zu Staatslehre und Staatsrecht 1957 - 1991, 1994, S. 53
(zitiert: *Leisner*, Effizienz als Rechtsprinzip)

Leisner, Walter — Das verspätete Recht, Reformgesetze: „Gestern" – Verfassungsentscheide: „Irgendwann", in: NJW 2003, 1641

Lerche, Peter — Zum Anspruch auf rechtliches Gehör, in: ZZP 78 (1965), S. 1

Lerche, Peter	Das Bundesverfassungsgericht und die Vorstellung der „Annäherung" an den verfassungsgewollten Zustand, in: DÖV 1971, 721
Lichtenberger, Gustav	Probleme und Möglichkeiten einer Entlastung des Bundesverfassungsgerichts, in: BayVBl. 1984, 481
Lippold, Rainer	Grenzen der Zulässigkeit der Zustellung statt Verkündung von Urteilen - § 116 II VwGO und Art. 6 I EMRK, in: NVwZ 1996, 137
Lorenz, Dieter	Der grundrechtliche Anspruch auf effektiven Rechtsschutz, in: AöR 105 (1980), S. 623
Lorenz, Dieter	Der Rechtsschutz des Bürgers und die Rechtsweggarantie, 1973 (zitiert: *Lorenz, D.*, Der Rechtsschutz)
Lorenz, Dieter	Grundrechte und Verfahrensordnungen, in: NJW 1977, 865
Lorenz, Dieter	Das Gebot effektiven Rechtsschutzes des Art. 19 IV GG, in: Jura 1983, 393
Lüke, Gerhard	Unorthodoxe Gedanken zur Verkürzung der Prozeßdauer und Entlastung der Zivilgerichte, in: Prütting, Hanns (Hrsg.), Festschrift für Gottfried Baumgärtel, Zum 70. Geburtstag, 1990, S. 350
Mahrenholz, Ernst Gottfried	Verfassungsinterpretation aus praktischer Sicht, in: Schneider, Hans-Peter/ Steinberg, Rudolf (Hrsg.), Verfassungsrecht zwischen Wissenschaft und Richterkunst, Konrad Hesse zum 70. Geburtstag, 1990, S. 53 (zitiert: *Mahrenholz*, in: FS Hesse)
Mangoldt von, Hermann/ Klein, Friedrich/ Starck, Christian (Hrsg.)	Das Bonner Grundgesetz, Kommentar, Band 1: Präambel, Artikel 1 bis 19, 4. Auflage, 1999 (zitiert: *Bearbeiter*, in: v. Mangoldt/ Klein/ Starck, GG I, Art., Rn.)
Mangoldt von, Hermann/ Klein, Friedrich/ Starck, Christian (Hrsg.)	Das Bonner Grundgesetz, Kommentar, Band 2: Artikel 20 bis 78, 4. Auflage, 2000 (zitiert: *Bearbeiter*, in: v. Mangoldt/ Klein/ Starck, GG II, Art. Abs., Rn.)

Mangoldt von, Hermann/ Klein, Friedrich/ Starck, Christian (Hrsg.) — Das Bonner Grundgesetz, Kommentar, Band 3: Artikel 79 bis 146, 2001
(zitiert: *Bearbeiter*, in: v. Mangoldt/ Klein/ Starck, GG III, Art. Abs., Rn.)

Martens, Wolfgang — Grundrechte im Leistungsstaat, in: VVDStRL 30 (1972), S. 7

Matscher, Franz — Zum Problem überlanger Verfahrensdauer in Zivilrechtssachen, Art. 6 I EMRK und das österreichische zivilgerichtliche Verfahren, in: Festschrift Fasching, 1988, S. 351
(zitiert: *Matscher*, in: FS Fasching)

Maunz/ Dürig — Grundgesetz, Kommentar, Band II, Artikel 12-20, Loseblatt, Stand: Februar 2003
(zitiert: *Bearbeiter*, in: Maunz/ Dürig, Art., Rn.)

Maunz, Theodor/ Schmidt-Bleibtreu, Bruno/ Klein, Franz/ Bethge, Herbert — Bundesverfassungsgerichtsgesetz, Kommentar, Band 1, Loseblatt, Stand: Juli 2002
(zitiert: Maunz/ Schmidt-Bleibtreu/ Klein/ Bethge, BVerfGG I, §, Rn.)

Maunz, Theodor/ Schmidt-Bleibtreu, Bruno/ Klein, Franz/ Bethge, Herbert — Bundesverfassungsgerichtsgesetz, Kommentar, Band 2, Loseblatt, Stand: Juli 2002
(zitiert: Maunz/ Schmidt-Bleibtreu/ Klein/ Bethge, BVerfGG II, §, Rn.)

Maurer, Hartmut — Rechtsstaatliches Prozessrecht, in: Badura, Peter/ Dreier, Horst (Hrsg.), Festschrift 50 Jahre Bundesverfassungsgericht, 2001, Band 2, S. 467
(zitiert: *Maurer*, Rechtsstaatliches Prozessrecht)

Maurer, Hartmut — Der Verwaltungsvorbehalt, in: VVDStRL 43 (1985), S. 135

Maurer, Hartmut — Staatsrecht I, Grundlagen, Verfassungsorgane, Staatsfunktionen, 2. Auflage, 2001
(zitiert: *Maurer*, Staatsrecht I)

Meessen, Karl Matthias — Maßnahmegesetze, Individualgesetze und Vollziehungsgesetze, in: DÖV 1970, 314

Menger, Christian-Friedrich — Zum vorläufigen Rechtsschutz im Ausländerrecht, in: VerwArch 65 (1974), S. 329

Meyer-Ladewig, Jens — Der neue ständige Europäische Gerichtshof für Menschenrechte, in: NJW 1999, 1165

Meyer-Ladewig, Jens — Rechtsbehelfe gegen Verzögerungen im gerichtlichen Verfahren – zum Urteil des EGMR Kudla/ Polen, in: NJW 2001, 2679

Meyer-Ladewig, Jens — Konvention zum Schutz der Menschenrechte und Grundfreiheiten, Handkommentar, 2003
(zitiert: *Meyer-Ladewig*, Handkommentar, Art., Rn.)

Müller, Helmut M. — Schlaglichter der Deutschen Geschichte, 3. Auflage, 1996

Müller, Friedrich — Juristische Methodik, 7. Auflage, 1997

Münch von, Ingo/ Kunig, Philip (Hrsg.) — Grundgesetz-Kommentar, Band 1, Präambel bis Art. 19, 5. Auflage, 2000
(zitiert: *Bearbeiter*, in: v. Münch/ Kunig, GG I, Art., Rn.)

Münch von, Ingo/ Kunig, Philip (Hrsg.) — Grundgesetz-Kommentar, Band 3, Art. 70 bis Art. 146, 3. Auflage, 1996
(zitiert: *Bearbeiter*, in: v. Münch/ Kunig, GG III, Art., Rn.)

Münch, Ingo von — Die Zeit im Recht, in: NJW 2000, 1

Lüke, Gerhard/ Wax, Peter (Hrsg.) — Münchener Kommentar zur Zivilprozeßordnung, Band 3, §§ 803-1066, 2. Auflage, 2001
(zitiert: *Bearbeiter*, in: MüKo, ZPO, §)

Mutius, Albert von — Grundrechtsschutz contra Verwaltungseffizienz im Verwaltungsverfahren, in: NJW 1982, 2150

Mutius, Albert von — Grundrechtsfähigkeit, in: Jura 1983, 30

Murswiek, Dietrich — Der Umfang der verfassungsgerichtlichen Kontrolle staatlicher Öffentlichkeitsarbeit, Zum „Grundsatz des judicial self-restraint“, in: DÖV 1982, 529

Neumann, Manfred — Zur außergerichtlichen Schlichtung, in: ZRP 1986, 286

Nullmeier, Frank — Input, Output, Outcome, Effektivität und Effizienz, in: Bandemer, Stephan von/ Blanke, Bernhard/ Nullmeier, Frank/ Wewer, Göttrik (Hrsg.), Handbuch zur Verwaltungsreform, 2. Auflage, 2001, S. 357

Ossenbühl, Fritz — Anmerkung zu einem Beschluß des BVerfG über die Verfassungsbeschwerde gegen das Hinterbliebenenrenten- und Erziehungszeitengesetz vom 11.07.1985, in: JZ 1998, 679

Ossenbühl, Fritz — Der Vorbehalt des Gesetzes und seine Grenzen, in: Götz, Volkmar/ Klein, Hans Hugo/ Starck, Christian (Hrsg.), Die öffentliche Verwaltung zwischen Gesetzgebung und richterlicher Kontrolle, Göttinger Symposium, 1985, S. 9
(zitiert: *Ossenbühl*, Der Vorbehalt des Gesetzes)

Ossenbühl, Fritz — Bundesverfassungsgericht und Gesetzgebung, in: Badura, Peter/ Dreier, Horst (Hrsg.), Festschrift 50 Jahre Bundesverfassungsgericht, 2001, Band 1, S. 33
(zitiert: *Ossenbühl*, Bundesverfassungsgericht und Gesetzgebung)

Otto, Kai-A. — Der Anspruch auf Verfahren innerhalb angemessener Zeit, 1994

Papier, Hans-Jürgen — Richterliche Unabhängigkeit und Dienstaufsicht, in: NJW 1990, 8

Papier, Hans-Jürgen — Die richterliche Unabhängigkeit und ihre Schranken, in: NJW 2001, 1089

Pestalozza, Christian Graf von — Verfassungsprozeßrecht, Die Verfassungsgerichtsbarkeit des Bundes und der Länder mit einem Anhang zum Internationalen Rechtsschutz, 3. Auflage, 1991

Pestalozza, Christian Graf von — Kritische Bemerkungen zu Methoden und Prinzipien der Grundrechtsauslegung in der Bundesrepublik Deutschland, in: Der Staat 1963, S. 425

Pielow, Johann-Christian — Neuere Entwicklungen beim „prinzipalen“ Rechtsschutz gegenüber untergesetzlichen Normen, Novellierung des § 47 VwGO, Überprüfung von Rechtsverordnungen des Bundes, gemeinschaftsrechtliche Anforderungen an die gerichtliche Normenkontrolle, in: Die Verwaltung 1999, 445

Pieroth, Bodo/ Schlink, Bernhard — Grundrechte Staatsrecht II, 19. Auflage, 2003
(zitiert: *Pieroth/ Schlink*, Grundrechte)

Pitschas, Rainer — Der Kampf um Art. 19 IV GG, in: ZRP 1998, 96

Priebe, Reinhard — Die Dauer von Gerichtsverfahren im Lichte der Europäischen Menschenrechtskonvention und des Grundgesetzes, in: Schwarze, Jürgen/ Vitzthum, Wolfgang Graf (Hrsg.), Werner von Simson zum 75. Geburtstag, 1983, S. 287

Redeker, Konrad	Justizgewährungspflicht des Staates versus richterliche Unabhängigkeit?, in: NJW 2000, 2796
Redeker, Konrad	Grundgesetzliche Rechte auf Verfahrensteilhabe, in: NJW 1980, 1593
Redeker, Konrad	Verfahrensgrundrechte und Justizgewähranspruch, in: NJW 2003, 2956
Reinhardt, Michael	Richterliche Unabhängigkeit im „ökonomisierten Staat", in: Schulze-Filietz, Helmuth/ Schütz, Carsten (Hrsg.), Justiz und Justizverwaltung zwischen Ökonomisierungsdruck und Unabhängigkeit, 2002, S. 179
Roemer, Walter	Das Gesetz über das Bundesverfassungsgericht, in: JZ 1951, 193
Röhl, Klaus F.	Allgemeine Rechtslehre, Ein Lehrbuch, 2. Auflage, 2001
Rozek, Jochen	Abschied von der Verfassungsbeschwerde auf Raten? – Der Zweite Senat des Bundesverfassungsgerichts, die Verfassungsbeschwerde und der individuelle Grundrechtsschutz, in: DVBl. 1997, 517
Rupp, Hans Heinrich	Vom Wandel der Grundrechte, in: AöR 101 (1976), S. 161
Sachs, Michael (Hrsg.)	Grundgesetz, Kommentar, 3. Auflage, 2003 (zitiert: *Bearbeiter*, in: Sachs, GG, Art. 19, Rn.)
Sangmeister, Bernd	Überlange Verfahrensdauer und Untätigkeitsbeschwerde, in: NJW 1998, 2952
Schenke, Wolf-Rüdiger	Die Bedeutung der verfassungsrechtlichen Rechtsschutzgarantie des Art. 19 IV GG, in: JZ 1988, 317
Schenke, Wolf-Rüdiger	Verfassung und Zeit – Von der „entzeiteten" zur zeitgeprägten Verfassung, in: AöR 103 (1978), S. 566
Schenke, Wolf-Rüdiger	Verwaltungsprozeßrecht, 8. Auflage, 2002 (zitiert: *Schenke*, Verwaltungsprozeßrecht)
Schenke, Wolf-Rüdiger	Rechtsschutz bei normativem Unrecht, 1979 (zitiert: *Schenke*, Rechtsschutz)
Scherzberg, Arno	„Objektiver" Grundrechtsschutz und subjektives Grundrecht, Überlegungen zur Neukonzeption des grundrechtlichen Abwehrrechts, in: DVBl. 1989, 1128

Schlaich, Klaus — Die Verfassungsgerichtsbarkeit im Gefüge der Staatsfunktionen, in: VVDStRL 39 (1981), S. 99

Schlaich, Klaus — Die Verfassungsgerichtsbarkeit im Gefüge der Staatsfunktionen, Leitsätze der Staatsrechtslehrertagung 1980, in: DÖV 1980, 794

Schlaich, Klaus/ Korioth, Stefan — Das Bundesverfassungsgericht, Stellung, Verfahren, Entscheidungen, 6. Auflage, 2004 (zitiert: *Schlaich/ Korioth*, Rn.)

Schlette, Volker — Der Anspruch auf gerichtliche Entscheidung in angemessener Frist, Verfassungsrechtliche Grundlagen und praktische Durchsetzung, 1999

Schlette, Volker — Der Anspruch auf Rechtsschutz innerhalb angemessener Frist - Ein neues Prozeßgrundrecht auf EG-Ebene. Zum Urteil des EuGH vom 17.12.1998 Baustahlgewebe GmbH / Kommission, in: EuGRZ 1999, 369

Schmidt, Reiner — Wirtschaftspolitik und Verfassung, 1971

Schmidt-Aßmann, Eberhard — Art. 19 IV als Teil des Rechtsstaatsprinzips, in: NVwZ 1983, 1

Schmidt-Aßmann, Eberhard — Anwendungsprobleme des Art. 2 Abs. 2 GG im Immissionsschutzrecht, in: AöR 106 (1981), S. 205

Schmidt-Aßmann, Eberhard — Effizienz als Herausforderung an das Verwaltungsrecht, in: Hoffmann-Riem/ Schmidt-Aßmann (Hrsg.): Effizienz als Herausforderung an das Verwaltungsrecht, 1998, S. 248 (zitiert: *Schmidt-Aßmann*, Effizienz als Herausforderung, S.)

Schmidt-Aßmann, Eberhard — Verwaltungsverantwortung und Verwaltungsgerichtsbarkeit, in: VVDStRL 34 (1976), S. 221

Schmidt-Jortzig, Edzard — Effektiver Rechtsschutz als Kernstück des Rechtsstaatprinzips nach dem Grundgesetz, in: NJW 1994, 2569

Schmidt-Räntsch, Günther/ Schmidt-Räntsch, Jürgen — Deutsches Richtergesetz, Kommentar, 5. Auflage, 1995 (zitiert: *Schmidt-Räntsch*, DRiG)

Schoch, Friedrich/ Schmidt-Aßmann, Eberhard/ Pietzner, Rainer (Hrsg.) — Verwaltungsgerichtsordnung, Kommentar, Band I, Stand: September 2003 (zitiert: *Bearbeiter*, in: Schoch/ Schmidt-Aßmann/ Pietzner, VwGO)

Schoch, Friedrich — Einstweilige Anordnung, in: Badura, Peter/ Dreier, Horst, Festschrift 50 Jahre Bundesverfassungsgericht, 2001, Band 1, S. 695
(zitiert: *Schoch*, Einstweilige Anordnung)

Schoch, Friedrich — Grundfragen des verwaltungsgerichtlichen vorläufigen Rechtsschutzes, in: VerwArch 82 (1991), S. 145

Schoch, Friedrich — Vorläufiger Rechtsschutz und Risikoverteilung im Verwaltungsrecht, 1988
(zitiert: *Schoch*, Vorläufiger Rechtsschutz)

Schoch, Friedrich/ Wahl, Rainer — Die einstweilige Anordnung des Bundesverfassungsgerichts in außenpolitischen Angelegenheiten, in: Klein, Eckart (Hrsg.), Grundrechte, soziale Ordnung und Verfassungsgerichtsbarkeit, Festschrift für Ernst Benda zum 70. Geburtstag, 1995, S. 265
(zitiert: *Schoch/ Wahl*, in: FS Benda)

Scholz, Rupert — Das Bundesverfassungsgericht: Hüter der Verfassung oder Ersatzgesetzgeber?, in: Aus Politik und Zeitgeschichte, Beilage zur Wochenzeitung Das Parlament, B 16/99 (16. April 1999), S. 3

Schumann, Ekkehard — Die Prozessökonomie als rechtsethisches Prinzip, in: Paulus/ Diederichsen/ Canaris (Hrsg.), Festschrift für Karl Larenz zum 70. Geburtstag, S. 271
(zitiert: *Schumann, E.*, Die Prozessökonomie)

Schwab, Karl-Heinz/ Gottwald, Peter — VII. Internationaler Kongreß für Prozessrecht – Thema: Verfassung und Zivilprozeß – Generalbericht, in: Habscheid (Hrsg.), Generalberichte, S. 1 – 89; identisch mit: dies., Verfassung und Zivilprozeß, in: Effektiver Rechtsschutz und verfassungsmäßige Ordnung, 1983, S. 7
(zitiert: *Schwab/ Gottwald*, Verfassung und Zivilprozeß)

Sendler, Horst — Guter Rechtsschutz und Verfahrensbeschleunigung, Zum Entwurf einer Verwaltungsprozessordnung, in: DVBl. 1982, 812

Sendler, Horst — Zum Instanzenzug in der Verwaltungsgerichtsbarkeit, in: DVBl. 1982, 157

Sobota, Katharina — Das Prinzip Rechtsstaat, Verfassungs- und verwaltungsrechtliche Aspekte, 1997

Sodan, Helge — Der Anspruch auf Rechtsetzung und seine prozessuale Durchsetzbarkeit, in: NVwZ 2000, 601

Starck, Christian — Staatliche Organisation und staatliche Finanzierung als Hilfen zu Grundrechtsverwirklichungen?, in: Bundesverfassungsgericht und Grundgesetz, Festgabe aus Anlass des 25jährigen Bestehens des BVerfG, Band II, 1976, S. 480
(zitiert: *Starck*, Festgabe BVerfG II)

Starck, Christian — Das Bundesverfassungsgericht in der Verfassungsordnung und im politischen Prozeß, in: Badura, Peter/ Dreier, Horst (Hrsg.), Festschrift 50 Jahre Bundesverfassungsgericht, 2001, Band 1, S. 1
(zitiert: *Starck*, Bundesverfassungsgericht in der Verfassungsordnung)

Stern, Klaus — Das Staatsrecht der Bundesrepublik Deutschland, Band I, Grundbegriffe und Grundlagen des Staatsrechts, Strukturprinzipien der Verfassung, 2. Auflage, 1984
(zitiert: *Stern*, Staatsrecht I, §, S.)

Stern, Klaus — Das Staatsrecht der BRD, Band II, Staatsorgane, Staatsfunktionen, Finanz- und Haushaltsverfassung, Notstandsverfassung, 1980
(zitiert: *Stern*, Staatsrecht II, §, S.)

Stern, Klaus — Das Staatsrecht der BRD, Band III, Allgemeine Lehren der Grundrechte, 1. Halbband, 1988
(zitiert: *Stern*, Staatsrecht III/1, §, S.)

Stern, Klaus — Das Staatsrecht der BRD, Band III, Allgemeine Lehren der Grundrechte, 2. Halbband, 1994
(zitiert: *Stern*, Staatsrecht III/2, §, S.)

Stern, Klaus — Verfassungsgerichtsbarkeit zwischen Recht und Politik, 1980
(zitiert: *Stern*, Verfassungsgerichtsbarkeit)

Stürner, Michael — Die Anfechtung von Zivilurteilen, Eine funktionale Untersuchung der Rechtsmittel im deutschen und englischen Recht, 2002

Thoma, Richard — Über die Grundrechte im Grundgesetz für die Bundesrepublik Deutschland, in: Wandersleb, Hermann (Hrsg.), Recht-Staat-Wirtschaft, 3. Band, 1951, S. 9
(zitiert: *Thoma*, Grundrechte)

Ule, Carl Hermann — Effektiver Rechtsschutz in einer funktionsfähigen Rechtspflege?, Bemerkungen zum Reg.-Entw. einer Verwaltungsprozeßordnung, in: DVBl. 1982, 821

Ulsamer, Gerhard — Neue gesetzliche Regelungen zur Entlastung und Sicherung der Funktionsfähigkeit des BVerfGs, in: EuGRZ 1986, 110

Umbach, Dieter C./ Clemens, Thomas (Hrsg.) — Grundgesetz, Mitarbeiterkommentar und Handbuch, Band I, 2002
(zitiert: *Bearbeiter*, in: Umbach/ Clemens, GG I, Art., Rn.)

Umbach, Dieter C./ Clemens, Thomas (Hrsg.) — Bundesverfassungsgerichtsgesetz, Mitarbeiterkommentar und Handbuch, 1992
(zitiert: *Umbach/ Clemens*, BVerfGG)

Van Husen, Paulus — Die Entfesselung der Dritten Gewalt, in: AöR 78 (1952/ 1953), S. 49

Voßkuhle, Andreas — Rechtsschutz gegen den Richter, Zur Integration der Dritten Gewalt in das verfassungsrechtliche Kontrollsystem vor dem Hintergrund des Art. 19 Abs. 4 GG, 1993
(zitiert: *Voßkuhle*, Rechtsschutz)

Voßkuhle, Andreas — Bruch mit einem Dogma: Die Verfassung garantiert Rechtsschutz gegen den Richter, in: NJW 2003, 2193

Voßkuhle, Andreas — Erosionserscheinungen des zivilprozessualen Rechtsmittelsystems, in: NJW 1995, 1377

Waldner, Wolfram — Der Anspruch auf rechtliches Gehör, 2. Auflage, 2000

Wassermann, Rudolf (Hrsg.) — Kommentar zum Grundgesetz für die Bundesrepublik Deutschland, Band 1, Art. 1-37, 2. Auflage, 1989
(zitiert: *Bearbeiter*, in: Wassermann, GG I, Art. Abs., Rn.)

Weber, Werner — Spannungen und Kräfte im westdeutschen Verfassungssystem, 3. Auflage, 1970

Wieland, Joachim — Das Bundesverfassungsgericht am Scheideweg, in: KritV 1998, 171

Wilfinger, Peter — Das Gebot des effektiven Rechtsschutzes in Grundgesetz und EMRK: Konkretisierungsansätze zur Beschleunigung gerichtlicher Verfahren, 1995

Willoweit, Dietmar — Deutsche Verfassungsgeschichte, Vom Frankenreich bis zur Wiedervereinigung Deutschlands, 3. Auflage, 1997

Winkler, Günther — Zeit und Recht, Kritische Anmerkungen zur Zeitgebundenheit des Rechts und des Rechtsdenkens, 1995

Wolff, Heinrich Amadeus — Der Vergleichsvorschlag des Bundesverfassungsgerichts in den Verfahren um das Brandenburgische Schulgesetz (LER) – Verfahrensfortbildung contra legem, in: EuGRZ 2003, 463

Zeidler, Wolfgang — Rechtsstaat '83, in: Deutscher Richterbund (Hrsg.), Grenzen der Rechtsgewährung, Die Vorträge und Referate des Deutschen Richtertages 1983 in München, 1983, S. 25

Ziekow, Jan — Die Beschleunigungsbeschwerde im Verwaltungsprozeß, in: DÖV 1998, 941

Zuck, Rüdiger — Das Recht der Verfassungsbeschwerde, 2. Auflage, 1988

Kolibri 360 GmbH
Ferdinand-Jühlke-Straße 7
99095 Erfurt, Deutschland
produktsicherheit@kolibri360.de

Druck:
CPI Druckdienstleistungen GmbH
im Auftrag der
Kolibri 360 GmbH
Ferdinand-Jühlke-Str. 7
99095 Erfurt